U0525224

本书受山西省"1331工程"重点马克思主义学院项目资助

现代农业科技创新
理论与实践

杨常伟◎著

中国社会科学出版社

图书在版编目（CIP）数据

现代农业科技创新理论与实践/杨常伟著 . —北京：中国社会科学出版社，2023.6
ISBN 978-7-5227-2072-2

Ⅰ.①现… Ⅱ.①杨… Ⅲ.①农业技术—技术革新—研究—中国 Ⅳ.①F323.3

中国国家版本馆CIP数据核字（2023）第106958号

出 版 人	赵剑英	
责任编辑	戴玉龙	
责任校对	周晓东	
责任印制	王　超	
出　　版	中国社会科学出版社	
社　　址	北京鼓楼西大街甲158号	
邮　　编	100720	
网　　址	http://www.csspw.cn	
发 行 部	010-84083685	
门 市 部	010-84029450	
经　　销	新华书店及其他书店	
印　　刷	北京明恒达印务有限公司	
装　　订	廊坊市广阳区广增装订厂	
版　　次	2023年6月第1版	
印　　次	2023年6月第1次印刷	
开　　本	710×1000　1/16	
印　　张	14	
插　　页	2	
字　　数	209千字	
定　　价	98.00元	

凡购买中国社会科学出版社图书，如有质量问题请与本社营销中心联系调换
电话：010-84083683
版权所有　侵权必究

总　序

马克思主义是照亮我们党航行的灯塔,而马克思主义学院则是守护灯塔的主阵地。加强马克思主义学院建设,对增强与巩固社会主义意识形态的凝聚力和引领力,进一步丰富与发展当代中国马克思主义,打造马克思主义理论教学、研究、宣传和人才培养的坚强阵地意义非凡。2015年,中宣部、教育部印发了《关于加强马克思主义学院建设的意见》。根据中宣部、教育部《关于加强马克思主义学院建设的意见》和山西省人民政府《关于实施"1331工程"统筹推进"双一流"建设的意见》的精神,中共山西省委宣传部、中共山西省委教育工委结合山西省实际,研究制定了《山西省建设重点马克思主义学院实施方案》,并于2017年7月17日联合下发了《关于印发〈山西省建设重点马克思主义学院实施方案〉的通知》。

2017年10月,经中共山西省委宣传部、中共山西省委教育工委组织专家评审,太原科技大学马克思主义学院与山西大学、太原理工大学、山西财经大学、山西师范大学四所高校马克思主义学院被评为山西省重点马克思主义学院,并列入山西省"1331工程"予以重点建设。

近年来,在校党委的高度重视与领导下,太原科技大学马克思主义学院得到了较快发展。学院现有专任教师68人,其中教授9人,副教授18人,博士24人。教师中"全国模范教师"1人、教育部"全国高校优秀中青年思想政治理论课教师择优资助计划"1人、山西省学术技术带头人1人、山西省高等学校"1331工程"领军人才1人、山西省优秀中青年拔尖创新人才1人、山西省宣传部宣传文化系统"四个一批"人才2人、"三晋英才"拔尖骨干人才1人,形成了一支基础扎实、教风严谨、结构合理、充满活力的师资队伍。

学院现有马克思主义理论一级学科硕士点，六个研究生社会实践基地；拥有山西省中国特色社会主义理论研究中心太原科技大学基地、山西省思想政治理论课名师工作室、哲学研究所、山西红色文化研究中心（校级）以及"马克思主义基本原理""毛泽东思想和中国特色社会主义理论体系概论""中国近现代史纲要""思想道德与法治""形势与政策"五个教研室。

学院坚持教学与科研并重，教研相长。近年来，学院教师在《哲学研究》《自然辩证法研究》《自然辩证法通讯》《科学技术哲学研究》《复旦学报》《科学与社会》《光明日报》《华中师范大学学报》《思想理论教育导刊》《社会科学辑刊》等国家和省部级刊物上发表学术论文200余篇。出版学术专著20余部。获山西省社会科学研究优秀成果二等奖3项，第二届全国高校思想政治理论课教学展示暨优秀课程观摩活动一等奖2项，省级教学竞赛二等奖1项。承担纵横向科研项目110余项，其中国家社科基金项目3项，教育部人文社科项目6项，总经费达265.1万元。

学院一向注重加强和扩大教师国内外学术交流。近年来学院教师参加全国性学术会议达30余次，两名教师赴美国丹佛大学（University of Denver）、得克萨斯州大学奥斯汀分校（University of Texas at Austin）访学；学院曾邀请北京大学、复旦大学、中国人民大学、中国政法大学、中央财经大学、北京理工大学等高校知名专家学者来校讲学。

回溯过往，在校党委的坚强领导下，太原科技大学马克思主义学院在诸方面取得了长足进步；展望未来，太原科技大学马克思主义学院发展仍任重道远。为进一步推进马克思主义学院的建设与发展，学院从重点马克思主义学院建设经费中拨出部分经费用于资助学院教师在教学研究与学科建设方面研究成果的出版，以期助力学院马克思主义理论学科的高质量发展。

马克思主义学院
二〇二二年四月

目 录

引 言 ………………………………………………………………… 1

第一章 科技创新是现代农业发展的永恒主题 ……………… 5

第一节 科技创新实现传统农业向现代农业转变 ………… 5
第二节 全面推进农业科技现代化 ………………………… 17
第三节 科技创新引领现代生态农业发展 ………………… 33

第二章 科技创新助推农业供给侧结构性改革 ……………… 44

第一节 农业供给侧结构性改革的系统思想 ……………… 45
第二节 农业供给侧结构性改革的科技创新体系分析 …… 51
第三节 农业供给侧结构性改革的科技创新路径探索 …… 65

第三章 乡村振兴的现代农业科技产业发展理论与实践 …… 77

第一节 实施乡村振兴战略的现代农业科技产业
发展理论 ……………………………………………… 77
第二节 实施乡村振兴农业科技产业创新实践的实证性考察
——以山西省为例 ………………………………… 81
第三节 农业科技产业创新实践的实施对策 ……………… 91

第四章 资源型农村转型发展的现代农业科技创新实践 …… 109

第一节 资源型农村转型发展的现代农业科技创新理论 …… 110

第二节 资源型农村转型发展的农业科技创新体系建设
　　——以晋城市为例 ·················· 125
第三节 资源型农村转型发展的农业科技创新主体定位 ······ 145

第五章 现代农业科技传播体系建设创新理论与实践 ············ 159
第一节 现代农业科技传播的理论依据 ················ 159
第二节 现代农业科技传播体系的组织结构 ············· 163
第三节 现代农业科技传播体系的构建与示例 ············ 177

结束语 ·· 197

参考文献 ·· 199

后　记 ·· 218

引　言

　　开启农业现代化新征程的关键是建设具有现代化性质的农业科技创新体系。习近平总书记强调，"农业现代化，关键是农业科技现代化"。农业农村现代建设迎来了难得的新发展期，中国特色社会主义农业现代化理论与实践伴随时代和历史的推进不断自我创新。围绕现代农业发展的科学内涵，全力推进传统农业向现代农业的历史性转变，实现农业现代化走上科技创新之路是我国农业发展的重要目标。坚持系统观念是实现全面发展、全面进步的农业现代化的必然选择，要具备前瞻性的思考，开展全局性的谋划，进行战略性的布局，力行整体性的推进，加快农业农村现代化，把提高农业综合生产能力放在更加突出的位置，完善农业科技创新体系，以科技创新为支撑，走极具内涵式现代农业的理论与实践发展道路。

　　中国特色社会主义农业现代化必须走高效生态的道路，强调经济、生态、社会效益有机统一。提高运用系统科学的能力，从组成现代生态农业系统要素的角度，做到定量与定性相结合的原则，构建简单适用并且易操作的现代生态农业科技创新体系，有利于现代生态农业模式的创新和发展。以结构性思维为指导，构建现代生态农业的差异协调体系、自组织涌现体系和整体优化体系。

　　推进农业供给侧结构性改革，必须抓住农业科技创新这一关键问题，核心思想是如何才能把农村生产要素进一步激活以及如何把资源从沉睡中唤醒。要推动农业供给侧结构性改革就要认真把改革作为一个复杂的系统性的工程来对待，基于马克思主义生产力理论考察农业供给侧结构性改革，用系统性思维深入分析农业供给侧结构性改革，大力加强农业科技的理论创新与农业技术的实践推广。通过优化配置农业生产要素和农业资源，激活农业生产经营市场、激活农业生产各要素、激活农业新型主体，提高新时期农业供给体系要素使用效率。农业供给侧结构性改革要解决的问题，涉及体制机制改革、种养结构性调整，以及生产各环节中要素的整合。发展农业须依靠技术进步等诸多方面的科技创新体系的理论和实践，科技创新无论在理论上还是在实践中都是实现新时代农业供给侧结构性改革必须解决的核心要义。加快深化供给侧结构性改革、有效扩大内需，迫切需要科技支撑供给创造并引领需求[①]。通过科技创新解放生产力，通过体制机制创新有效配置农业生产要素，破解新时期农业深层次结构性问题。农业技术进步是提高全要素生产率的主要影响因子，通过系统自身的自组织性重新配置各要素实现供给与需求相匹配，促进农业供给侧体系生产提质、经营提效、服务提升。

　　农业现代化的理论与实践，关键是农业科技现代化，构建现代农业科技传播体系成为实现农业科技现代化的桥梁。农业科学技术是新时代农业现代化的主导因素，现代农业科技传播体系以传播农业科技知识和信息为主要内容，传播各种农业新知识、新技术。以传播学的基本理论为基础，深入分析系统要素组成及结构特点。现代农业科技传播主体有传播者、传播内容、传播媒介及受众四个要素，在农业科技传播实践活动中，它们是决定现代农业科技传播发展的内在条件。农业科技传播系统是要素间相互作用的有机整体结构，现代农业科技传播系统是具有多元高效的功能体系，传播者与受众的良性互动贯穿系统构建的全过程。需在系统要素、结构、功能上进行理论和实践的创新，探索多元高效的传播推广模式。强化现代农业科技传播的推广服务功能，实现农业教育、农业科研、农业推广、农业生产的有机结合。借助于互联网技术构建涉农科技网站，促进农业信息资源的流通。

　　乡村振兴是一次前所未有的乡村社会变革实践探索，实施乡村振

---

① 怀进鹏：《为全面建设社会主义现代化国家贡献科技力量》，《人民日报》2021年2月2日第9版。

兴战略是现代农业必须面对的一个现实问题,是建设社会主义现代化国家一定要实现的历史任务。马克思主义理论为我国实施乡村振兴战略奠定了坚实的理论基础和为我国实现农业农村优先发展做出了基本的指导,有助于理解和把握实施乡村振兴战略和发展现代农业产业的深刻内涵。实施乡村振兴战略迈出了新步伐,实施乡村振兴战略是一项系统性的工程,明确实施乡村振兴战略的现代农业发展路径,在路径选择上要坚持因地制宜原则。构建以企业为主体的科技创新体系,创新高新农业科技发展体制,在现代农业产业发展中走出一条实现乡村振兴的新路。乡村振兴战略下构建新型农业产业体系,构建高质量农业产业联合体,发挥好农民的主体作用,激发乡村振兴的内生动力、持久力量。

全面推进乡村振兴,实现转型发展必须注重资源优势,这些是资源型农村在转型发展过程中需要解决的现实问题。资源型农村在我国乡村经济中占有一定的比重,如何实现区域内资源型农村的转型发展,从而实现可持续发展,直接关系到资源型农村的乡村振兴战略的实现。中国传统农业哲学思想是我国农业科技创新体系的雏形,现代系统论为农业系统工程建设提供了重要的指导思想,资源型农村转型发展应从拉卡托斯的硬核理论的角度研究农业科技创新体系,协同理论中的序参量概念引入农业科技创新体系中给资源型农村转型发展提供了全新的理论视角。用系统思想分析资源型农村的农业科技创新构建体系中的组成要素及系统的组织结构和体系功能,从整体思路、战略目标和主体重构三方路径系统构建农业科技创新体系,探索资源型农村转型发展的理论创新和农业科技发展新模式的实践创新。

农业现代化是农业快速发展的时代主题,加快农业科技创新,推进现代农业发展是一项重要的理论和实践命题。现代生态农业建设、现代农业科技传播体系构建、农业供给侧结构性改革的全面推进、实现资源型农村转型发展、实施乡村振兴战略等立足于中国农业现代化建设实践,是最重要最有代表性的理论创新,又是农业现代化实践模式的突破。坚持马克思主义唯物史观的理论基础,在农业现代化实践中运用马克思主义观察时代、读懂时代、引领时代。因此,开展农业现代化科技创新理论与实践研究，采用文本研究法、实地调研考察法、实证问题研究法、实际案例研究法展开研究，强调研究方法的科学性，研究中国特色农业现代化对于全面实施乡村振兴战略，开启农业现代化建设新征程，有独到的学术价值和应用价值。

第一章 科技创新是现代农业发展的永恒主题

人类在从原始社会到现代社会的漫长岁月中有了农业，也就有了生存的本领，有了人类社会的发展。随着时代的快速发展，农业科学技术水平也在不断提高，农业生产资源进一步深入调整，形成了新的更加广阔的国际市场，实现农业现代化有了可能。我国农业经历了从原始农业到传统农业再到现代农业三个发展阶段，其基本特征表现在各生产环节中的经营目的和发展过程中的经营手段。原始农业是一种近似自然状态的农业，传统农业是自给自足的自然经济占主导地位的农业，现代农业实现了对传统农业的改造，营利性目标和经营手段的工业化为现代农业两个最基本特征[1]。农业要实现长期可持续发展，唯有将传统的保障型农业蜕变为现代的科技型农业，农业现代化是当今农业生产快速发展的时代主题。

第一节 科技创新实现传统农业向现代农业转变

在人类社会的发展过程中出现众多的符合人们生活需求的职业门类，而农业就是那个最古老、最基础、最重要的生产部门。农业经历了漫长的蒙昧原始农业、上千年的优良传统农业、近百年的现代科技

---

[1] 尚启君：《发达国家传统农业向现代农业转变的三个阶段》，《世界农业》1999年第11期。

型农业等不同历史形态和发展历程,反映了农业发展的连续性和相对稳定性,反映的是农业历史继承性。传统农业转变为现代农业是一个自然与自觉的发展过程,过去农业生产主要是为满足自给性,消费必须追求产量的最大化,随着农业劳动力在全社会的比重下降和全社会农业人口压力得到进一步缓解,农业社会不得不转变为商品性生产而追求利润的最大化,传统农业必须适应现代社会的发展进步要求,走向农业科技现代化。

一 传统农业科技的发展历程

传统农业是一种封闭式的生产体系,以自给性生产为主要特征,农业生产中必须投入的各种基本要素完全是由农业系统内部提供的,农户自身的生产消费和生活消费也主要来自农业生产[1]。传统农业经历了原始农业、粗放农业和精耕农业三个阶段,在突变中取得了历史性的飞跃,在自我革命中迈进农业现代化。

食物供求状况、地理环境、气候因素为农业的发展提供了条件,农业发展更为重要的条件是认识水平的提高及经验知识的增长。传统农业生产主要依靠自然资源要素,土地显得尤其重要。对环境依赖性很强,受自然环境的影响明显,生产极具周期性和绝对季节性。区别于其他部门的重要特征有:对社会依赖程度增加,表现在自然再生产和经济再生产两个紧密联系的过程中,不但要服从自然规律更要服从经济规律[2]。

(一) 农业的发端

西亚两河流域,最近的一次冰期结束于约11000年前,冰期到来时,不适应寒冷的动植物灭绝了。冰期过后,气温回升,不适应较高温度的动植物也灭绝了,而人类就要创造条件适应和改造变化了的环境。在这期间,西亚的札格罗斯山区气温回升,随着气候的变化,野生的二粒小麦也在这个地区生长。人类在新的条件下逐渐驯化了它们,创造了最早的西亚农业。人口数量的增长,带来的后果必然是资

---

[1] 程厚思:《中国农业发展:困境与出路》,《发展研究》1999年第10期。
[2] 王思明、刘启振:《论传统农业伦理与中华农业文明的关系》,《中国农史》2016年第6期。

源消耗提高；为了提高生产力水平改进劳动工具，又加大了对资源的索取。大规模的狩猎生活方式使动物大量减少，只能靠加强采集来补充，过量采集使植物资源进一步减少。要解决人口的增长和动植物资源减少的矛盾，只有农业生产才是取得充足食物的最好解决方式。在西亚，小麦、大麦是主要的种植业，绵羊、山羊是主要的畜养业；在中南美洲，马铃薯、倭瓜、玉米为主要种植作物，羊驼为主要畜牧品种。

距今七八千年的新石器时期，今伊拉克、叙利亚等亚洲西部肥沃的新月形地带开始形成原始农业。公元前7500年，在底格里斯河的河源丘陵地带，安纳托利亚高原西部，已经有了大麦与小麦等主要的种植农作物品种，也有了饲喂山羊、绵羊等畜牧生产形式，出现了早期的农业。新月形地带西端的约旦河沿岸，杰里科温泉附近，以农业生产为物质技术基础，发展出了以采集狩猎为食物主要来源的生活方式，开始出现了原始的农业村落。公元前5000年前后，尼罗河流域古埃及的农业、畜牧业已经正式形成，一方面种植大麦、小麦，另一方面饲养山羊、绵羊，农业生产得到了进一步发展。

有意识地把带回的植物种子进行栽培，把捕猎到的比较驯服的动物进行饲养和繁殖，开始出现农业起源过程，凭借石刀、石铲、木棒等简陋的工具进行"刀耕火种"。旧石器时代，农业尚未产生，刚脱离动物界的原始人类只能利用自然界原有的生物资源，依靠采集和渔猎为生，但仅仅依靠采集和渔猎获取食物既不稳定更不可靠。在采集和渔猎活动中，无意或有意地观察野生动植物的生长发育过程，逐步认识到动植物的生长规律。人类为了解决食物来源的不确定性，利用在长期的采集和渔猎活动方式中积累起来的经验和知识，开创了原始农牧业。

（二）技术进步是推动农业发展的重要因素

工具的使用，在提高人类开发自然能力的同时开拓了农业生产新领域。早期人类对自然的干预能力极其微弱，巧妙利用火、水、风等自然界力量，采用极具原始形态的刀耕、火种、水耨等古老的耕作方式。人类赖以生产的工具主要是石器和火，把自然界的石头、木棒转化为农业工具，到后来使用经过磨制得较为精细的石器。用石斧砍伐树木，开辟土地。用木矛挖穴，点播种子。用火烧荒，用水淹死杂草。烧过的土地能长出更旺盛的植物，放火烧荒成为改造植被的手段。这样，早期人类选取一处荒山草地，先用火将杂草、荆棘、树木烧光，再用石锛、石耜之类简陋工具掘松土壤，将种子播到土地中，靠烧荒的草木灰和土壤中固有的肥力自然生长，作物成熟后又用石镰、蚌镰进行收割。一处土地资源耗尽了，又另选一处荒山草地进行烧荒掘地，易地栽种。在尼罗河流域还有水耕农业，泛滥季节大水淹没了土地，而水退以后留下肥沃的冲积土，稍稍整理种上作物就能获得好收成。

中国是世界农业发源地之一，农业自成体系，传统栽培种植业处于古代农业生产的核心地位。目前发现的中国新石器时代的农业遗址，尤以黄河流域和长江流域最为密集。我国稻作农业有着悠久的历史，多地发现距今上万年的栽培稻遗存：湖南澧县彭头山遗址是长江流域最早的新石器时代文化，发现的稻壳与谷粒是世界上最早的稻作农业痕迹；湖南省道县延寿镇白石寨村，在此发现了时代最早的栽培稻等实物标本；在我国古代从旧石器时代向新石器时代过渡期，江西万年仙人洞和吊桶环是两处典型的人类活动文化遗迹，在考古挖掘中出土的栽培稻也是水稻品种，可以说是已知的最早的栽培稻遗存之一。黄河中下游是我国原始农业发生最早、发展最快、水平最高的地区，区域内农业综合生产条件较为优越，农业生产水平较高，社会政治经济较为发达的一个类型区，孕育中国北方古代农业文明，并长期促进我国北方旱区的农业发展，是中国北方旱区农业发祥地。

中国是具有悠久历史的传统农业大国。传统农业的特点是精耕细作，中国古代农业凭借铁犁、畜耕等新的生产方式，由粗放经营逐步转向精耕细作。我国古代华夏民族聚居于黄河、长江等地区，大江大河滋养哺育了我们生产生活的这片辽阔大地，为先民开创精耕细作的农业生产方式提供了必备的条件。以黄河、长江为中心带，沿河流走向，辐射和带动中国古代农业技术不断发展。

（三）中国精耕细作的传统农业技术

精耕细作是中国传统农业技术体系的内核。没有不良的土壤，只有拙劣的耕作方法。精耕细作的传统农业是我国耕作的基本特点，从根本上影响甚至决定着中国农业的科技发展水平。夏、商、西周、春秋时期精耕细作就已萌芽，在战国、秦汉、魏晋南北朝的长期实践中其技术就已基本成形，隋唐宋辽金元时期得到了进一步扩展，明清时期处于发展成熟期。精耕细作的传统农业有其独具特色的技术特点，不断改进生产农具以提高生产力水平，不断提高耕作技术以提高生产效率，日趋采用合理有效的耕作制度，加强田间管理，进一步挖掘地力，重视农业灌溉。

1. 先秦时期

精耕细作以地处黄河中上游中原地区的沟洫农业为主要代表，可以说是对中国传统农业精华的一种极其精确的概括。以此为基本线索，夏、商、西周、春秋是精耕细作农业的萌芽期，随着夏、商、周国家政权的建立，原始农业开始向传统农业转变。

黄河中下游的伊、洛、汾、济等河流冲积的黄土地带以及河、济平原是夏王朝活动的中心地区，这里具备发展农业生产的合适自然条件。夏代的农业生产有了比较大的发展，传说禹的大臣仪狄自此开始酿酒，夏王少康发明秫酒的酿酒之法。现存最早的农业科学文献《夏小正》首次记载了当时的农业生产情况，种植谷物、纤维植物、染料、园艺作物，重视蚕桑和养马。

商王很重视农业生产，经常询问农业生产事项，主持农业生产方面的宗教仪式，视察农作物的生长情况，农业在商代中后期已经发展成重要的社会生产部门。商代已经发明牛耕，卜辞里出现象形牛拉犁起土的"犁"字，甲骨文里也发现不少农作物的文字。在商代的基础上西周农业有了较大的发展，主要农具是木制的耒耜。实行方块形的井田制，把耕地划分成一定面积的方田，周围有大的经界，中间有沟洫，阡陌纵横，像个井字，一般田地多修有排灌系统。每个主要耕作者授田百亩，所分配的田地每隔三年要互相更换一次。盛行"耦耕"，实行轮荒休耕制，有计划地进行耕作和撂荒。已经垦辟的农田经过几年的种植，地力开始衰竭就要有几年的撂荒退耕。撂荒三年左右再开垦种植，也就是所谓"辟草莱"。第一年伐木，第二年把伐木经火烧成草木灰作为改良土壤的天然肥料，第三年平整土地后再打垄挖沟然后做成井田。

春秋时期，铁器和牛耕的使用，为精耕细作提供了条件，沟洫农业一步步走向衰落。管仲曾向齐桓公建议："恶金以铸锄、夷、斤……试诸壤土。"铁制农具的出现和使用具有划时代的意义，人们开始用牛拉铁质的犁耕地，从而形成了当时世界上最先进的垄作法。把田地开发成一条条高凸的垄台和一行行低凹的垄沟，把庄稼种在垄上，保证了农作物生长所需的土质、气候和光合作用的条件。战国、秦汉、魏晋南北朝时期，种地的工具越来越多样化，农业生产力水平有了极大的提高，合理轮作、改良土壤、施肥保墒等农业技术上的精耕细作开始出现，逐步形成了独具特色的农业科学体系。精耕细作反映在耕作制度上就是开始出现复种轮作制，黄河流域的一些地方可以一年两熟，"人善治之"就能"一岁而再获之"。战国时期，我国农业进入一个新的发展阶段。《吕氏春秋》记载了最早的重农政策和农业科技，《土论》是《吕氏春秋》的"六论"之一，收录了《上农》《任地》《辩土》《审时》四篇，是先秦时代农业生产和农业科技长期发展的总结，是传统农学的奠基之作。《上农》篇阐述的是农业理论和农业政策，反映了新兴地主阶级的重农思想。《任地》说的是土地如何改造、利用，《辩土》谈到了不同土壤的不同耕作种植措施，《审时》辨析了种庄稼与时令的关系，论述了不违农时的一整套农业生产技术和原则[①]。

2. 秦汉时期

秦汉时期，我国古代科学技术处在世界领先地位。铁制农具和牛耕进一步普遍化，由于推广比较进步的新农具和耕作技术，农业比较发达。秦代铁农具使用面更广，器形也有进步，当时已出现了全铁的犁铧。汉代打造的铁制农具更加多样化并专业化，有镰、锤、镬、

---

① 范楚玉、董恺忱：《中国科学技术史：农学卷》，科学出版社2000年版，第75—88页。

搏、舌等。汉武帝向全国推广"用耦犁，二牛三人"的耕作法，由三人操作两牛挽一铁犁，保证了垄沟整齐，达到精耕细作的目的。耕作农具在西汉时期完善起来，发明了犁镜（或称犁壁）。汉后期，由于双辕犁的使用和犁铧形式的改进，又出现过一牛一犁的犁耕法。汉武帝时期，总结、推广"代田法"，是耕作技术上的一大贡献。"代田法"就是把垄和沟逐年代换，作物种子播在沟里，使庄稼扎根深而致生长健壮。汉成帝时，范胜之在关中总结、推广的区田法，是汉代耕作技术上的一次大的突破。区田法的基本原理就是"深挖作区"，保证充分供给农作物生长发育所必需的生活条件，以取得单位面积的高产。区田法充分发挥人的作用，集中使用水肥，深耕细作，以地养地，争取高产的办法。东汉时期，精耕细作的农业耕作方式得到进一步推广。

3. 魏晋南北朝时期

魏晋南北朝时期，传统农业的精耕细作体系已发展到基本定型的阶段，该时期统治者为了力保其地位，都重视和提倡精耕细作。改造耕作工具，创新耕作技术，牛耕有了普及和应用，广泛使用双辕犁的农作生产形式，表现为"一人一牛"的耕作方式。又通过进一步改造，逐步演变出长辕犁，还有更适合山地耕作的犁。继承汉代精耕细作的传统，北魏《齐民要术》是世界上现存最早的杰出农书，书中所描述的农业技术就是精耕细作的典型代表。从《齐民要术》的记载可以发现，农用工具种类增多，使用方法大有改进，"耕、耙、耱"是北方旱地精耕细作技术体系的核心。

4. 隋唐时期

隋唐宋辽金元的历代统治者先后采取了一些发展农业生产的措施，比较重视农学知识的普及和总结以指导农业生产，比较先进、适用的农业生产工具得到推广普及，精耕细作的农业生产技术体系进入全面扩展时期。一方面，北方地区基本继承了《齐民要术》中所总结的理论和技术；另一方面，随着全国经济中心的转移，南方农业生产也迅速发展，借鉴北方的"耕、耙、耱"等配套技术，"耕、耙、耖"也在南方得到普及与应用，形成和发展了南方水田精耕细作技术体系，区域的扩大标志着精耕细作进入了新的发展阶段。

隋唐时期，农业生产水平有了很大程度的提高，锄、铲、镰、犁等农业生产工具都有大的改进，水利设施广泛和完善，由此为精耕细作的农业生产技术的扩展创造了必要条件。唐代已经普遍使用灌溉工具，南方主要应用翻车、龙骨车、曲筒等，北方则主要用桔槔、辘轳、滑车等。耕翻土地已广泛使用牛牵引的铁犁，当时发明并使用的曲辕犁就是一种结构相当完善的耕作农具，这种"江东犁"由十一个大小部件组成，深耕浅耕都能运用自如，土垡整齐均匀。其他耕翻平整土地的农具还有铁搭、耙、砺礋等，铁搭便于深掘和敲碎土块，耙、砺礋方便破碎土块和平整地面。由于生产工具的改进，适应水田和各种土壤的精耕细作技术逐步成熟。

5. 宋元时期

宋元时期，传统农具基本上发展到完善和定型的阶段，种类繁多而完备，构造精巧而合理。宋代已有犁、耧、耙、锄、镰等铁质农具，多样化的农具适合不同环节和土质的耕作需要。利用犁、耙、砺礋等农具对土地进行细致耕翻以后，土壤更细碎，地面更平整，适合水稻插秧及灌溉的基本要求。明清时期，精耕细作农业继续向广度和深度发展，南方水田的精耕细作技术体系进一步走向成熟。

6. 明清时期

明清时期，人口激增、耕地吃紧，客观上要求土地利用率必须达到一个新的水平。采取各种农业措施加强农业发展方式转变，挖掘增产潜力；发展经济类作物，以缓解农业多余的劳力，增加农民收入[①]。同时，充分利用了现有农用土地，改变主要粮食作物的种植结构，在生产实践中充实丰富了我国传统的农业生产技术，推动了农业生产技术的提高。

（四）精耕细作的农业技术特点

中国古代的天、地、人"三才"理论形成了中国传统农学特色显

---

① 游修龄：《传统农业向现代农业转化的历史启发——中国与日本的比较》，《古今农业》1993 年第 1 期。

著的农时学、农业土壤学和农业生物学的知识和理论,深含精耕细作和集约经营的道理。《吕氏春秋》作为论述"天、地、人"关系的经典著作,对农业生产中农作物与自然环境条件和人类社会劳动三者关系做了一个系统的概括和总结。农业的本质是形成良好的生态系统,农业生物、自然环境和人相互联结共同构成中国传统农业的"精耕细作"技术体系。精耕细作技术体系的基础和总目标是提高土地利用率和土地生产率,采取种种措施改善农业环境,发挥土地生产潜力,勤于管理,提高农业生产力。精耕细作是一个技术规范的传统农业生产技术体系,以农民长期积累的经验为指导进行生产,以传统生产要素的投入为主要手段,以增加产量为主要目标。

二 传统农业向现代农业的转变

传统农业从大自然中获取农业生产要素,农业现代化必须既具有经济合理性还具有现实可行性和生产方式的可操作性,使农业现代化阶段用机器替代劳动成为必需。农业劳动节约型的大型专业化机械和其他资本密集型技术被发明出来,技术发明与技术革新源源不断地运用到农业生产中[①]。农业现代化是由传统农业技术向现代农业科技转化的一个过程,现代化工业部门和服务部门为农业部门提供强大的生产要素,在农业现代化进程中传统农业逐步得到改造,实现农业现代化是世界农业持续发展的根本出路。

纵观世界农业发展史,农业现代化伴随整个工业化进程中,农业发展也就表现为传统农业向现代农业的转变。农业现代化是由传统农业向现代农业推进的过程,依附性逐渐减弱,自主性逐渐增强,受工业化发展水平的制约。农业科学技术和农业生产管理是现代农业两个重要指标,用现代科技和现代工业来武装农业,以现代组织制度和管理方法来经营农业。现代农业以实验科学为指导,动力化机械和人工合成化肥在农业生产中得到广泛应用,社会分工进一步深化并加速了农业商品化的发展。现代农业始于20世纪初期,到20世纪中期,一

---

① 程怀儒:《传统农业向现代农业转变是中国农业的根本出路》,《农村经济》2003年第9期。

些工业发达国家先后完成了农业现代化的转变。

（一）美国传统农业向现代农业的转变

美国农业现代化转变依托其现代化工业的雄厚基础，属于节劳型转变模式。大力发展农业机械，机器在逐渐替代人力，达到提高生产效率的目的，进一步扩大优质作物种植面积，提高单产及总产，然后走向生物工程与信息技术的道路①。在工业化的初期，美国就实现了工业化与农业现代化协调发展。从美国农业生产结构的发展历史和现实来观察，起初小规模的家庭经营形式是粗放型，而后再实行多元化家庭经营，最终发展到多种形式的现代专业一体化的综合性家庭大规模经营阶段。美国现代农业以现代科学技术和现代工业装备为支撑，核心是提高劳动生产力，以机械化、规模化生产为途径的现代化模式②。在人少地多的国家或地区，劳动力供给缺乏弹性，劳动力不足会引导技术朝节约劳动力的方向进行，劳动力不足可望通过机械和物理技术的发展得到替补③。美国农业是典型的走规模化、机械化的发展道路，从而实现了全美农业现代化。1950—1990年，农业劳动力由992.6万减至286.3万，40年中减少了70%，美国农业提高了经济效益。

发达的化学和生物技术促使美国现代农业日趋深化，政府积极推广新的作物品种和栽培技术，农场主也开始施用化肥，以提高土地生产率。国家鼓励核心技术的研究开发，增强推广应用新型投入物的能力，引进高产优质品种和增加化肥施用量，大幅度提高了土地生产率。美国地多人少的特点决定了美国要提高其土地的产出率，生物技术和化学技术的应用加速了美国现代农业的发展④。20世纪50年代，高科技带动现代农业集约发展，美国农业进入稳定发展期。借助于网络技术，农业信息化高度发达，美国农业迈入信息化阶段。重视农业

---

① 何磊：《国外传统农业向现代农业转变的模式及启示》，《经济纵横》2008年第11期。
② 李宝海、李顺凯：《美国现代农业发展的经验与借鉴》，《西藏科技》2007年第2期。
③ 王思明：《传统农业向现代农业转变的动力与条件——中美农业发展比较研究》，《中国农史》1996年第1期。
④ 靳晓华：《国外现代农业发展的经验与启示》，《林业经济》2013年第3期。

信息资源的开发和利用，把农产品的生产销售信息和现代化农业生产技术信息及时传递给农民。20世纪60年代，美国出现了含有多种养分的化学肥料。20世纪70年代，美国科学家利用转基因技术培育出各类优质作物品种，制作并使用生物农药开展植物病虫害的综合防治，最新分子生物学手段的应用加快了产品更新换代速度。1985年，美国就有8%的农场主能够使用信息技术处理农业生产，很多规模化大农场已经计算机化。自动控制技术的开发与应用向广度和深度进一步扩张，信息控制网络等高技术的应用，提高了美国农场主的管理与生产效率。

（二）日本传统农业向现代农业的转变

日本由于人多地少、资源短缺，农业现代化转变是世界农业现代化典型的节地型模式。在近一个世纪的时间里，通过农村民主化改革，提高现代农业技术的有效供给，从而建立了农业科技现代化的基本框架。日本依靠科学技术进步，重视农作物的品种改良，以此提高土地生产率。为提高作物品质，对本土原有品种进行改良，引进国外农产品加以风土驯化。为了保证农业的高产、稳产，日本通过使用高效化肥和农药，综合防治农作物的病虫害。20世纪50年代至60年代，日本的农业技术取得了惊人的发展。品种改良、化肥和农药的开发、现代栽培技术的应用，农业水利工程的建设都取得了显著成效。日本的农协具有强大的社会化服务，农协通过推动农村社会化服务体系建设，不断推进了日本小规模的家庭农业演变为科学化、商品化、集约化、产业化的现代农业。日本的农业现代化是在土地改革的基础上完成的，土地改革使乡村经济、政治和社会发展环境发生了很大变化，为现代农业发展铺平了道路。提高农地的利用率和农业竞争力，大力开发和推广应用高性能的农业机械，日本工业化为发展现代农业提供机械化装备，实现了农业机械化。

（三）法国传统农业向现代农业的转变

法国由传统农业向现代农业转变有自己鲜明的特点，现代农业机械化提高劳动生产率，现代农业科技化提高土地生产率，节劳节地型转变模式是世界现代农业的典范。在"二战"后不到30年的时间内，迅速实现了农业现代化①。实行土地集中的大农场所有制，探索多元办学的农业职业教育体系，培养高质量的农业科技人才队伍，使法国的农业科技支撑能力日益增强，促进最新农业科技成果在生产中推广应用。法国农业装备现代化，提高了农机具的利用率和降低生产成本。法国1950年开始积极推进农业机械化，到1970年就完全实现了机械化。

1964年，美国经济学家西奥多·威廉·舒尔茨提出改造传统农业（transforming traditional agriculture）理论。他认为两个方面的原因造成传统农业的低水平均衡状态，一个是在长期的农业经济活动中应用技术水平始终难以改变，另一个是各种投入要素在生产者中长期有个人的偏好和稳定的动机，定然会使传统农业具有很强的封闭性。舒尔茨从人力资本—教育投资的角度，提出依靠提高农村劳动者素质来提高农村劳动生产率，实现农业现代化，促进农村经济发展，认为中国农业落后的根源在于工业的落后。

（四）中国传统农业向现代农业的转变

中国传统农业向现代农业的转变较为缓慢，经历了一个艰难曲折的历程。近代以来，中国社会的诸多领域面临着由传统向近代的嬗变和转型。农业也不例外，作为近代中国精英阶层的代表，士绅开启了中国农业近代化的艰难历程②。在近代化农业生产中，提高农业科技水平是提高农业生产能力的重要途径。日本在明治维新后，通过对欧美农业科技的大力引进和吸收，完成了传统农业种植模式向近代农业技术的转变，包括近代农学基础理论的研究，建立近代化生产技术，运用近代生物技术和近代化学推动农业科技进步等，促进了农业科技的全面发展③。戊戌变法明确提出向日本学习，农业是学习的一个重要内容，采用向日本派遣留学生以及聘请日本教习来华教学这两种方

---

① 刘养洁、王志刚：《法国农业现代化对我国农业发展的启示》，《调研世界》2006年第7期。

② 张文凤：《近代士绅与农业近代化的实践——以近代苏北农事试验场和农垦公司为例》，《农业考古》2014年第6期。

③ 李红、衣保中：《日本明治时期农业科技近代化及其启示》，《现代日本经济》2011年第3期。

式向日本学习。1905—1906年留日学生达到最高点，竟有10000名之多。来华任教的日本教习遍及全国22省，聘用日本教习逐年增多，到1909年就已增至549人。

新中国成立后的40多年中，农业教育发展迅速。1989年，全国1500所各级农业研究机构有10万名人员从事研究[①]。我国农村体制主要经历了人民公社体制和家庭承包责任制两个发展阶段[②]。人民公社体制难以达到提高农业生产效率的目的；家庭承包责任制仍然没有改变统购统销体制，改变的只是农业经营方式，农业继续为工业化提供资金积累。我国农村体制直至20世纪才真正发生了重大变化，如何对传统农业进行改造成了当前我国农业发展的重要内容[③]。我国精耕细作的传统农业和西方石油化工的工业式农业都在一定的历史时期和一定的条件下促进了农业生产发展，中国式的农业现代化需把我国优良传统和西方先进经验、技术相结合，根据中国的国情，转换农业经营方式，走符合国情的农业现代化科技发展道路。

第二节　全面推进农业科技现代化

我国农业目前还处于初级阶段，各产业的发展融合仍待提高。农业基础仍然薄弱，现代装备设施管理与应用的创新能力不足，科技发展水平总体不高。农业经营规模不太大、效益不太强、主体素质不太好，农业生产长期停留在一家一户的生产方式上，亟待形成现代化。没有农业的现代化，任何国家的现代化就不能说是完整的、全面的、牢固的。同步推进新型工业化、信息化、城镇化、农业现代化，薄弱

---

① 游修龄：《传统农业向现代农业转化的历史启发——中国与日本的比较》，《古今农业》1993年第1期。
② 张振华：《从制度变迁视角审视新中国工业化进程中的农业发展历程》，《广东行政学院学报》2005年第4期。
③ 潘洪刚、王礼力：《改造中国传统农业的困境与出路》，《西北工业大学学报》（社会科学版）2008年第3期。

环节是农业现代化①。

一 现代农业科技体系的结构及特点

现代农业能正确反映国民经济内部结构和发展。2015年,"两会"在北京隆重召开,习近平总书记参加了吉林代表团审议,他指出:推进农业现代化,要突出抓好加快建设现代农业产业体系、现代农业生产体系、现代农业经营体系三个重点②。农业科技现代化,要促进农业内部协调发展,必须形成合理、系统的现代化农业生产结构体系。加快构建和形成现代农业"三大体系"需要打造"一纵一横"农业全产业链,横向扩展方面体现在农业产业幅度和优化农业产业结构的过程,纵向延长方面就是进一步延伸农业产业链条的过程;不但是现代工业装备农业,还是科技信息支撑农业发展过程;既是农业社会分工与市场经济发展的必然结果,又是农村人口的地域分布与职业分化的途径③。"十三五"时期,全党全国人民紧紧围绕在以习近平同志为核心的党中央周围,推动农业供给侧结构性改革,凝心聚力实现了"农业增效、农民增收、农村增绿"的农业科技现代化的三大目标,促进农业发展,推动实现"结构调优、生产调绿、产业调强"现代生态农业的三大任务,群策群力,在现代农业发展的"技术变革、产业变革、机制创新"中实现突破,为新时期农业现代化开展现代农业生产结构调整、现代农业科技产业转型升级、现代农业消费产品安全优质、现代农业自然资源高效利用、现代农业建设生态有效保护等各项现代农业产业体系提供强有力的科技支撑④。现代农业科技产业体系、现代农业科技生产体系、现代农业科技经营体系对现代农业意义重大。

(一)现代农业科技产业体系

现代农业是广泛应用现代科学技术,规范现代市场理念,使用现

---

① 汪洋:《用发展新理念大力推进农业现代化》,《人民日报》2015年11月16日第6版。
② 韩长赋:《构建三大体系推进农业现代化——学习习近平总书记安徽小岗村重要讲话体会》,《人民日报》2016年5月18日第15版。
③ 郭永田:《加快构建现代农业"三大体系"》,《农村工作通讯》2016年第7期。
④ 《农业部:十年建成50个现代农业产业技术体系》,央视网,http://news.cctv.com/2017/07/24/ARTIALe5eZGhTY3mFGNxy2fk170724.shtml,2017年7月22日。

代生产工具，创新经营管理思想以及工业技术和信息装备的市场化，产前、产后和产中相结合，生产、生活和生态相结合，以此解决农业资源要素配置和农产品供给效率问题，实现乡村与城市、农业与工业发展良性循环，自然资源综合利用与生态环境保护完全一致的可持续发展模式。

现代农业体系是一个多层次、复合型的综合系统，既是确保国家粮食安全，又与生态、自然、环境、观光、人文等密切相关，能深入发展以及能充分增进经济社会发展的高效益产业。现代农业科技产业体系的深入发展，要以现代农业经营理念为科技产业指引[①]。现代农业整体素质和竞争力，从实现现代农业产业体系开始就已作为显著标志，农业现代化横向发展上必须推动农业科技产业拓展，农业现代化纵向发展上必须推进农业科技产业延伸，相互作用形成有机统一。因此，实现农业科技产业现代化，在构建过程中需要遵循一条行之有效的原则，就是需要以系统的理论作为思想指导[②]。既要注重长期稳定支持和全链条布局，又要注重跨部门协作、产学研一体化以及全方位服务。

构建现代农业科技产业体系，优化和调整农业科技产业。"十三五"时期，我国在现代农业发展需求的满足中，开展农业供给侧结构性改革，紧紧围绕现代农业产业技术体系的目标和任务，聚焦现代农业科技产业的发展大目标，开展大协作、大攻关，开展单元主体集聚和创新资源共聚[③]。由过去的政府主导向以市场需求导向的重大转变，有力推进农业供给侧结构性改革。优化农业发展的重点，在产业区域布局中构建现代农业产业体系，从农业产业体系方面整体谋划，大力发展粮食深加工，扩大农产品市场需求。

---

① 曹慧、郭永田：《现代农业产业体系建设路径研究》，《华中农业大学学报》（社会科学版）2017年第2期。
② 蒋永穆、刘涛：《中国现代农业产业体系构建：原则、目标、基本要求和模式》，《理论月刊》2011年第9期。
③ 《现代农业产业技术体系"十三五"启动大会》，http://www.sohu.com/a/159045031_803236，2017年7月22日。

（二）现代农业科技生产体系

构建现代农业生产体系，建设重点是解决农业发展中的动力和生产效率问题。注重长期稳定支持和全链条布局，注重跨部门协作、产学研一体化以及全方位服务。成功探索符合中国国情和农业科技创新规律的科研组织模式，是农业科技领域的一项重大管理创新[①]。构建现代农业生产体系，增强农业抵御风险冲击能力。

21世纪以来，农田水利建设取得长足进展。构建现代农业生产体系，核心是要促进农业供给更好适应市场需求变化、更好适应资源与环境条件，实现可持续发展[②]。在持续不断的发展中构建新型农业生产体系，传统农业生产管理观念必须抛弃，在现代农业科技产业中的产前、产中、产后等各环节中，需要树立的是大产业观念以及工业化管理理念[③]。提升现代农业科技生产要素投入方式，提高农用土地产出率和农户劳动生产率，推进现代农业发展。

构建现代农业生产体系，利用现代科学技术服务农业。构建现代农业科技生产体系，全程采用机械化作业。继续推进中低产田改造，提高农业产量；加快建设高标准农田，提高土地利用率。各类资源要素集聚，形成集中有效的研发及推广体系。大力搭建农产品电商平台，更好地利用物联网信息工程。推进农业标准化生产综合性工作，探索各种新型研发基地创建。发展绿色安全放心食品、有机营养高附加值农业品，多措并举加强农产品质量安全监管工作，加快推进农业结构调整。构建现代农业生产体系，加强生态环境保护与治理，建设生态友好型农业。抓好农业生态环境综合治理，控制灌区农业用水总量，减少农区化肥农药使用量，推进秸秆综合利用，扎实开展废旧农膜回收利用，畜禽粪污资源化利用，大力实施种养结合的生态循环农业。

---

① 《农业部：十年建成50个现代农业产业技术体系》，央视网，http：//news.cctv.com/2017/07/24/ARTIALe5eZGheZ3mFGNxy2fk170724.shtml，2017年7月24日。

② 郭玮：《着力构建现代农业产业体系、生产体系、经营体系》，《中国合作经济》2016年第2期。

③ 孙世芳：《加快构建新型农业生产体系》，《经济日报》2008年4月8日第15版。

(三) 现代农业科技经营体系

农业经营体系是指在一定农村经营制度下的农业生产组织形式和权责利机制[①]。现代农业科技经营体系要求经营方式的集约化、规模化、组织化、社会化，由此在农业现代化中重点是通过科技产业来解决"谁来种地、怎么种地"的问题。构建现代农业经营体系实现农业科技产业现代化，全方位全要素推进农业供给侧结构性改革，全社会多举措多方式培育农业农村发展新动能，夯实现代农业发展之基[②]。只有农业经营达到一定规模，才可能实现生产要素的集聚，规模效益才能显现，区域农产品的市场竞争优势才能形成。

小规模分散经营历来是我国农业的主要生产方式，扶持社会化服务支撑政策措施不足。我国已经到了创新农业经营体系、快速推进现代农业建设、增强农村发展活力的重要时期。把现代生产要素、灵活的经营模式、全新的发展理念引入农业，实现数量、质量、效益并重发展。提高土地利用与产出率、增强资源综合利用率、提升社会全员劳动生产率，促进农业农村发展摆脱过度依赖资源消耗，既能满足生产的需求又能符合消费者的要求。

构建现代农业经营体系，土地流转是根本保障。土地流转的根本目的是实现规模化经营，提高土地生产效率，以及盘活农村资产，吸收更多资本[③]。农业规模化深度经营就是土地规模化经营，发展现代农业要求的土地规模化经营，土地流转的有效去向应是有利于新型农业经营体系的构建。

构建现代农业经营体系，需实现合理定位的新型农业经营主体。以市场为导向统筹城乡发展，农业产业中不断涌现各类新型农业经营主体，新型农业经营主体在农业生产过程中，能够利用各自的农业科技知识，优化集成利用各类创新性先进生产要素。支持农民获得更多土地、产业、资本，让多种形式的经营得到进一步发展，提高新型农

[①] 宋新建：《加快构建新型农业经营体系是农村改革发展的重要任务》，《河北农业》2017年第5期。

[②] 苏振锋：《构建现代农业经营体系须处理好八大关系》，《经济纵横》2017年第7期。

[③] 周丹：《现代农业经营体系将逐步完善》，《中国城乡金融报》2016年5月23日。

业产业体系和社会化服务体系、农业经营规模化和综合立体化种养水平。

构建现代农业经营体系，突出创新农业社会化服务主体机制与体制的蓝图。现代化的生产是社会化大生产，是全行业、多部门相互联系、相互依赖的现代农业生产。培育现代农业服务组织，加快社会化服务体系的建设，满足各类各级新型农业经营主体的科技需求，全程探索建立能满足新型经营主体的服务模式。新型的农业经营体系要求培养专业的生产大户、家庭农场和农村合作社等可以依赖的主体，对农业生产进行社会化和市场化服务，对农业现代化的实施起促进作用，既解决了不容易解决的问题，也保证了农业的健康发展[①]。鼓励通过服务的技术化、社会化、专业化带动现代农业生产的规模化，充分发挥信息化技术对传播科学技术、推广成果的快捷优势。开展多元化的农业科技服务方式，积极服务现代农业产业发展。政府公益性服务机构要在农资统供统销、技术推广应用、产品市场化销售、竞争力品牌营销、企业农户期盼的农业保险等占据主导地位，开展农业基础设施建设、农村网络建设、种养殖技术推广、农业政策法律服务和培训、农产品质量监督等社会化服务。

二 中国特色农业科技现代化

走中国特色的农业现代化道路既是一项中国现实与历史的重大任务，也是中央一以贯之的发展思路。新中国成立初期，中央决策层就一直在探索农业现代化，周恩来总理第一次提出农业现代化这一命题，当时认识到农业机械化、水利化、化学化和电气化这几项就是要力争实现的具体目标。党的十一届三中全会，邓小平提出要走一条符合我国具体国情和发展实践的农业现代化道路，对中国特色农业现代化的科学内涵有了明确的拓展思路，着重提出了促进农业生产力的发展，制定了推进农业科技现代化所需遵照的主要政策和所需采取的各项措施。党的十六大报告明确提出要建设现代农业，党的十七大报告强调要走中国特色农业现代化道路，党的十八大报告进一步提出要坚

---

① 张兰英：《现代农业特征与新型农业经营体系构建》，《农业与技术》2017 年第 4 期。

定不移地走中国特色新型农业现代化道路。在推进中国特色农业现代化的时代进程中，农业现代化始终把改革作为根本动力，立足世情、国情、农情的中国实践，顺应时代要求。2004年以来，历次的中央一号文件都以"三农"问题作为聚焦点；自2013年以来，每年的中央一号文件都在聚焦农业现代化，我国为实现社会主义农业现代化积累了宝贵的经验。

（一）部署农村改革和农业发展

多年来的中央一号文件都是以"三农"为主题，在经营体制创新、农村产权制度改革、农业结构调整、农村社会治理、生态环境、农业支持保护等重点领域形成系统、明晰、精准的中国特色农业现代化发展体系。中央一号文件是党中央每年需解决的重点问题和国家发展建设亟须解决的问题，在社会主义现代化建设过程中，中央始终把农业工作摆在全局的重要位置，中央一号文件成为探索中国特色农业现代化的指导意见。对亿万农民而言，中央一号文件是一份亲切的文件[①]。经济上采取措施保护农民物质利益，政治上尊重农民的民主权利，对中国"三农"发展的导向鲜明、影响深远。历年涉农中央一号文件勾画出了一条推进农业现代化进程的政策轨迹，从制度保障的层面反映了对中国特色农业现代化道路的探索历程。1982—1986年的中央一号文件，都是出台以农业、农村和农民为主题的重要文件文献，成功地完成了划时代的中国农村改革。1982年，中央明确指出什么是社会主义生产责任制。1983年从理论上确认了家庭联产承包责任制，中国农村普遍实行家庭联产承包责任制。1984年稳定和完善联产承包责任制，1985年中央调整农村产业结构，1986年中央肯定了农村改革的方针政策。每个一号文件都描绘了农村改革发展的新蓝图，既有改革新思路和发展新举措，还有较快速度的体制变革和经济发展，效果非常好[②]。耕作土地的种粮农民收入增长极为迅速，长期存在的城乡居民收入差距得以缩小。

---

① 郭济、石舟：《千方百计增加农民收入——权威解读2004年中央一号文件》，《今日国土》2004年第2期。

② 陈锡文：《农业农村经济形势与中央一号文件》，《乡镇论坛》2004年第9期。

（二）聚焦"三农"

2004年，中央一号文件《关于促进农民增加收入若干政策的意见》发布，中央一号文件再次回归农业，极尽各种办法促进农民增收。文件要求，农村的主体要依靠农业，要加快农业农村经济的结构调整，尤其是促进粮食主产区种粮农民增收。2004年中央一号文件全面分析了农业新阶段的内涵和特征，蕴含了城乡结合、协调发展的科学发展观，既是全面建设小康社会的根本要求，又是推动现代农业加快发展、实现历史性跨越的政策创新[1]。中央一号文件从现代农业和国际大市场的角度，对农业生产提出更高的要求和更多的支持政策[2]。2004年的中央一号文件关注"三农"问题，反映了9亿农民的心愿。主题是实现农民增收，现实中直接给农民实惠，调动了农民积极性，促进了粮食增产、农民增收[3]。2004年，我国农业取得了令人鼓舞的好成绩，全年粮食总产量4695亿公斤，比上年增产388亿公斤，增长9.0%，扭转了1999年以来连续5年下降的局面；农民人均纯收入达到2936元，实际增长6.8%，是1997年以来增长最快的一年[4]。

2005年，中央一号文件《关于进一步加强农村工作提高农业综合生产能力若干政策的意见》发布，提出不断解放和发展农村社会生产力，促进农村经济全面发展。这年的中央一号文件以提高综合生产能力为农业发展的主题，抓住了首要解决的发展农村生产力这一关键问题，有利于进一步增强农业发展后劲，实现粮食稳定增产、农民持续增收[5]。作为纲领性的中央一号文件，更加注重支农政策的重要性，出台各项支持政策，调动了农民积极性，强调要保护耕地，注重农田水利建设，进一步认识到农业科技创新的紧迫性，努力改善农业生产

---

[1] 郭济、石舟：《千方百计增加农民收入——权威解读2004年中央一号文件》，《今日国土》2004年第2期。

[2] 邓大才：《"三农"政策：要从战术调整转向战略创新——学习2004年中央一号文件》，《学习月刊》2004年第3期。

[3] 李新水、杨明杏：《切实加强农业综合生产能力建设——学习今年中央一号文件的认识与思考》，《政策》2005年第3期。

[4] 江夏：《"一号文件"给农民送厚礼》，《人民日报》2005年1月31日第6版。

[5] 李新水、杨明杏：《切实加强农业综合生产能力建设——学习今年中央一号文件的认识与思考》，《政策》2005年第3期。

物质技术条件，增强农业抵御重大自然灾害和抗御市场风险的能力，增强我国农业现代化综合效益和竞争力[1]。"三农"问题解决得如何直接关系到我国现代化的进程，解决好农业、农村、农民问题，中国的现代化才会有坚实的基础[2]。从根本上解决好"三农"问题，要从我国农业自身特点寻找发展创新思路，从农业发展新阶段出发思考现代农业的发展方向，用现代工业理念推进我国现代农业发展。新中国成立的前30年，从"农业为工业提供积累"的传统农业国，建立起了独立的、比较完整的现代工业体系和国民经济体系[3]。2005年的中央一号文件标志中国"三农"问题出现战略转向，开始了走向"工业反哺农业"的新阶段。

2006年，中央一号文件《关于推进社会主义新农村建设的若干意见》发布，提出建设社会主义新农村。社会主义新农村建设的提出，标志着中国农村的第二次大现代化变革正式开场[4]。增加农户收入，加强基础设施建设，提升农业生产能力。在"十一五"开局之时，文件将建设社会主义新农村作为推进现代化进程的新发展动力[5]。中央一号文件贯穿着中国共产党认识和解决"三农"问题从而推进社会主义现代化的逻辑主线，建设社会主义新农村是中央对解决"三农"问题的清晰思路。中央一号文件再次锁定"三农"，新农村建设由此起步开局[6]。"三农"问题是极其复杂的系统性问题，建设社会主义新农村显示了中国解决"三农"问题的决心，建设农业现代化体系从推进新农村建设入手，文件一再强化对"三农"领域全方位、多

---

[1] 江夏：《"一号文件"给农民送厚礼》，《人民日报》2005年1月31日第6版。
[2] 王占纲、侯全福：《着力提高农业综合生产能力——2005年中央一号文件解读》，《实践》（党的教育版）2005年第4期。
[3] 程漱兰、任爱荣：《新农业政策与2005年的期待》，《农业经济问题》2005年第3期。
[4] 邓瑾：《社会主义新农村建设：中国农村第二次变革拉开序幕》，《南方周末》2006年3月9日第C18版。
[5] 刘刚、赵承、董峻：《建设新农村：中国现代化建设的新动力》，《新华每日电讯》2006年3月2日第5版。
[6] 姚润丰、董峻、刘黎：《又有几多实惠，9亿农民可以期待》，《新华每日电讯》2006年2月23日第7版。

举措的支持①。提高农业科技创新能力和推进农业科技转化能力，在现代化进程中推进农业结构调整，是"三农"问题社会转型过程中不得不重点解决的艰难课题②。文件提出坚持以经济建设为中心，把新农村建设作为首要任务，推进现代农业建设③。文件全面分析了当前农业和农村形势，明确了新农村建设的总体要求，制定了实现农业现代化的重大方针政策，建设社会主义新农村是我国现代化进程中的重大历史任务。

2007年，中央一号文件《关于积极发展现代农业扎实推进社会主义新农村建设的若干意见》发布，提出建设现代化的农村社会。用现代科学技术改造农业是实现农业现代化的有效路径，构建现代农业产业体系促进农业产业升级，创新经营模式发展现代农业，用现代发展理念引领和发展农业，加快农村土地资源整合，提高土地产出效益。中央一号文件突出发展现代农业在新农村建设中的地位，既体现了持续扎实推进新农村建设的总体要求，又进一步明确了新农村建设中的首要任务④。中央一号文件锁定发展现代农业，引领我国农业和农村经济又好又快发展，为农民持续创收增收、农村社会长期稳定带来强劲动力和有效保证。中央一号文件对现代农业如何发展做出了部署和要求，从全面推进社会主义现代化建设的全局出发积极发展现代农业，用现代物质条件装备农业，用现代产业体系提升农业整体水平，用培养新型农民发展农业生产要素。

2008年，中央一号文件《关于切实加强农业基础设施建设进一步促进农业发展农民增收的若干意见》发布，提出了加强农业基础设施建设。强调要走中国特色农业现代化道路，加快有利于逐步改变城乡二元结构的体制建设，建立以工促农、以城带乡的长效机制，统筹

---

① 仲吾：《新农村建设的重要行动纲领——2006年中央"一号文件"解读》，《人民日报海外版》2006年2月22日第4版。

② 黄家猛、周行：《试析"一号文件"对解决我国"三农"问题的深远影响》，《华北电力大学学报》（社会科学版）2006年第1期。

③ 邵文杰：《解决"三农"问题的重大战略举措》，《光明日报》2006年2月27日第6版。

④ 木佳：《新农村建设突出发展现代农业》，《中华工商时报》2007年1月31日第2版。

发展创新机制形成城乡经济社会发展一体化新格局①。切实加大"三农"扶持力度，巩固和发展农业农村的好形势，促进城乡统筹发展。

2009年，中央一号文件《关于促进农业稳定发展农民持续增收的若干意见》发布，明确把保持农业农村经济平稳较快发展作为当年首要任务。文件强化农业基础、稳定农业生产，围绕稳粮、增收、强基础、重民生推出一系列目标明确、含金量高、操作性强的政策措施，许多方面具有重大突破意义②。保障农产品有效供给，保证粮食持续稳定发展，实现农民收入持续增长。中央一号文件提出了总体要求，做出了重要部署③。保持农业农村经济平稳较快发展，强化惠农优农政策力度。中央一号文件以促进农业稳定发展、农民持续增收为主题，对"三农"工作提出了一系列新的任务和新的要求④。建设社会主义现代化的新农村，增加国家投入产出。千方百计实现农村经济平稳较快发展的基本目标，这是推动我国全面协调发展的需要，更是推动我国基本实现现代化战略的需要⑤。2009年，粮食总产量创历史纪录，实现连续3年超万亿斤，粮食综合生产能力迈上万亿斤新台阶。

2010年，中央一号文件《关于加大统筹城乡发展力度进一步夯实农业农村发展基础的若干意见》发布，提出加大统筹城乡发展力度。文件指出，我国农业渐趋多元化，破除城乡二元结构的任务越来越重。2010年中央一号文件明确了推进现代农业建设、增强农业发展后劲的"三个重点"⑥。现代农业建设要抓住关键领域、薄弱环节，只有着力加快农业发展方式转变，才能推动现代农业的大发展。把发

---

① 陈锡文：《详解2008年中央一号文件：强化农业基础走中国特色现代化农业之路》，《国土资源》2008年第2期。
② 《2009中央一号文件五大突破》，《理论与当代》2009年第3期。
③ 钟欣：《强农惠农政策的延续与创新——农业部农村经济研究中心主任宋洪远解读中央一号文件》，《农民日报》2009年2月7日第2版。
④ 《千方百计稳定发展农业生产：三论学习贯彻中央一号文件精神》，《经济日报》2009年2月8日第1版。
⑤ 文海：《中央一号文件为何还锁定"三农"》，《中国改革报》2009年2月4日第8版。
⑥ 顾仲阳：《基础设施抓水利科技创新强种业》，《人民日报》2010年2月5日第2版。

展现代农业作为转变经济发展方式的重大任务，坚定不移走中国特色农业现代化道路意义重大。

2011年，中央一号文件《关于加快水利改革发展的决定》发布，提出加快水利建设改革发展。不失时机地系统部署水利改革发展，出台一系列新政策、新方式、新举措。2011年把聚焦定位在水利上，凸显了该问题的严重性与紧迫性。把水利事业作为国家基础设施建设的优先发展领域，努力走出一条中国特色的水利现代化道路。文件阐述水利在现代农业建设中的重要地位，提出水利具有很强的公益性、基础性、战略性，将水利提升到关系经济安全、生态安全、国家安全的战略高度。农业发展历来对农田水利基础设施有很大依赖性，是现代农业建设不可或缺的首要条件，必须走出一条中国特色社会主义水利现代化道路。

（三）推进农业现代化

2012年，中央一号文件《关于加快推进农业科技创新持续增强农产品供给保障能力的若干意见》发布，提出发展现代农业科技。突出强调现代农业科技创新是"三农"工作的重点，作为农产品生产保供和现代农业发展的支撑，在我国农业科技发展史上具有里程碑意义[1]。明确现代农业科技的创新定位、发展定性和目标定向，认识到农业科技的公共性、基础性、社会性。突破体制屏障，拓展创新领域，提高农业科技含量，实现农业科技跨越发展。首次鲜明、突出、系统地强调农业科技创新，标志着中国农业进入了以科技创新为动力的历史新内涵[2]。文件强调要依靠科技创新引领现代农业建设，重点强调抓好种业科技创新，重视种质资源管理，以科技进步促进生产力的提高将成为农业增长的主要源泉。

2013年，中央一号文件《关于加快发展现代农业进一步增强农村发展活力的若干意见》发布，提出构建新型农业经营体系。通过体

---

[1] 李力：《依靠科技进步促进现代农业发展——农业部总经济师、新闻发言人陈萌山解读中央一号文件》，《经济日报》2012年2月2日第9版。

[2] 贾德昌：《中国农业进入科技创新驱动新时代——专家学者阐释2012年中央一号文件》，《中国工程咨询》2012年第3期。

制、机制和制度的改革与创新推动我国现代农业的进程,保障土地使用、经营、转让的合法权益。面对农业生产存在的问题,促使农业经营方式转变。这说明我国农业发展到了从传统农业向现代农业转型跨越的新阶段,农业生产经营方式到了由传统小农生产向社会化大生产加快转变的新阶段[1]。农业生产经营组织创新是推进现代农业建设的核心和基础,培育新型的农业经营主体是现代农业发展的必然趋势[2]。中央一号文件的主题是创新农业生产经营体制,创建新型农业经营体制的目的就是为了适应和推动我国农业的现代化。2013年,我国的粮食总产量达12039亿斤,比2003年产量增加了3425亿斤。

2014年,中央一号文件《关于全面深化农村改革加快推进农业现代化的若干意见》发布,提出破除发展农业体制机制弊端。农业现代化,是国家现代化的基础和支撑,目前仍是突出"短板"[3]。鼓励各方力量探索创新,尊重一线农民群众实践创造,采取差异性、渐进性、过渡性的制度保证和政策安排。中央一号文件提出了建设中国特色新型农业现代化的三个"导向",切中了我国农业面临的主要矛盾和突出难题[4]。加快建设新型农业经营体系,深入推进农业发展方式转变,补齐"短板"[5]。探索农业支持保护制度和新型农业经营体系,形成协调、效率、持续的农业现代化推进机制。把各种先进生产要素引入农业,提高土地产出率、资源利用率、劳动生产率。

2015年,中央一号文件《关于加大改革创新力度加快农业现代化建设的若干意见》发布,提出适应新常态,加大改革创新力度。主动适应经济发展新常态,全面深化农村改革,整体优化农业结构,思想观念转变,寻求农业新发展方式。农业现代化是2014年年末中央

---

[1] 王树勤:《改革开放以来推进中国农业现代化的政策轨迹——对十五个涉农中央一号文件的回顾与思考》,《农村财政与财务》2013年第3期。
[2] 李彬:《中央一号文件:新型城镇化背景下的现代农业发展路径》,《人民政协报》2013年2月19日第B01版。
[3] 梁敏:《中央为何两年两定农业现代化》,《上海证券报》2014年12月24日第F01版。
[4] 车海刚:《中央一号文件11年锁定"三农"》,《学习时报》2014年1月27日第1版。
[5] 《尽快补齐农业现代化"短板"——三谈学习贯彻中央一号文件精神》,《经济日报》2014年1月22日第5版。

农村工作会议的讨论重点，会议形成的2015年中央一号文件指出了农业现代化的推进方向。大力发展农业产业化，用好两个市场两种资源①。农业现代化内涵现与以往有了明显不同，农业现代化是不断发展农业生产力和转变农业增长方式的过程。在新时代推进农业现代化建设，把握好加快农业现代化建设的"五个注重"：注重质量、效益、安全和持续的目标定位；注重科技推广应用和劳动者素质提升的发展路径；注重规模化、集约化和社会化的组织形态；注重进一步深化改革释放红利的发展动力；注重依法行政、坚持农民主体地位、尊重经济规律的管理服务②。从高速增长转向中高速增长的新常态，加快推进中国特色农业现代化。

（四）实现全面小康

2016年，中央一号文件《关于落实发展新理念加快农业现代化实现全面小康目标的若干意见》发布，提出实现惠及全体人民的全面小康。中央一号文件强调大力构建现代农业产业体系、生产体系、经营体系，推进农业现代化发展，坚持农民主体地位③。促进农业供给符合现代农业市场需求、适应环境资源条件的变化。中央一号文件以新理念为主题，创新性提出创新、协调、绿色、开放、共享的发展理念，走出一条产出高效、食品安全、资源节约、生态友好的农业现代化道路④。面对农业发展中存在农产品供求结构性失衡、生产成本过高、生态资源严重透支等供给侧结构性矛盾，有序推动农业供给侧结构性改革。

2017年，中央一号文件《关于深入推进农业供给侧结构性改革加快培育农业农村发展新动能的若干意见》发布，提出以满足人民需要为目的，以提高农业供给质量为主攻方向。我国农业农村发展进入新的历史阶段，提出把深入推进农业供给侧结构性改革作为当前和今

---

① 梁敏：《中央为何两年两定农业现代化》，《上海证券报》2014年12月24日第F01版。
② 张尚武、李柏槐：《加快迈向农业现代化——聚焦2015年中央一号文件（三）》，《湖南日报》2015年2月7日第2版。
③ 史力、夏海军：《"三大体系"引领现代农业》，《安徽日报》2016年2月21日第5版。
④ 王宇：《"十三五"时期第一份中央一号文件再次聚焦"三农"——厚植知识产权优势夯实现代农业基础》，《中国知识产权报》2016年2月5日第2版。

后一个时期"三农"工作的主线①。由资源依赖型向绿色生态型发展转变为要求,农业现代化发展重点应实现由数量扩张向质量提升转变,新形势下我国农业发展面临传统动能减弱、农业供给结构失衡、要素配置结构偏差、农业竞争力不足等矛盾和挑战②。探索农业实现转方式、调结构、促改革,促进农业提质增效,开创农业现代化建设新局面。

2018年,中央一号文件《关于实施乡村振兴战略的意见》发布,提出实施乡村振兴战略。实施乡村振兴战略有了明确的路线图,2020年乡村振兴取得重要进展,基本形成现代乡村制度框架和现代农村政策体系;到2035年乡村振兴取得决定性进展,中国特色社会主义农业农村现代化基本实现;2050年乡村实现全面振兴,呈现一派农业强、农村美、农民富农村新气象③。农业科技创新支撑乡村振兴,要积极开展关键技术创新、生态循环模式创建、典型示范引领、新型生产经营主体培育和体制机制创新④。实施乡村振兴战略,是决胜全面建成小康社会的重大历史任务。

2019年,中央一号文件《关于坚持农业农村优先发展做好"三农"工作的若干意见》发布,明确提出全面建成小康社会。提出坚持农业农村优先发展,做好"三农"工作。有义务促进农业农村的发展,保障农民发展的权利和免受贫困的权利,让农民共享国家改革发展的成果⑤。实施乡村振兴战略,只有依靠现代化农业技术,才能加快推进农业农村现代化。

2020年,中央一号文件《关于抓好"三农"领域重点工作确保如期实现全面小康的意见》发布,提出强化科技创新驱动,引领现代

---

① 施维、董文龙:《新阶段"三农"工作新主线——中央农村工作领导小组副组长、中央农办主任唐仁健解读2017年中央一号文件》,《农民日报》2017年2月6日第1版。

② 朱守银、段晋苑、薛建良:《深入推进农业供给侧结构性改革加快培育农业现代化建设新动能——2017年中央一号文件学习体会》,《农业部管理干部学院学报》2017年第6期。

③ 《习近平心系"三农"领航新时代乡村振兴》,中国农业新闻网,http://www.farmer.com.cn/zt2018/1hao/yw/201802/t20180206_1355392.htm,2018年2月6日。

④ 杨常伟、秦倩倩:《发展乡村科技产业》,《山西日报》2021年3月2日第11版。

⑤ 李成贵:《坚持农业农村优先发展》,《人民政协报》2019年1月10日第3版。

农业加快发展。实现全面小康，脱贫攻坚必须攻克最后的所有堡垒，加快补齐农业农村短板。在现代农业布局上，综合考虑农业资源禀赋、特色产业发展、一二三产业融合等因素，统筹推进国家产业园建设。农业农村科技领域要紧紧围绕助力脱贫攻坚、稳产保供和绿色发展的目标，加快关键核心技术攻关、成果推广应用和体制机制改革创新[1]。加强现代农业基础设施建设，尽快建设农业农村大数据处理与交换中心，加快物联网链接、大数据区块链处理、人工智能的延伸和扩展、第五代移动通信网络、智慧气象的开发等现代信息技术在农业领域的应用，确保如期实现全面小康。

（五）全面推进乡村振兴

2021年，中央一号文件《关于全面推进乡村振兴加快农业农村现代化的意见》发布，提出加快农业现代化。民族要复兴，乡村必振兴。举全党全社会之力，加快推进农业农村现代化建设[2]。坚持创新驱动发展，支持高端智能、丘陵山区农机装备研发制造，建设现代农业产业园、优势特色产业集群。

积极构建与经济社会发展相适应的农业现代化，打造具有综合性、系统性、科学性、实用性的现代农业生产体系。农业的根本出路在于现代化，中国的农业现代化发展注定要走一条属于自己的道路，这是我国农业现代化必须牢牢把握的主线[3]。没有农业的现代化，是残缺不全的现代化，就没有国家的现代化[4]。调整优化农业结构，在变革农业结构上开辟新路径，要根据"动态稳定"的原则，不断探索与国情相适应的农业技术进步路线[5]。农业供给侧结构性改革不是一般意义上的结构性改革，既要考虑数量平衡，也要实现品质提升；

---

[1] 廖西元：《强化科技支撑助力全面小康——中央一号文件系列解读》，《中国农技推广》2020年第3期。

[2] 《民族要复兴，乡村必振兴——论贯彻落实中央农村工作会议精神》，《光明日报》2020年12月30日第2版。

[3] 高云才：《农业现代化仍需奋起直追》，《人民日报》2016年10月24日第5版。

[4] 江夏、张毅、赵永平：《希望田野上的斑斓画卷——探寻中国特色农业现代化道路》，《人民日报》2010年11月18日第1版。

[5] 蒋永穆、张晓磊：《中国特色农业现代化道路的演进动力探析》，《农村经济》2017年第4期。

既要注重结构和布局,又要着力转变方式与机制①。作为供给侧结构性改革的重要一环,在探索中国特色农业现代化的过程中,深入推进农业供给侧结构性改革是我国农业农村发展思路的一次重大转变。

第三节 科技创新引领现代生态农业发展

现代农业的出路是科技创新,现如今比以往任何时候都更加重视农业科技进步和创新,发展中国特色农业现代化须依靠科技创新走高效生态的路线,高效现代生态农业是一个在产业、产品、分工、农地、加工、技术、装备、环境、主体中分别相应地表现为精致化、精优化、精细化、精耕化、精深化、精准化、精良化、精美化、精英化的体系,构建现代生态农业体系必须体现"九化"发展趋势和特色②。现代生态农业作为一种全新的农业生产模式,完美克服了传统农业生产的弊端,是当今我国农业发展的最优选择。现代生态农业是以实现生态效益、社会效益和经济效益为目标的农业综合体。现代生态农业充分利用科学技术拓展发展规模,在发展现代生态农业中促进农民就业和增收,在实现现代生态农业中提高农业生产经营效率。发展现代生态农业作为现实与历史的选择,创新现代科学技术和现代管理理念,从而实现农业经济、技术、环境、社会的一体化。

一 发展生态农业是现代农业建设的必由之路

改革开放以来的农业发展中,主要是通过体制机制改革破解遇到的难题,通过惠农政策来推动农业增产增收,但现阶段推进农业现代化进程必须依靠科技创新。党的十八大报告指出:加快发展现代农业,增强农业综合生产能力。因此,必须清醒看到,科技创新能力不

---

① 洪观平:《加快探索中国特色农业现代化》,《经济日报》2017年2月13日第5版。
② 顾益康:《中国特色农业现代化的科学内涵、目标模式与支撑体系》,《中共浙江省委党校学报》2012年第6期。

强,产业结构不合理。

纵观来看,农业现代化也是中央一以贯之的思路。新中国成立初期,决策层就一直在探索农业现代化。1978年12月,党的十一届三中全会召开,全会把经济建设作为全党和国家的工作重心,实行改革开放的发展策略,邓小平同志强调搞建设要适合中国国情,提出要走符合国情的农业现代化道路。党的十六大报告明确提出实现现代化的第三步战略目标是全面建设小康社会,解决好"三农"问题是全党工作重中之重,农业农村也要实现现代化。2007年的中央一号文件把握现代化发展规律,部署如何推进现代农业发展,对怎样发展现代农业做出明确要求。党的十七大和十七届三中全会,明确了发展现代农业的思路,要走中国特色农业现代化、繁荣农村社会经济的新型道路[①]。

提升现代农业发展水平,在现代农业发展建设中坚持"六用"的基本途径:用好现代物质条件,推进农业机械化;用好现代科学技术,推动农业升级发展;用好现代产业体系,促进农业转型升级;用好现代经营形式,转变农业发展方式;用好现代发展理念,建设生态宜居乡村;用好培养新型农民,实施新型农业经营主体培育工程[②]。推动乡村振兴,引领和支撑现代农业发展。

(一)发展现代生态农业的现实意义

长期以来,为了能够满足农业和经济增长的需要,农业生产采取低效、落后的生产方式,衍生了严重的农业环境问题,充斥着严峻的农产品质量与安全问题,环境、质量与安全制约了农业的可持续发展。随着农业和经济社会的不断发展,农业发展和自然资源面临着巨大的压力,不得不大力推进我国现代生态农业体系建设。

什么是现代生态农业?遵照生态学原理和遵循经济学理论,把最新的现代科学技术成果运用到现代生态农业建设中,运用最新管理理论与方法有效经营现代生态农业,借鉴与弘扬传统农业的有效经验推

---

① 邵海鹏:《中央一号文件聚焦新型农业现代化》,《第一财经日报》2015年2月2日第3版。

② 邵海鹏:《中央一号文件聚焦新型农业现代化》,《第一财经日报》2015年2月2日第3版。

进向现代生态农业的转变,在发展现代农业中提升经济、改善生态和促进社会进步①。习近平总书记指出:"我们要建设的现代化是人与自然和谐共生的现代化,既要创造更多物质财富和精神财富以满足人民日益增长的美好生活需要,也要提供更多优质生态产品以满足人民日益增长的优美生态环境需要。"② 发展现代生态农业,保证农产品的产量和质量,避免生态环境污染具有重要的现实意义。

(二)生态农业是发展现代农业的最优模式

生态农业是在创新现代科学技术成果和现代管理手段的实践经验中建立起来的。生态农业思想起源于古老的中国,中国自春秋时期就懂得以地养地的道理,以及物理杀虫、人工除草等做法。19世纪中期,英国、法国、德国等老牌农业大国开始发起生态农业运动,并明确了生态农业的基本特点和巨大优势,自此生态农业在全世界得到了推崇③。为促进生态农业可持续发展与环境资源保护,无论是发达国家还是发展中国家都认为生态农业是最优的农业生产模式。

21世纪以来,生态农业作为推动现代农业健康可持续发展的一项战略举措,生态农业的发展规模和发展水平都步入了新时期。各国都开始制定相关政策用以支持和推动本国生态农业的发展,探索农业发展新途径、新模式,全球生态农业的发展取得了举世瞩目的成就。20世纪90年代,我国就将生态农业建设列为重点发展方向,取得了一系列研究成果。在国家大力支持和倡导下,我国农业取得了良好的生态效益、经济效益和社会效益。

(三)生态农业是现代农业发展的新方向

发展生态农业是转变农业发展方式的需要。老的工业化农业模式过分强调高投入、高产出,造成高污染的直线生产模式,致使生态环境和功能受到严重破坏,水土流失、水资源短缺、雾霾风沙、旱涝灾

---

① 吴晓燕、吴记峰:《参与和共享:以治理创新助推现代生态农业发展——基于广东佛冈华琪生态村项目的分析》,《党政研究》2020年第1期。

② 生态环境部党组理论学习中心组:《推动经济社会发展全面绿色转型》,《人民日报》2021年4月23日第9版。

③ 何琼:《基于国外循环农业理念对发展中国特色生态农业经济的启示》,《世界农业》2017年第2期。

害等生态问题频发。化石农业过分依赖农药化肥造成环境污染和资源紧缺，土壤质量的恶化和农药残留的增加导致了食品安全的缺失。

世界各国人民对现代生态农业的追求越来越强烈，对农业生态环境问题严峻性的认识也越来越清醒。认识到农产品质量与安全问题的严重性因而提出的诉求也越来越高，在农产品贸易中越发苛刻的绿色壁垒日益升级[①]。为解决石油农业带来的严峻社会问题，现代生态农业应运而生，作为一种新型的农业发展模式，其宗旨是保护食品安全和环境，是实现人与自然和谐、经济与环境双赢的新型循环农业发展模式。坚持发展现代生态农业的基本思想，实现农业生态化明确了可持续发展的正确方向，实现农业生态化找到了可持续发展的有效途径，实现农业生态化规划了可持续发展的策略，实现农业生态化也满足了农村社会人文发展的要求[②]。综合利用农业自然资源，认识到现代农业发展的新方向。

（四）生态农业是现代农业发展的迫切要求

现代生态农业是人类超越生存本能的内省智慧。粗放型、掠夺型的农业增长方式，严重污染了生态环境，破坏了土地本来的自然生态平衡。应该让全社会明白，严峻环境污染的问题已危及人类生存，严重生态破坏问题已影响到人们的健康，耗竭资源问题就是不利于农业持续发展的重要源头。"高投入、高能耗、高污染、低效率"破坏了土地的自然生态平衡，致使农产品的产量和质量长期难以提高。农业生产经营活动中大量使用有机化肥和有机农药，如果不进行改变，最终人类将会面临严重的后果。实现农业可持续发展、满足人民美好生活需求、提高农业核心竞争力需要发展现代生态农业，促进农村和谐稳定、农民持续增收、农业增效必须要加快高效生态农业发展，发展现代生态农业是实现现代农业跨越关口、静待曙光的必由之路[③]。

[①] 顾益康：《中国特色农业现代化的科学内涵、目标模式与支撑体系》，《中共浙江省委党校学报》2012年第6期。

[②] 侯向阳、郝志强：《生态农业与现代农业若干问题的讨论》，《中国生态农业学报》2004年第1期。

[③] 万宝瑞：《发展高效生态农业是现代农业建设的必由之路》，《中国食物与营养》2009年第7期。

发展现代生态农业就是在保护和改善农村生态环境，能更好地促进农业生产稳定发展，保证农村经济朝着持续健康的方向发展。在推进生态农业技术创新中，在推动体制机制创新中，在优化布局和结构调整中发展现代生态农业，能够充分发挥生物链中各组成要素之间的相互综合利用，只有综合研发现代科学技术并综合运用现代管理实践才能真正建立现代生态农业。

二 现代生态农业科技创新体系的结构特点

现代生态农业具有综合性、科学性、多样性、高效性、优质性、持续性的特征，要密切跟踪世界农业发展趋势，把现代农业生态工程运用到各生产要素的转变中。

（一）现代生态农业体系的构成要素

现代生态农业体系涉及农业经济、生产技术、自然环境和社会发展等要素。各要素相互联系、相互作用，经济是主体，技术是动力，环境是条件，社会是基础。现代生态农业更为强调经济效益、生态效益和社会效益有机统一的现代化高效农业，现代生态农业具有巨大的发展潜力、良好的市场前景和极大的应用潜能[1]。要正确认识现代生态农业各职能部门各环节之间的互相作用、互相制约、互相促进，以及各子系统互相适应，协调发展。

（二）发展现代生态农业的关键环节

现代生态农业经济系统是现代生态农业发展过程中的关键环节。发展现代生态农业经济是现代生态意义上的农业经济系统，保证农业市场经济的较高增长速度，注重环境保护。通过基层社会治理创新和实践探索，转变农业经营方式与创新路径，转变农村治理方式与思想方法，转变农民信用意识与服务情怀，并推动农民与涉农企业结成紧密的经济发展共同体，从而为现代生态农业的发展奠定良好的经济社会应用基础[2]。现代生态农业的关键环节决定着现代生态农业发展的

---

[1] 吴晓燕、吴记峰：《参与和共享：以治理创新助推现代生态农业发展——基于广东佛冈华琪生态村项目的分析》，《党政研究》2020年第1期。

[2] 吴晓燕、吴记峰：《参与和共享：以治理创新助推现代生态农业发展——基于广东佛冈华琪生态村项目的分析》，《党政研究》2020年第1期。

质量和速度，决定着人类整体的命运。

（三）发展现代生态农业的动力

现代生态农业技术系统为整个现代生态农业系统的发展提供了源源不断的动力。新一轮世界现代农业科技革命浪潮疾步走来，要紧紧跟踪世界农业发展趋势，坚持以高端化、系统化、绿色化、集约化为引领，强化基础科技、应用科技和前沿科技的发展与创新，推进现代农业科技全面振兴。

加强生物技术、田间管理、农产收储、疫病防控等基础科技研究，增强原始创新能力高质量提升来支撑绿色发展。加大前沿科技研究及关键核心技术的攻关支持力度，为现代农业的绿色发展、可持续发展提供源源不断的技术条件[1]。现代生态农业技术体系的构建必须具备技术创新、技术优化、技术推广等影响要素，找到各生产部门的技术瓶颈，不断开发新技术，保证各技术要素之间的协同。

（四）发展现代生态农业的基石

良好的社会环境是发展现代生态农业的基石。中国农民本质上仍属于小农，大体上绝大部分农民仍处于小农经济时代。尽管如此，中国农业已进入到开放型经济新体制，不再是封闭孤立的传统农业，而是融入了一个高度开放、不断进步的现代社会体系中，技术、土地、资金、管理、劳动力、信息等生产要素的配置一步一步走向社会化，社会化水平之高史无前例[2]。

没有良好的社会环境，就没有现代生态农业的持续健康发展，社会环境系统对现代生态农业体系中经济的发展、技术的进步、环境的保护都有极大的促进作用。形成发展现代生态农业的社会共识，把握社会影响，保证社会和谐与稳定，进一步提升人民生活质量和人民幸福度。改善现代生态农业发展的社会土壤，以实现现代生态农业项目在乡村社会的落地生根和可持续发展。

现代生态农业逐渐被推崇，通过农村治理机制的创新与完善，农

---

[1] 杨久栋：《绿色发展是现代农业建设的重大使命》，《光明日报》2018年7月第6版。
[2] 徐勇、邓大才：《社会化小农：解释当前农户的一种视角》，《学术月刊》2006年第7期。

村社会管理规范有序，农民生活充满活力。通过创新乡村基层治理机制，为实现优质现代生态农业创造和谐的社会环境和构建良好生态环境，利于构建政府、集体、企业、农民之间的良性互动与协作机制①。资源综合利用，明确现代生态农业实施路径。

三 系统构建现代生态农业科技创新体系

建设现代生态农业系统是一个复杂的系统工程，认真思考它的自然普遍性和生态的独特性。现代生态农业是以农村环境保护和资源永续利用为前提，集经济效益、社会效益、生态效益于一体协调发展的新型现代农业模式②。需从体系的四大组成要素分析出发，运用系统科学思维，遵循现代生态农业理念，实现简单适用并且易操作的定量与定性互补相结合，这样才有利于现代生态农业模式的创新和发展。进行体系创新建设探究，构建现代生态农业的差异协调体系、自组织涌现体系和整体优化体系。

（一）构建现代生态农业的差异协调体系

构建差异协同体系，实现现代生态农业由无序走向有序。差异协同律是实现可持续健康发展的根本推动力。在各要素之间相互作用下的协同，差异协同是和谐社会的主要运行机制。现代生态农业体系内部各要素间存在差异，各要素的结构差异复杂多样。系统的协同论让我们明白，要实现系统在无序中达有序、由低级有序至高级有序、从有序程度低的组织到有序程度高的组织方向发展，就应当注重系统各要素的相互协调与配合③。

在现代生态农业体系的发展过程中，现代生态农业科技创新发展体系构成要素功能各异，要素、结构及层次都存在差异性和协同性不足。进行现代新的基础知识和新的适用技术的发明发现、研发生产、扩散应用，进而推动和完善与科技创新有重大关联的制度创新、管理

---

① 吴晓燕、吴记峰：《参与和共享：以治理创新助推现代生态农业发展——基于广东佛冈华琪生态村项目的分析》，《党政研究》2020年第1期。

② 杨晋：《现代生态农业综合效益评价体系实证研究——以江苏常州地区为例》，《农村经济与科技》2016年第1期。

③ 刘福、王跃新：《改革开放政策的系统哲学阐释——从自组织涌现律的视角》，《系统科学学报》2020年第1期。

创新。制定环境友好的技术经济政策,改变传统生产方式,资源循环利用和生态环境保护需要实施符合生态要求的农业技术,开展农业面源污染防治,现代生态农业建设中注重集约化环境污染与资源破坏的整治力度,促进土地资源、水资源、生物资源合理利用,实现集约化现代生态农业。

加大农业科技的创新研究,发展以农林牧渔结合的立体种养,最高层次上实现能量和物质的转化,构建符合自然发展规律的立体化现代生态农业。利用多层次、多形式循环综合利用的方法,充分考虑到现代农业生态效益、经济效益和社会效益,走"种养并举,农牧结合"的复合化农业道路,创新发展新型复合型现代生态农业。把科技体制机制改革和创新能力作为两大动力源,将生产要素进行优化整合,促进各生产要素合理地结合和运作,进一步优化现代农业产品结构、生产结构和产业结构,创新发展新型产业化现代生态农业。各要素及子系统之间互为加持,实现资源的有效聚合与价值的倍增,现代生态农业体系由无序走向有序。

(二)构建现代生态农业自组织涌现体系

构建现代生态农业的自组织涌现体系,促进现代生态农业体系的演化和发展。系统哲学的先进性体现在吸收最前沿科学技术思想精华,并引领当代科学技术看清主攻方向[1]。自组织涌现是系统从混沌无序的状态演化到复杂性、多样性的系统的过程。一种生态系统,自组织化程度越高,制度化程度也会越高,这种社会或生态系统就越先进,在越具有可持续发展能力的社会生态发展中,进化也就越快[2]。现代生态农业自我运作模式不断演进和优化,农业生产结构不断优化,组织结构更加高效,保持持续协调发展。

应用自组织理论来发展现代生态农业,探究农业生态系统的结构层次,研究现代生态农业的系统特性,揭示现代生态农业的自组织运行机制。自觉把自组织理论应用到现代生态农业的发展中来,弄清楚

---

[1] 沈骊天:《系统哲学:21 世纪的先进世界观》,《系统科学学报》2018 年第 1 期。
[2] 乌杰:《关于自组(织)涌现哲学》,《系统科学学报》2012 年第 3 期。

农业生态系统自组织性原理，让农业朝着更加符合真实的系统动态的方向发展，寻求不断提高实际的系统整体行为能力，找出提升生产效益的途径和方法。自组织涌现是现代生态农业体系在各个环节中涌现出适应性较强的层次结构和系统功能，以自组织理论为基础开展新型的自组织农业建设，尊重农业生产规律利用乡土物种，遵循农村社会发展规律恢复生物多样化的农业生态系统，确切利用大自然的聪明才智发挥农业生态系统的整体功能，符合农业发展的实践要求，正确合理地给农业生态系统委任"系统工程师"[1]。

提升系统的自组织性，推动现代生态农业体系可持续发展，按照每一个生物种群在环境中生长的时空特征和生长规律，合理地配置农业资源，充分利用自然环境条件以及生物种群对不同时间和空间的需求，从而实现农业系统的最优化发展[2]。将生态农业建设与生态观光相结合，满足人们对美好生活的需要。

（三）构建现代生态农业的整体优化体系

构建现代生态农业的整体优化体系，促进现代生态农业和谐发展。整体优化律阐释系统的整体性和优化性原理，集中表述了整体优化律的本质内含和基本内容。整体优化律揭示系统发展产生的优化趋向，发挥优势契合整体总趋势与总方向，阐明非平衡态下系统由无序至有序的运动规律，在低级有序中朝着高级有序的方向发展。

整体优化是现代生态农业系统发展演化的目标。现代生态农业的目标是在农业发展过程中追求经济、社会、人与自然之间综合效益的最大化，在符合农业生产安全和满足环境与人类健康的前提下，实现现代农业高质量发展的可持续性[3]。要素与要素、子系统与子系统之间的动态优化组合为系统整体的发展提供了充足的动力，当这种优化组合的程度越强，系统的自组织程度也就越强，系统的整体优化也就

---

[1] 周文宗、李旭东、李劲：《自组织农业是我国农业发展的历史选择》，《农业科学》2020年第12期。

[2] 陈霞：《国外发展生态农业的经验与启示》，《天津农业科学》2015年第4期。

[3] 赵敏娟：《中国现代生态农业的理论与实践》，《学术前沿》2019年第19期。

越明显①。产业链与价值链的传导,将现代农业生产和经济社会发展融汇于一体,农业社会发展的速度不应超出环境与资源的承受能力,农业社会发展规模不能超越资源和环境所能承受的范围。

运用市场经济学的规律方法来监督和指导现代农业生产,由单纯追求高产向健康、安全、优质、高产开始转轨,从单纯的环境、经济、资源、社会、自然、生态要素中综合协同,实现现代生态农业综合效益最大化。技术生态化要求以整体的、全面的、系统的思维方式去看待技术,并对其发展与使用加以约束②。以生态观念为指导思想,充分利用现代科技和现代管理理念,强调技术的开发与利用必须综合考虑自然资源的节约和生态环境的保护。

农业技术生态化的价值取向和评价尺度是一个由社会、生态和经济共同组成的相互联系、相互影响的三维复合系统,需将现代生态农业的共性技术、关键技术、核心技术等协调,将生态农业的管理制度、管理方法与管理政策等共构,把技术与管理应用和推广到现代生态农业体系。绿色高效、优质高产、特色鲜明、规模适度、优势突出,为农业的发展做出一个整体规划。生态化的思维方式在处理人与自然的关系问题上,人与自然界各得其所,和谐共存③。现代生态农业的发展说到底就是人的意识问题,人类生态意识的缺失定然会造成生态环境的破坏,这才是现代社会生态危机产生的根本原因④。建设生态农业体系,提升人的生态意识。

科技创新引领农业现代化发展进入新阶段,社会消费结构在不断升级,但自然资源环境的约束趋紧,提升科技创新成果供给能力,实现新旧发展动力转换,为高质量发展提供创新源头是农业现代化进程中亟待破解的难题。发展现代生态农业在以后任何时候都更要依赖科

---

① 乌杰:《系统哲学》,人民出版社 2013 年版,第 112 页。
② 孙一阳:《浅谈技术生态化》,《陕西社会科学论丛》2011 年第 2 期。
③ 傅畅梅、顾爱华:《思维方式的生态化探析》,引自陈凡、田鹏颖、陈红兵《技术哲学的研究纲领:中国技术哲学第十届年会论文集》,东北大学出版社 2006 年版,第 264—268 页。
④ 王乃明:《中国特色农业现代化道路的特征》,《农业现代化研究》2008 年第 5 期。

技进步和创新，把现代科技成果应用到农业改造中去，用现代管理方法和手段管理和控制农业活动和速度，营造良好的生态环境，现代农业快速发展面临前所未有的效益、品质、安全和生态环境等瓶颈问题，只有发展现代生态农业才能有效破解各类制约因素，实现现代生态农业体系的整体优化。

第二章　科技创新助推农业供给侧结构性改革

随着中国农业发展的内在动因和外部环境的改变，农业的主要矛盾也相应地有了变化，存在有效供给严重不足的结构性问题。提高农业供给质量，是完善我国农业政策的主要方向。2017年中央一号文件明确指出促进农业可持续发展，我国农业发展迈入新的历史阶段，深入推进农业供给侧结构性改革，这已是农业现代化发展的必然选择，成为"三农"工作的主线[1]。农业供给侧结构性改革涉及农业发展的方方面面，调优农业生产结构，调顺农村产业结构和区域结构。要实现理念更新、体制改革、实践创新，核心是激活农村生产要素，盘活沉睡的农村资源，使农村经济发展取得显著提高。

实现创新驱动，坚持科技引领，提高农业质量效益和竞争力。深化供给侧结构性改革，引领需求有效扩大，竞争力增强，迫切需要科技支持[2]。推动农业供给侧结构性改革不是对供给侧进行简单的修补，而是一项系统性的工程，农业供给侧各因素相互交织，结构错综复杂。农业供给侧结构性改革具有多维度性，用辩证的、系统的思维模式展开分析，以便对改革过程中存在的突出问题进行全面分析，提高资源配置质量和供给效率，形成更有效、可持续的农业供给体系。

---

[1] 施维、董文龙：《新阶段"三农"工作新主线》，《农民日报》2017年2月6日第1版。

[2] 怀进鹏：《为全面建设社会主义现代化国家贡献科技力量》，《人民日报》2021年2月2日第9版。

第一节　农业供给侧结构性改革的系统思想

创新要有科学理论作指导，通过创新实现生产方式转变，既可理解为全方位生产力的提高，也是整个历史上一次深刻的生产关系变革。时代的发展需要先进理论的指导，农业供给侧结构性改革具有时代性、实践性、人民性、创新性，对农业供给侧结构性改革从理论上不能缺乏学理性探讨，对农业供给侧结构性改革进行理性思考，需要认真遵循习近平新时代中国特色社会主义思想，遵照马克思主义的系统思想。

一　农业供给侧结构性改革系统思想的内涵

任何事物都是一个系统，农业供给侧结构性改革是一项巨大的系统工程。中国的改革开放进入新时代，已经走上了农业现代化的新征程，是"牵一发而动全身"的系统，所遇到的问题都是系统性的，存在复杂的因果关系，其构成是一个多方位、多层次的框架体系，编织成一个复杂因果关系网络[1]。贯彻供给侧结构性改革的基本要求，推进农业供给侧结构性改革必须准确把握其十分丰富的科学内涵，改革过程中会遇到诸多错综复杂的理论与实践问题，在各个有关部门和各种有关工作之间又都相互联系、相互影响。

（一）农业供给侧结构性改革系统的基本构成

任何事物都是一个系统，而任何系统都必然具有三个方面或层次，即要素、结构和功能。这不可或缺的三个方面的相互联系和作用，规定着该系统的整体特质和演化发展的特殊规律[2]。世间事物都是以系统的形式存在，社会中任何事物又都是以系统的方式发展，要正确认识事物或系统的本质规定性、现实状态及演化规律，增强对事物本质的认识和把握，就必须从事物或系统的三个方面及其关系着

---

[1] 昝廷全、昝小娜：《系统思维》，《中国传媒大学学报》（自然科学版）2016 年第 6 期。

[2] 潘峰：《生产力要素、结构、功能统一论》，《晋阳学刊》1990 年第 4 期。

手。了解要素的性质、种类、数量及比例，把握要素的组织结合方式即结构的水平和特点，还要弄清要素和结构形成的功能，即系统整体与外部环境的关系。

推进农业供给侧结构的深入改革，涉及改革的多方面、多层次，是涉及制度改革、体制创新、机制构建、组织领导、结构调整、产品营销、要素整合、技术进步、产业发展、市场开拓、政策扶持、品牌创建等诸多方面的复杂系统工程，相互间具有内在联系和协同要求①。农业供给侧内部结构错综复杂，各个因素的相互影响都交织在一起，需要把农业供给侧视为一个综合的复杂体系。

（二）农业供给侧结构性改革系统的基本单元

系统是一个有机整体，系统是由若干相互联系的要素构成的集合体。要素是系统的基本组成部分或基本单元，或最小组成单元。这些相互联系的、能反映事物本质的部分，就是该系统的要素，系统依据一定逻辑关系构成一个完整的整体。这些要素是紧密联系和相互作用的，而绝不是这些要素的简单凑合，否则就不能组成系统。系统的要素决定了系统的联系、结构、功能等一系列范畴的存在，系统的功能由要素之间的相互关系决定，要素只能通过相互作用决定系统的特征和功能。

要素是系统构建所需的最小单元，是完备系统存在的基础和实际载体，理所当然是系统最基本的单位，如果离开了要素，无论哪一系统，都将成为无源之水和无本之木②。要素是系统的基础，没有要素作为基本单位，系统的结构及功能将无法形成。

（三）农业供给侧结构性改革系统的基本要素

农业供给侧结构性改革战略目标包含的要素是多层面和多方面的，结构主体性要素、产品质量要素、资金投入要素、信息来源要素、技术进步要素、制度创新性要素，它们在同一系统中虽自成体系

---

① 郭振宗：《系统推进我国农业供给侧结构性改革》，《山东农业工程学院学报》2016年第5期。

② 乌杰：《系统哲学》（修订版），人民出版社2013年版，第143页。

但相互联结①。要素是决定生产力的关键,生产要素是经济运行的必要因素。供给侧的劳动力、土地、资本以及创新等相关要素是系统组成的基础与载体,遵循资源优化配置的原理和条件,通过潜在经济增长率问题的研究,实现预期的中长期经济增长率。通俗地讲,创新(技术和制度)是"供给侧"结构改革的关键,通过技术和制度的创新,改变要素配置方式,激发活力,提升经济潜在增速,实现合理的中长期经济增长目标②。

生产要素的组织构成和介入程度,在某种程度上决定了生产活动的效率和经济效益。从供给侧结构性改革的角度分析,生产要素对于当前农业供给侧结构性改革的意义十分突出,理应成为推进农业供给侧结构性改革的基点③。坚持改革的强大内生动力,有效集聚各要素,合理配置各类生产资源要素,确保如期完成农业供给侧结构性改革目标。

二 农业供给侧结构性改革的系统结构

构成系统的各要素是一个有机整体,相互联系又发生共同作用,在时间上排列为有序的形式空间,在空间上组合为规律的秩序方式,或者说是系统联系的所有集合便是系统的组织结构。系统结构是系统内相对稳定的基本组织形式和基本组合模式,各要素的联系都是从目标和要求出发。

(一)系统是结构与功能的统一体

结构特点和功能要求是统一的整体,结构是系统功能的基础,功能是系统结构的体现。系统的结构特点决定系统的功能要求,系统的功能要求反作用于系统的结构特点,在整体框架内进行相互联系和作用,保证结构的相对稳定性④。

作为一个系统,必须拥有结构,系统的结构是决定系统功能的根

---

① 张蓓:《农产品供给侧结构性改革的国际借鉴》,《改革》2016年第5期。
② 祁春节:《农业供给侧结构性改革:理论逻辑和决策思路》,《华中农业大学学报》(社会科学版)2018年第4期。
③ 漆彦忠:《生产要素是农业供给侧结构性改革的基点——内涵、变迁与构成》,《江苏农业科学》2017年第19期。
④ 陈光:《自然辩证法概论》,四川大学出版社2004年版,第66—70页。

本。结构是相对稳定不变的,有序性、稳定性和混沌性都是结构可能的特性。结构是要素间的组织规则和形式,系统内部要素不同的组成方式就形成了不同的结构①。

(二)系统结构变化有利于系统性能的提高

一定的系统结构可以是组成事物的各单元要素,系统结构在时间和空间的变化有利于整个系统性能的提高。无论何种简单的系统架构,有什么样的系统结构,在时间和空间内容中就会有什么样的系统功能及反映出相关的系统属性,系统自身能够随着环境条件的改变发生不可预计的变化,结构的变化直接改变了系统。组成系统的诸要素存在各种差异,相同的系统要素由于结合方式上的差异,使系统组织表现出不同结构,差异性结构所形成的系统也不同,改变了系统组织的地位与作用,要素变化影响了系统的结构和功能,要素之间的相互作用便构成系统,形成有质的差异的系统等级。系统结构是否合理,层次概念反映系统等级,会推动或延缓系统的向前发展。

(三)农业供给侧系统的基本结构

人类社会系统之所以按照自己的需求长期存在并发展着,是因为该社会结构的现实基础是有机组成的社会形态和经济结构,能适应社会生产力的发展,决定人类社会的进程,把容纳的全部生产力发挥出来,发展相适应的生产关系,满足人类生活所需要的功能。

农业供给侧结构性改革是错综复杂的,包含等级性和多侧面性,由许多变量交织在一起,形成多层次关系,是相互发生影响的复杂体系,使农业供给侧体系中横向展开若干结构层次,各要素之间或各子系统规定着农业供给侧体系的主要特征,相互之间的因果关系非常复杂。农业供给侧结构性改革是高一级系统结构,涉及广泛的社会形态和经济结构,必须抓住重点、找准着力点、精准发力,在改善结构上下功夫,把功夫用于结构调整,更多精力放到改革创新上②。农业供

---

① 鲁柏祥:《系统建构之要素》,《农经》2019年第10期。
② 《紧紧围绕农业供给侧结构性改革这个主线》,《农民日报》2016年12月22日第1版。

给侧结构性改革是历史的必然选择，通过改革破解当前农业供需结构失衡是农业现代化的必由之路，要着眼于促进农业可持续发展，实现农业供给体系的资源要素优化、生产效率的提升。

三 农业供给侧结构性改革的系统功能

系统功能是系统与环境在相互作用中所表现出的能力，从系统外部对系统的整体性质进行描述，系统与外部环境之间保持着有机的联系。系统优化是系统演化的目的，使系能正常高效地运行，系统不断地演化和优化，优化在演化中得到实现，表现为系统的进化发展，从而实现组织结构内部的有序性，导致功能上具有质的飞跃，出现高低有序的若干层次的等级秩序性①。怎样使生产要素得到更优化的配置，即怎样进行农业供给侧结构调整推进改革，也即怎样达到农业供给侧系统功能的最佳化是当下急需解决的问题。

多因素的介入是导致生产要素内部关系和作用体系变化的主要原因。生产要素的结构性和功能性是针对同一产业在一定经济模式和生产机制下生产要素构成因素之间基本趋于稳定关系的表达②。2016年，中央一号文件提出实现农业现代化，以新发展理念为引领，加快农业科技产业转型升级，促进农业供给侧结构性改革。全方位推进要素改革，强调仅为聚焦数量问题的改革就不是推进农业供给侧的深层次革命，主要聚焦结构和效益的问题。要从生产领域减少无效供给，增加优质供给推动产业升级。对于农业供给体系质量不高、功能效率低下的原因分析，有影响力的观点认为市场调节供求关系、配置资源功能的机制被扭曲③。农业供给侧就是要提高供给侧体系结构的适用性和灵活性，达到扩大优质供给、有效供给、高效安全的目标。要使生产要素转换成现实生产力，必须先使各要素形成关系、结构、功能、层次，并同时建立相应的机制。这里的关系、结构、层次、功能

---

① 姜广举：《"一带一路"战略思维的系统哲学分析——从结构功能律视角阐释系列二》，《系统科学学报》2018年第3期。
② 漆彦忠：《生产要素是农业供给侧结构性改革的基点——内涵、变迁与构成》，《江苏农业科学》2017年第19期。
③ 许经勇：《农业供给侧结构性改革的深层思考》，《学习论坛》2016年第6期。

和机制就是形成系统的关键①。促进要素在区域间流动，带来经济要素自由聚集，增强农业供给的统筹度和整体性、协调性，平衡和协调各方面的关系，更好发挥农业供给体系功能，勾勒农业供给侧结构性改革的新格局，供给更加契合消费需求适应需求结构变化。

四 农业供给侧结构性改革系统的复杂性

要顺利进行农业供给侧结构性改革，需细致地分析农业供给侧系统结构的现状。农村基础设施建设不配套、农业生产要素配置不科学、农产品供求结构不合理、不少地方的资源环境承载能力下降、国际农产品市场竞争白热化、农民收入持续增长乏力等问题过去就存在，现在其紧迫性与严峻性更加凸显。这些众多不配套、不合理、不科学、不协调、不平衡、不可持续的因素之中，既有供给侧的问题，也有需求侧的问题②。提升系统认知要从深刻理解单元要素开始，深入探索物质系统中问题解决的途径，系统思维为现实中出现的新问题提出新的解决途径，用系统思维推进改革，以新举措推动农业供给侧发展。

正视改革发展中出现的问题很重要，对改革过程中遇到的各种问题进行全面的分析。如何看待和解决这些问题更重要，对涉及农业供给侧各部门和各单位的工作进行全面协调。习近平总书记在经济社会领域专家座谈会讲话中强调，坚持结构性改革战略方向，抓住扩大内需战略基点，依托国内市场实现生产、分配、流通、消费的循环发展，认清国内需求市场的主体性，提升供给体系的适配性，形成更高水平的动态平衡发展，不仅以需求牵引供给，更为重要的是通过供给创造需求③。厘清农业"需求侧"与"供给侧"的相互关系，把握供给侧结构性改革的核心，以解放生产力作为深化改革的核心内涵。

提高资源配置质量，坚持新发展理念，提高供给效率。把高质量

---

① 鲁柏祥：《系统建构之要》，《农经》2019年第10期。
② 宋亚平：《以战略思维和系统方法推进农业供给侧结构性改革》，《政策》2017年第10期。
③ 习近平：《在经济社会领域专家座谈会上的讲话》，《人民日报》2020年8月25日第2版。

发展作为重要动力源泉，增强持续增长动力。改变供给体系的低质量和低效率，农业社会经济才能持续发展，使农业供给侧与需求侧在系统结构上更匹配，实现得当的需求侧管理。

第二节 农业供给侧结构性改革的科技创新体系分析

农业供给侧结构性改革是一项科技创新体系建设的过程，是系统科学视野中的制度创新、结构调整、要素配置、技术进步等诸多方面的科技创新体系，通过科技创新和制度创新以增强优质农产品有效供给能力和水平，实现农业优质产品的生产经营与消费需求的有效衔接。人民对生活的需求在向美好的方向改变，进行供给侧结构性改革在满足需求的过程中，最终目的就是为了能够提高供给质量，实现经济结构上的调整、要素配置上的最优化、经济能够保质保量的发展[1]。

一 农业供给侧结构性改革的科技创新核心要点

高度重视科技创新发挥的关键与引领作用，农业科技创新为粮食持续稳定增产提供科技支撑，科技创新在有效确保国家粮食安全战略中发挥了重要作用。优化资源配置，加强农业科技研发、生产工艺改进和技术推广，加快推动农业科技创新和技术进步，着力解决"质"的问题以更好地适应社会消费需求，从农产品"增产量"转变为"调结构"和"提品质"。加快体制改革力度，提高创新在经济增长中的贡献程度，不断提升科技进步贡献率，从而保证数量、提高质量、优化结构[2]。发挥科技支撑作用，为市场提供和开发新产品，提高资源配置质量。

---

[1] 丁丽、杨韶艳：《科技创新促进农业供给侧结构性改革研究综述》，《现代营销》2020年第6期。

[2] 曾博、李江：《农业供给侧结构性改革中的生产要素配置研究》，《内蒙古社会科学》2017年第6期。

（一）科技人才是供给侧结构性改革的关键

供给侧结构性改革的关键决定于人，农村人力资源开发是保障。现代农业已经处在关键性的发展时期，加强农业科技人力资本创新，对农业科技人力部署须注重资本价值的分级和优化，为农业改革提供人才支撑。文化素质低制约劳动力素质，这样也就很好地理解传统农业普遍存在劳动密集、效益低下、知识技术含量低的刻板印象。要彻底地摆脱此类刻板印象，依托现代科技全面部署现代农业管理体制，采用现代物质条件改造装备农业，依靠现代产业体系提升农业转型升级的服务，借鉴现代发展理念引领农业与国际化发展相伴相随，培养新型职业农民助推农业，增强农村发展活力意义深远[1]。

用科技创新服务于供给侧结构性的综合改革，必然要求以人才为核心，千秋基业，人才为先。人才是重中之重，兼容并蓄的招揽农业科技人才，让各类创新创业人才回到乡村，让有志于农业现代化的科技人才到农村大舞台施展才华，大力倡导新型农业经营主体，为改革注入"新鲜血液"。通过人才要素的流动，必然会带动更多资金、技术、信息等随之一起进入农村，实现资源要素向乡村集聚。充分发挥资源最大限度的整合，拓展创新要素的系统集成性作用。加强乡村公共服务、社会治理，整体性带动农业构建新发展格局。强有力支持农村农民的升级赋能，稳步推进高质量发展。

按照创建优势学科的要求，大力培育和引进高层次领军人才、紧缺人才。建立长效机制，发挥人才引领作用[2]。面临前所未有的新挑战，科技创新要充分运用新科技途径，全力全心推进农业现代化。

（二）科技创新是供给侧结构性改革的关键

农业供给侧结构性改革建立在广泛的调研基础上，涵盖范围广、触及层次深，是供给侧多角度、多层次的一场全方位变革，用新发展理念正确理解供给侧结构性改革，要清醒地看到解决结构性矛盾问题

---

[1] 危旭芳：《培育新型职业农民助推农业供给侧改革》，《学习时报》2016年4月4日第4版。

[2] 张晓、张春锋、宋健：《农业供给侧结构性改革背景下对加强科技创新的思考》，《农业科技管理》2017年第3期。

的总要求是什么，农业科技的发展方向、策略与思路发生了重大转变[①]。坚持系统思想，着眼现实逻辑，深入分析供给侧结构性改革。以机制创新为切入点，以结构优化为侧重点，正确理解科技创新的科学内涵。

农业科技创新是农业可持续发展战略实施的关键。科技创新对实现农业供给侧结构性改革独具强大助推作用，发挥科技创新在农业供给侧结构性改革中的关键和引领性作用。习近平总书记强调，农业现代化关键在科技进步和创新，要立足我国的基本国情，遵循农业科技发展的内在规律，加快农业科技创新步伐，努力抢占世界农业科技竞争制高点，强化农业基础前沿与共性关键技术攻关，牢牢掌握我国农业科技发展主动权，坚持科技引领、创新驱动，为我国由农业大国走向农业强国提供坚实科技支撑[②]。"十三五"时期，我国农业农村现代化步伐加快，农业供给侧结构性改革深入推进，实施的农业重大管理创新，现代农业产业体系、生产体系、经营体系加快构建，技术创新迭代实现更加广泛的落地应用，一项项迭代更新的技术应用，推动农业生产效率不断提高，我国农业科技进步贡献率突破60%[③]。农业科技创新是实现农业供给侧结构性改革的有效途径，以确保农业发展突破"外延式经济增长"，优化农业资源要素配置，走现代农业"内生式经济增长"发展道路。

（三）满足美好生活是供给侧结构性改革的目标

我国农业一般产品阶段性的供过于求和优质产品的供给不足并存，过去总量供给不足是主要矛盾，现代农业结构性矛盾是有效供给不足。供给和需求两侧都存在制约我国经济发展的因素，但矛盾的主要方面在供给侧。

[①]《深刻理解农业供给侧结构性改革的核心要义》，《农民日报》2016年12月27日第1版。

[②]《习近平致信祝贺中国农业科学院建院六十周年》，《人民日报》2017年5月27日第1版。

[③] 高云才、常钦、郁静娴：《农业农村现代化迈上新台阶》，《人民日报》2021年1月7日第1版。

深入推进农业结构性改革，切实加快农业结构调整步伐，加快农业农村发展的新举措。供给侧结构性改革，无论是当前还是今后一个时期，都已作为推动我国经济发展的主线，并已成为新时代现代农业的重要组成部分，必须遵循习近平经济思想[1]。深化供给侧结构性改革，形成效率更高、效益更好的生态绿色农业。

必须拓展新的思路，转变农业发展方式。从过去追求产品数量到追求产品质量安全，以适应人们消费需求转型升级的要求[2]。要素资源配置效率明显提升，农产品供求结构均衡，市场需求旺盛，尽管有许多农产品需求漂洋过海，但国内中高端农产品依然需要靠进口解决。而市场上一些较为常见并且低值的品种供给充足，超出市场需求，卖不上好价格、造成滞销等问题，满足美好生活的优质高端品牌在农产品市场依然较为紧缺。

二 农业供给侧结构性改革的科技创新生产力要素

经济活动的过程就是利用各种生产要素进行生产、流通、分配、消费，维系国民经济运行。生产要素对农业供给侧的影响无疑是最为根本的，不仅直接决定着农产品的质量和食品的安全，而且也关系到现代农业生产经营体系的构建[3]。生产要素是经济运行的必要因素，经济运行的核心问题是生产要素的组合方式，生产体系与需求结构重配。农业供给侧结构性改革的核心是生产要素激活，把沉睡的资源转动起来、流动起来、重组起来，农业农村的发展才有新动能[4]。现代农业体系中生产要素的构成及其结构配置，农业生产要素供给结构改革是科技创新的关键。

（一）把握科技创新要素是供给侧结构性改革的基本方向

科学把握改革体系的科技创新要素与结构，是供给侧结构性改革

---

[1] 黄新华：《深化供给侧结构性改革：改什么、怎么改》，《人民论坛》（学术前沿）2019年第20期。

[2] 许经勇：《以体制改革与机制创新为根本途径——论深化农业供给侧结构性改革》，《福建论坛》2017年第4期。

[3] 漆彦忠：《生产要素是农业供给侧结构性改革的基点——内涵、变迁与构成》，《江苏农业科学》2017年第19期。

[4] 《农业供给侧结构性改革是什么三个关键词告诉你》，新浪财经，http://finance.sina.com.cn/roll/2018-08-01/doc-ihhacrcf0752293.shtml，2018年8月1日。

的基本方向。从供给侧着手，改善农产品结构，优化要素配置，提高农业生产效率达到促进农民增收①。从马克思主义生产力理论的要素维度入手，深刻理解农业供给侧结构性改革体系中劳动力、资本、土地与资源、制度与创新等要素。

优化配置生产要素资源，加强定向调控和相机调控。生产要素结构升级，释放新需求，创造新供给，是供给侧结构性改革的内在动力。提高要素生产率，提供长期可持续的动力，是供给侧结构性改革的关键②。供给侧结构性改革，要素资源配置，调整要素结构，提升要素生产率，最后落实到提高供给质量，在农业生产要素体系性基础上清楚辨析各要素的作用特性，使生产的产品能够满足日益提高的消费者需求水平，实现经济的高效可持续发展。

（二）供给侧结构性改革科技创新要素的基本组成

科技创新体系涵盖主体要素、客体要素、过程要素和组织要素，为促进农业新技术、新方法和新理念加以创造、推广和应用的复杂生产力系统。土地、劳动力、资本和技术等作为系统组成要素，在农业生产过程中是决定产出的主要投入因素，土地、劳动力、资本和技术依然是决定性的。

1. 农业生产要素是一个十分庞杂的体系

传统农业生产要素是指自然气候条件、区域地理位置、劳动力和土地、农田水利等农业自然资源。土地、劳动力、资本等传统生产要素，是农业可持续发展的根本力量，是技术、组织、制度与创新要素优化配置的基础③。现代工业和现代科学技术基础为现代农业创造了发展的条件，现代农业生产要素主要包括农业基础设施、科学技术、高端人才、生产管理、市场信息等要素。

与传统农业生产方式不同，现代农业生产要素主要由对传统农业

---

① 王思博：《农业供给侧结构性改革背景下提高中国农业生产效率的战略路径选择》，《世界农业》2017年第7期。
② 徐淑云：《生产要素与供给侧结构性改革》，《复旦学报》（社会科学版）2017年第2期。
③ 张朝辉、王太祥：《新疆生产建设兵团农业供给侧结构性改革的要素结构与实践路径》，《江苏农业科学》2017年第19期。

生产要素现代性改造之后的要素、用现代物质技术要素替代传统要素投入以及现代新生的生产要素构成，农业生产要素从自然性向人为性过渡的特点①。马克思主义生产力理论指出，在构成生产力的基本要素中，生产工具是主要的劳动资料要素，生产者掌握生产资料，劳动者在生产过程中运用劳动技能，总结形成一定生产经验。现代农业与传统农业的生产要素是有区别的，现代涉农科技企业中，科学技术是居于生产要素首位，是现代农业发展变迁的重要动力。

2. 土地要素

土地是最基本的生产资料，优化土地要素配置，成为推进改革的基础和关键点。土地要素代表了以耕地为主的自然环境和条件因素，古代人类赖以生存的传统农业中，基本资源和条件以耕地莫属，在现代农业中也是最基本的要素②。土地要素构成科技创新的独特生产要素，足量的农用土地才能保证生产出足够的农产品来满足消费者的需求。我国土地资源相对贫乏，可应用的适用于耕作的土地极为珍稀，农业生产的土壤面积较为紧缺，特别是作为农业生产基础的耕地更少，每个农民拥有的耕地极其有限，耕种面积的人户均数与世界平均面积差距较大。

耕地是土地资源中最重要的部分，必须确保土地提质增效不减总量。由于城镇建设用地扩张、土地撂荒等，农业用地连年减少。耕地质量的优劣严重影响到土地产出，土地的质量特性具有差异性。随着人类社会生产力的发展，社会分工的深化、市场竞争的加剧，土地问题的重要性没有降低，土地是最基本的生产资料，土地是影响人类生存发展、可持续发展的世界性重大问题。

3. 劳动力要素

在生产力中存在首要和唯一能动要素，集中到一个要素就是劳动力要素。提高劳动力素质是农业产业结构调整的关键，劳动力素质是

---

① 漆彦忠：《生产要素是农业供给侧结构性改革的基点——内涵、变迁与构成》，《江苏农业科学》2017 年第 19 期。

② 漆彦忠：《生产要素是农业供给侧结构性改革的基点——内涵、变迁与构成》，《江苏农业科学》2017 年第 19 期。

结构调整的关键环节。农业劳动者在农业发展中发挥着重要作用，劳动力与农业生产资料结合，现实农业生产力才能发挥作用。

现代农业生产的劳动力主要包括农业劳动力数量与质量两个方面，是人在劳动中所能运用的体力和智力的总和。人口增长会导致总产出的增长但不会导致人均产出的增长，劳动力的生产能力、劳动人口的教育及素质水平的提高，大量农村优质劳动力的转移也必然会提高劳动力要素的配置率和农业生产效率。

人力资本是能动性生产力。人类社会不断进步的动力和源泉非科学技术莫属，人力资本创造价值的能力强弱决定于劳动力掌握技术水平的先进程度[①]。现代农业智能化生产需要更为智能的劳动力，如知识型劳动力、熟练劳动力、新型职业农民、技术型劳动力、创新型劳动力、涉农企业主体等都属于劳动力要素范畴。农业社会经济发展面临诸多挑战，生产中劳动力素质的高低，影响农业科技成果会不会产生应有的效能，能否转化为现实农业生产力，提高劳动力的科技文化水平对推进农业供给侧结构性改革显得尤为重要和十分迫切。

4. 资本要素

农业生产通过生产者获取各种生产要素，资本要素是不可或缺的重要手段。投入决定产出，投入与供给侧产出有很大关系，如果没有必要和足够的投入并保持专注与持续，农业供给侧就难以产出相当数量和高质量的农产品满足人们对美好生活的需求。经济增长的速度受投资规模的影响极大，农业投资便于改善农业生产条件，增加可用于发展农业的资金，为农业扩大再生产所做的资本追加，农业资本要素投入在我国农业生产现代化进程中发挥了重要作用。

发展现代农业必须有稳定的投入机制，资本是决定农业增长的一个重要因素，农业资本投资包括农业生产固定资产方面的长期资本投入，这是农业投资大收益慢的主要原因，还包括种子、化肥、农药等经常性资本投入，在权衡利益得失的基础上，涉农企业的农业投资方

---

① 王妹、乔玉洋：《论资本投入推进农业现代化进程的作用机制》，《江苏商论》2007年第3期。

向是农业微观主体选择的结果①。农业现代化需要更多的资本投入，需要建立一系列的作用机制以确保资本能够投入农业现代化中，推进供给侧结构性改革让资本投入发挥真正的作用。

（三）科学技术是供给侧结构性改革系统的第一要素

科学技术是现代农业发展变迁的重要动力和主体要素，科技创新为供给侧改革提供强有力的支撑力量。传统农业之所以在效能上落后于现代农业，根源在于所依赖的核心生产要素和生产力要素有很大的不同，其差别就在于新生产技术要素的不同，现代农业把技术要素引入现实的科技产业生产体系。农业技术效率有效增进、农业技术进步水平稳步提升是农业全要素生产率演变的关键动力及不可或缺的环节，也是供给侧改革的突破方向②。科学技术在生产力诸要素中是最基本要素且能转化为实际生产能力。

生产力中第一要素是科学技术，能集中体现先进生产力的发展水平。由农业科学工作者研发，应用于生产过程，渗透在整个的实践环节中。前沿技术进步提供科技支撑，技术效率具有显著积极作用。通过农业技术引进、农业技术发展与技术效率提升，能有效解决现代农业生产中农业面源污染、服务功能弱化、生态系统退化的问题。科技创新能够大幅提高农业供给侧的管理水平，抢占农业科技竞争的制高点，构建农业供给侧结构性改革的现代化农业管理体系。

三 农业供给侧结构性改革的科技创新体制

我国农村发展迈进高质量发展时代，农业供给侧结构性改革就是构建一套适应高质量发展要求的科技创新体制。农业供给侧结构性改革的科技创新体制的内涵是与技术创新有关的体制，诸如体制改革、管理创新、机制改革、模式创新，如知识产权制度、技术研发与推广制度等，还包括与产业高效、有序运行有关的体制，如科技管理体制、科技服务体制等。2017年中央农村工作会议重点强调了这方面的

---

① 曾博、李江：《农业供给侧结构性改革中的生产要素配置研究》，《内蒙古社会科学》2017年第6期。

② 张朝辉、王太祥：《新疆生产建设兵团农业供给侧结构性改革的要素结构与实践路径》，《江苏农业科学》2017年第19期。

改革内容，完善、创新机制，激发活力，要以体制改革和机制创新为根本途径。通过坚定不移贯彻新发展理念，在高质量发展中取得显著成效。

（一）破除农业供给侧结构性改革的体制障碍

农产品供给中，既要考虑量的平衡，还要坚持以质取胜，实现质的提升和可持续发展，加大力度做好经济工作的方法论，既做到量的合理增长，又做好质的稳步提升。在编制规划主要任务时，既要调整结构、调整布局，进入提质阶段又要认真转变方式、创新机制，做出相应重要部署，完善创新机制，激发创新活力。体现改革发展实践的迫切要求，既要突出发展生产力，实施可持续战略，又要注重完善生产关系，着眼于农业供给侧结构性改革的重要环节，完善体制创新。

挖掘经济增长潜力，改革破除高质量发展的体制障碍。在奠定更好的发展基础条件上，补足短板，使经济增长潜力充分释放，不仅能够维持经济的中长期持续增长的有效方式，也是争取短期内稳增长的有效途径[1]。我国农业在取得巨大成就之后，面临诸多矛盾和难题。总量不足已经淡出主要矛盾的范畴，结构性矛盾转变为最主要、最急于解决的问题。

1. 破除体制机制障碍的现实意义

在整个改革路径选择中，须将农业供给侧结构性改革赋予新内涵和现实意义，是深化改革与结构调整的有机统一与有机结合[2]。体制改革和机制创新的有机结合是主要途径，激活资源要素潜力，再创农业发展新动能。

提高供给体系质量根本的动力来自改革，须深化结构性体制改革。高质量的供给体系，能适应消费结构升级的诉求，深化供给侧结构性体制改革。提供充足的农产品数量，满足高质量的需求，形成高品质的服务，在供给体系的质量和效率上下功夫。既要调整农业结构与布局，改变农业产业布局不合理的现状，又要转变农业发展方式，

---

[1] 张军扩：《贯彻新发展理念推动高质量发展》，《理论导报》2020年第2期。
[2] 李国祥：《农业供给侧结构性改革要主攻农业供给质量》，《中国合作经济》2017年第3期。

积极应对供给侧面临的内外压力和挑战，创新农业体制机制①。建立落后产能市场化退出机制，明确高质量产业升级机制。在宏观层面，高质量供给体系带动各行业走上有更高素质的科技产业发展之路，在国民经济各领域涌现更高的效率和质量，制定一套行之有效的，能更好适应高质量发展要求又充满活力的体制机制②。使农产品的供给结构真正与市场需求结构匹配，供给数量满足消费者需求，品种和质量契合消费者需要。促进产业转型升级，真正形成结构合理、保障有力的农产品有效供给。

2. 体制机制创新是农业供给侧结构性改革的根本途径

提高供给体系质量的关键是提供高质量科技供给，科技为有效提高供给体系质量提供强大的支撑。高质量农业一定是创新驱动的农业，体制机制创新是发挥科技服务长效机制的根本途径，农业科技创新是形成农业供给平衡长效机制。科技是促进改革的重要抓手，体制机制创新为有效发挥科技服务长效机制找到了根本途径③。科学技术进步是提升农业高产优质高效的关键，强化农业科技创新，促进农业科学技术能力成长。

推动高质量发展，对照发展高质量农业的基本特征。我国农业与发达国家相比，我国农业一直以来存在不少差距与问题。高质量发展是以目的为导向，在新起点上推动农业高质量发展，发展方式转变取决于发展理念更新，新发展理念引领农业供给体系改革。农业的高质量发展是现代农业的本质，现代农业高质量发展是当前农村、农业工作的重点。运用现代物质条件装备农业，重视农机装备研发制造；依靠现代科学技术改造农业，提升农业供给体系效率；构建现代产业体系提升农业，进行价值链的改造升级；创新现代经营形式，筑牢发展

---

① 许经勇：《以体制改革与机制创新为根本途径——论深化农业供给侧结构性改革》，《福建论坛》2017年第4期。
② 金辉：《高质量发展要求提高供给体系质量》，《经济参考报》2017年12月25日第8版。
③ 解荣超：《科技体制机制创新促进农业供给侧结构性改革探析》，转引自九三学社江苏省委员会：《第十届江苏九三论坛——科技创新与推进农业供给侧结构性改革论文集》，东南大学出版社2017年版，第313—316页。

基础和根本；落实现代发展理念引领农业，营造农业农村优先发展态势[①]。供给侧结构性改革寻求长远发展，还是要在科技层面上把握高质量农业技术的新特点。遵循产业链与技术链双向融合，从农业技术链的视角出发，走出生产环节单项技术创新的局限，体现多类型规模化生产与多元化科技服务体系协调。

（二）以系统思维提出切实合理的改革思路

推进农业供给侧结构性改革是当前实行乡村振兴战略的重点内容，面临科技创新的体制问题。导致农业供给侧系统功能不能正常发挥的科技创新体制问题表现在各个方面，对农业供给侧体系中出现的问题加强战略性思维，必须以系统思维进行全方位的分析。明确农业供给侧结构性改革方向，开创农业现代化建设新局面，提出切实合理改革思路，前提条件是切实找出解决问题的有效对策，要认真推理分析改革中出现的各类矛盾，进行体制的改革与创新。

1. 激活生产要素谋求农业供给侧结构性改革成效

谋求农业供给侧结构性改革取得成效的第一要务是激活生产要素，促进农村生产要素优化配置。经济增长离不开生产要素的供给，农业供给侧结构性改革受土地、劳动力、资本和技术等制约，必须重视全要素生产率的影响。

生产要素使用效益不高，系统要素配置扭曲。农业供给侧的土地要素配置不合理，土地资源十分贫乏，土地资源稀缺，人均土地资源越来越趋紧。耕地的数量锐减，质量也在严重退化。农业耕地资源开发过度，侵占和挪用了大量优质耕地资源；滥用农药、化肥导致的土地污染、地力下降，化肥使用量过高污染加重等严峻问题。机械化程度高，农业开垦强度大，土壤过度耕作，导致的土壤水土流失严重。土壤过度耕作使土壤环境和结构发生改变，或松散或板结，导致土壤退化。农业用地抛荒严重，很多土地呈现难以利用状态。土地要素在种植成本构成中越来越重要，较差的土地状况不但引发农业生产中土地使用成本升高而且产品品质下降，导致进入流通领域的农产品在价

[①] 黄祖辉：《以新发展理念引领农业高质量发展》，《农村工作通讯》2021年第5期。

格和品质上难以满足市场的需要。土地资源环境的硬约束降低了我国农业的可持续发展能力,土地的不可持续发展已成为农业供给侧结构性改革亟须解决的问题。

随着农村劳动力转移,大部分中青年劳动力离开农村,真正进行生产的农民数量越来越少,农村缺乏高精尖人才,职业技术劳动力落后,劳动力的整体素质难以适应经济发展需要[①]。农村劳动力受教育程度越高,定然会出现劳动力加速向非农产业转移的情况,未来农业生产的劳动力面临着技术水平低,直接导致农业生产科技含量低、农产品规模和边际效益下降。在分配关系中劳动力的主体地位得不到体现,作为直接生产者的农民得到的收益不断被压缩。作为直接付出自身劳动的农民应该占据分配的主体地位,但是资本却通过其他生产资料大量侵蚀了本该属于农民的劳动成果。农民的收益得不到合理的保证,其从事具体劳动的积极性低下,农民所进行的生产活动科学技术应用不足、生产的农产品质量不高[②]。农业劳动生产率低,农业资本要素供给不足。

农业生产本身对资金的需求非常大,资金投入不能满足现代农业对资金的基本需求。一方面,由于农业具有弱质性,农业生产活动面临着生产周期长、自然风险高和投资回报率低的特点,而且当前农业领域相关的政策制度不够健全完善;另一方面,农业资本的投资来源主要是政府部门,但政府投资大多在农业基础设施建设方面,农业资本供给不足且资本配置效率较低[③]。投入总量也不足,在投资过程中很难整合农业资金,农业资金在投入和使用中都存在监管薄弱环节,资本要素配置须解决好。

2. 建立合理的农业供给侧技术供给体系

系统要素配置尤为突出的是创新能力不足,科技进步对农业发展

[①] 李陈、屈艳:《供给侧结构性改革引领转变经济发展方式新举措》,《改革与战略》2017年第12期。

[②] 张哲:《基于马克思主义生产力理论的农业供给侧结构性改革研究》,硕士学位论文,太原科技大学,2019年。

[③] 王佳方:《中国农业供给侧结构性改革路径研究》,硕士学位论文,辽宁大学,2020年。

的支撑力不强。科技创新作为改革的难点和着力点，我国农业科技创新需建立合理的技术供给服务体系，建立合理的技术研发和推广应用的服务系统。

农业现代化不断迈上新台阶。数据显示，农业领域原始创新能力提升，农业科技进步贡献率已经超过60%之多，全力推进农机化转型升级，不管是农作物耕种还是粮食作物收割，综合机械化率达到71%，农业科技飞速发展，走出了一条中国特色农业现代化道路[1]。但是我国农业科技推广率及农业科技成果转化率都普遍较低，农业科技贡献率长期以来提升缓慢，有效地提升了农业现代化生产的质量、效益和竞争力年均增幅总体不足1%。

当前我国农业依然是以小农经济的小生产为主体，生产规模小而分散且规模效益差，农产品技术含量普遍较低。而且由于我国农业科研机构体制僵化，科技人员作用发挥有限，农业科技经费供给不足等原因，导致农业科技成果转化率与现代农业还有相当的差距，推广应用水平还远低于发达国家[2]。经费投入难以为技术推广提供支持，基层农业技术推广不够重视，部分地区农业部门对基层农业技术推广意识薄弱。

我国农业科学技术的发展过分依赖政府自上而下的科研计划，农业科研投入资金来源的渠道偏窄，农业发展要勇于原始创新，只有当农业科研投入的强度，即农业研发投入与农业总产值的比例明显超过2%的投入力度，才能突出农业科技的原始创新[3]。由于劳动力整体素质不高，技术要素也很难发挥应有的作用，农民文化素质普遍较低是一个重要的制约因素。现行农业劳动力受到知识水平所限，个人缺乏对新兴农业技术的了解和兴趣。科学技术的支撑作用不足，劳动生产率普遍较低，土地产出率不是很高，资源利用率长期处于较低水平，

---

[1] 常钦、毕京津、高云才：《农业现代化迈上新台阶》，《人民日报》2021年7月19日第1版。

[2] 王佳方：《中国农业供给侧结构性改革路径研究》，硕士学位论文，辽宁大学，2020年。

[3] 袁学国、郑纪业、李敬锁：《中国农业科技投入分析》，《中国农业科技导报》2014年第3期。

很难在农业国际竞争力取得优势①。科技创新是农业现代化发展转型升级、提质增效的强大支撑，科技创新动力不足是制约农业供给侧结构性改革的一个"瓶颈"。

3. 理顺农业供给侧结构性改革政府与市场关系

要素配置的扭曲一定会导致系统结构失衡，结构性失衡的根源是要素配置扭曲。农业供给侧结构失衡，系统结构失衡反过来又会让要素配置扭曲的情况进一步恶化。存在农业要素投入结构失衡、产业链协同发展不均衡，政府与市场关系不是很顺畅。现代生产要素的流入不足，农业生产要素综合配置效率难以提高，要素配置效率下降，很大程度上制约了全要素生产率的增长。农村劳动力成本上涨过快、土地流转规模提升、资本周转周期增加，导致农业生产要素投入比例严重失衡，扭曲了农业生产要素的配置结构，加剧了农业结构的失衡②。我国农业生产成本太高导致农业生产收益越来越差，农业生产高额的成本使农产品市场竞争力减弱。可以发现，现代农业面临人力成本高、土地流转环节的成本高、物化投入减量增效的成本高，此类问题都是生产中现实的"三高"。还可以观察到，面临大宗农产品生产净利润低，做农业这行不赚钱；农产品品质低，不适于满足人们需要所具备的特点和特性，实际的"两低"问题相当严重③。

农业供给质量并不在于某些人或某部分人的爱好，在很大程度上已由市场机制来决定，应处理好政府与市场的关系，深化改革，建立机制，完善政策，经济向高质量发展，不断培育新动能④。加快建设实体经济，增强供给结构的适应性和灵活性，提供差异化的农业供需关系，在更高水平上实现新的平衡。

长期以来，我国农业发展的重点一直聚焦在粮食产量持续稳定增

---

① 郑涵茜：《共享经济助推农业供给侧结构性改革——以共享农场为例》，《沿海企业与科技》2018年第4期。

② 孟子琳、申鹏：《我国农业结构失衡的内在原因及供给侧结构性改革对策》，《改革与战略》2017年第6期。

③ 陈锡文：《中国农业发展的焦点问题》，《农机科技推广》2015年第7期。

④ 李国祥：《农业供给侧结构性改革要主攻农业供给质量》，《中国合作经济》2017年第3期。

收的目标上,关联、衔接、耦合、协同仍存在不少短板和薄弱环节,导致生产与消费的匹配性差①。现实中农产品消费市场、消费群体的需求在不断升级,而产品质量、品牌和消费方式、内容方面却得不到满足,农业产业结构出现了严重的供需失衡。供给与需求结构不匹配,结构性过剩和结构性短缺现象并存,呈现出阶段性、结构性供需不对称的基本特点。农业生产结构和区域结构不平衡,区域间缺乏行之有效联系,致使种植结构和资源配置重复交叉,必然会出现农村产业融合程度不高,严重地制约和阻碍了农业供给侧结构性改革的进程与前程②。

推进供给侧结构性改革要直面政府和市场的关系问题,农业体制机制的供给既滞后也缺失。部分政策的连续性、稳定性和可持续性不足,生产要素资源错配依然存在,必然导致带来一系列结构性问题。政府宏观调控机制相对滞后,政府运行机制缺乏规范化、科学化,不合理的行政干预阻碍了商品的正常流通,农产品价格的逆向变动时有发生。着力加强农业供给侧结构性改革,系统地认识和把握农业供给结构失衡状况,全面提升农业综合效益和竞争力。

第三节　农业供给侧结构性改革的科技创新路径探索

从农业发展的历史阶段出发,供给侧结构性改革任务是破解新时期农业深层次结构性问题的改革,是实现与农业经济高质量发展阶段相适应的结构性转换,其具有丰富性和复杂性,要具有加强问题导向和短板意识的思想,提高对消费者需求发生变化的适应性和灵活性。对农业供给侧结构性改革深层次的把握,核心要求是把握改革的本质

---

① 涂圣伟、周振:《农业供给侧改革关键在扭转"三大失衡"》,《上海证券报》2016年4月6日第9版。

② 孙海燕、杨梦颖:《新时代以新发展理念深化农业供给侧结构性改革的路径探析》,《经济视角》2018年第2期。

特征，要围绕社会的需求进行生产，根据各种消费层级的不同，提高供给体系质量和效率，发展高效的技术供给体系，解决供给侧结构性深层次问题和矛盾。现如今农产品供给数量上的短缺已不可逆转，安全和营养、品种和质量考核标准有待提高，以便能更契合消费者需要，打消消费者生理和心理上的匮乏状态，真正形成结构更加优化合理，产业向中高端迈进，保障充足的农产品有效供给[1]。深刻认识和把握扩大有效供给，提高供给质量，是农业高质量发展，使供给能力更好地向着满足人民对美好生活日益增长的改革需要。通过体制机制创新有效配置农业生产要素，调整优化农业供给结构和资源配置、生产结构和产品结构的体系架构，在总量生产函数的框架下形成良好的产出、产品、资源、环境等供给要素，打造相匹配的高效、安全、节约、友好的农业供给体系。

一 新发展理念引领高质量发展路径

开创农业现代化建设新局面，以新发展理念为引领。现代农业是实现增效的农业，这些都映射在推进农业供给侧结构性改革的真实场景中。

（一）农业供给侧结构性改革现状

我国农业体量很大，农产品品种丰富，农业品牌众多。由于农业现代化的加速推进，不可否认各种结构性矛盾出现了集聚累积的现象。农业产业存在同质化严重、大而不强、大而不精，产品多而不优、效益不高，品牌保护不力、杂而不亮，中低端产品充斥市场，高端产品供给又严重不足等诸多结构性问题。《中国区域农业品牌发展报告（2019）》指出，区域农业产业品牌初具规模，突出特点是产品种类繁多，优势集中在市场需求空间大，但也存在产业链条短、大而不强，假冒伪劣严重，影响力仅限局部地域和物流运输滞后等问题[2]。结构性短缺、产能过剩比较严重，供需错配难以满足高端需求。

---

[1] 曾建民、张永红：《农业供给侧结构性改革研究述评》，《社会科学动态》2017年第8期。

[2] 中国区域农业品牌研究中心：《中国区域农业品牌发展报告（2019）解读》，《中国品牌》2020年第1期。

农业资源偏紧，农业资源约束矛盾日益趋紧；农业生态环境恶化，环境压力日益突出。内源污染和外源污染问题既很难打造出优质的农产品和叫得响的农业品牌。种植业和养殖业各自发展使之结合不紧密，养殖粪污没能完全有效利用而地力下降却一直未能解决，农业综合生产能力低，农业综合效益差严重制约农业可持续发展。新发展理念是经济进入新常态的治本之策，新发展理念为解决农业供给侧结构中突出矛盾提供新的认识论、方法论和实践论，能不断推动农业供给侧结构发展转型，以及不断优化提升农业供给侧质量和效益。

（二）新发展理念引领新的发展行动

新常态、新发展理念、供给侧结构性改革是一个有机整体，用新发展理念引领新的发展行动是推进农业供给侧结构性改革的重要举措。新发展理念立足于问题意识，从政治经济学的角度看，贯彻落实新发展理念，推进供给侧结构性改革，是新常态下破解发展约束，更好地实现社会主义生产目的的需要①。

新发展理念是引领我国发展全局深刻变革的科学指引，有针对性地解决了农业供给侧结构各方面的问题。创新是解决发展中存在深层次矛盾和问题，根本出路在于创新。协调是持续健康发展的内在要求，正确处理发展中的重大关系。绿色是解决人与人、人与自然、人与社会的和谐问题，形成绿色发展方式。开放是国家繁荣发展的必由之路，注重的是解决发展内外联动问题，在供给侧和需求侧同时发力，以对外开放的主动抓住机遇、化解风险，不断提升动态比较优势。共享是中国特色社会主义的本质要求，共同富裕是马克思主义的一个基本目标，为农业供给侧结构性改革提供了更公平的起点、更和谐的环境。

农业供给侧结构性改革即通过要素和资源投入的优化配置提高农产品供给的质量和农业供给体系的生产效率。保证产品质量和品种契

---

① 马建堂：《贯彻新发展理念深化供给侧结构性改革》，《学习时报》2017 年 5 月 8 日第 1 版。

合国内外消费者的需要，建立起结构合理的绿色生态农业生产体系①。新发展理念为实施新时代质量兴农战略提供了全新的行动和实战指南，在实现高质量发展中具有强烈的实践指向。

（三）贯彻新发展理念推进农业供给侧结构性改革

深入贯彻新发展理念，加快推进农业供给侧结构性改革。推动高质量发展作为深化农业供给侧结构性改革必须做出回答的重大课题和现实命题，必须完整、准确、全面理解和贯彻。从新发展理念的战略视野、系统观念、历史思维、价值追求和辩证思维出发，大胆探索产品安全、资源节约、环境友好的现代农业发展新路。

利用创新理念激发新动力，以创新理念增强发展动力。协调理念补齐新短板，增强自主创新能力；绿色理念营造新环境，培育发展新动力；开放理念拓展新空间，培育具有全球竞争力；共享理念开辟新渠道，形成持续创新的系统能力。进而实现农业强、农村美、农民富②。发展动力决定发展速度、效能、可持续性，坚持创新发展，化解新矛盾、解决新问题，破解农产品"多而不优"的困境。

不断提高农业科技创新与成果转化应用水平，做到人有我有、人有我强、人强我优，满足消费者对农产品的绿色化、多样化和品牌化的需求。协调发展是农业供给侧结构性改革的制胜要诀，做强做优农业科技产业、推动农业产业协调发展。一个国家、一个地区乃至一个行业在其在特定的环境下及特定发展时期既有各自的发展优势，也存在相应的制约因素。习近平总书记指出，在发展思路上既要着力破解难题、补齐短板，又要考虑巩固原有优势，两方面相辅相成、相得益彰，才能实现高水平发展③。协调理念贯彻落实到农业供给侧结构性改革的全过程，解决农业发展"结构扭曲"的供需错配现象。

推进农业绿色发展是农业供给侧结构性改革主攻方向，形成绿色

---

① 赵军洁、张建胜：《加快农业科技创新的机理和路径研究：基于 TRIZ 理论》，《经济问题》2016 年第 12 期。

② 孙海燕、杨梦颖：《新时代以新发展理念深化农业供给侧结构性改革的路径探析》，《经济视角》2018 年第 2 期。

③ 习近平：《深入理解新发展理念》，《求是》2019 年第 10 期。

发展方式和生活方式，解决农业生产"资源短缺"的难题。推进农业供给侧结构性改革是一场硬仗，任务重、难度大。只有加强不同国家间农业技术交流与合作，才能推动各国农业资源的合理配置和长远发展。开放发展理念的提出旨在深化国际农业科技合作，加强不同市场之间互通与流动，化解农产品"进出失衡"的矛盾。农业生产中的三大要素（土地、劳动力和资本）的共享，能有效地解决要素资源配置中的不合理，提高要素使用效率[①]。共享理念实质就是坚持以人为中心的发展思想，农业供给侧结构性改革提出的共享发展理念就是让广大农民平等参与现代化进程、共同分享现代化成果，突破农民增收"效果不佳"的"瓶颈"。

（四）适应发展新常态推进供给侧结构性改革

以新发展理念深化改革，深刻认识农业供给侧结构性改革的方向、目标、方法和底线，现代农业要聚焦优质、高产、高效、生态、安全这五大要素。

首先，坚持改善供给，解决供需错配问题。适应和引领经济发展新常态，推进供给侧结构性改革，因地制宜，发挥优势，扩大市场紧缺、需求大的农产品生产。企业或个人为了自身的生存和发展的需要，生产商品必须适应时代发展变化的需要，并通过市场交换获得更多经济收益，以实现劳动者对经济利益的追求。如果这些生产主体不能生产出满足消费者的需求变化的产品，他们就无法生存更谈不上发展。用创新理念充分挖掘区位优势的特色品牌，科学规划，合理布局。加快产品结构、品质结构、产业结构调整，改善农业供给结构。

其次，坚持质量兴农，以提升产品质量为根本方向。大力推广应用新品种、新技术，提升产品品质，不断提升农业生产力水平，引领农业高质量发展。加快转变农业生产和发展方式，推动农业生产由增产转向提质。着力延伸农业产业链、完善农业价值链，增加农产品附加值。

---

① 郑涵茜：《共享经济助推农业供给侧结构性改革——以共享农场为例》，《沿海企业与科技》2018年第4期。

再次,坚持生态友好,增加绿色、有机安全和特色农产品供给。进一步加强生态优先、绿色发展理念,不断增加销路好、效益高的农产品生产。注重增强农业的可持续发展,持续抓好农业重点领域污染治理,以绿色发展的理念促进生产方式绿色化,走绿色发展之路。

最后,坚持体制机制创新,激活农业农村内生发展动力。农业供给侧结构性问题,病因在政府调控制度和市场运行机制不健全、不完善。推进农业供给侧结构性改革的关键在于完善体制、创新机制,不断为农业农村现代化释放新活力、注入新动能。深化农业科研体制改革,优化科技资源配置方式,完善科技创新治理体系,激发科研人员的创新创造活力。推进体制机制创新,必须激活市场、激活要素、激活主体[①]。破除阻碍要素自由流动的体制机制障碍,激活各生产环节的农业要素,充分保障土地、劳动、资本、人口、技术、数据等在改革中公平自由地流动,使其在农业科技创新领域发力,同时还需要为农业供给侧结构性改革创造较好的制度环境,在体制机制等方面着力。

(五)遵循规律深化改革的解决对策

农业供给侧结构性改革必须遵循经济规律和自然规律,全面探索以新发展理念深化改革的举措。落实新发展理念,"创新、协调、绿色、开放、共享",把解决短期矛盾与化解长期制约结合起来。明确重点任务,抓好"六优化、一巩固"。优化增加优质产品,优化产业链与价值链,优化推进节本增效,优化资源环境匹配度,优化适度规模经营,巩固资源利用方式。

积极推进农业发展理念、制度、科技创新,创新农业经营机制,强化科技创新驱动,努力形成高质量、多层次、宽领域的有效供给体系。推进农村一、二、三产业融合发展,加快提升实体经济、科技创新、人工智能、现代金融、信息技术、人力资源协同发展的现代农业产业体系,积极构建合理的利益联结机制,培育农业产业大集群。以

---

① 韩俊:《供给侧结构性改革是塑造中国农业未来的关键之举》,《人民日报》2017年2月6日第10版。

"一带一路"建设为统领构建全方位开放新格局,丰富对外开放内涵,提高对外开放水平。通过合理的制度安排和政策引导,对农业生产主体及农业经营企业进行规范管理,协调发展推进农业适度规模经营,加快建设实体经济。

二 系统思维统筹谋划全要素提升路径

系统思维把认识对象作为系统来看待,运用系统思维分析问题是实践的需要和时代的要求。系统思维是一种整体思维,要求在系统与要素、要素与要素、系统与外部环境的相互关系中分析问题、解决问题,揭示对象系统的系统特性和运动规律,从而最佳地处理问题。

(一)培养全要素分析的自觉性

系统思维是原则性与灵活性有机统一的基本思维方式,把互相联系的各种要素、各个方面处于整体之中。世界是由各式各样的对象组成,世界是系统的集合体。这是一个哲学本体论的基本命题,系统科学思想是一个新的哲学思想体系,是全部系统科学和系统哲学的基本信念[1]。对其组织结构和体系功能进行系统认知的一种思维方法,不失原则地采取灵活有效的方法处置事务。系统哲学是在马克思主义系统思想的基础上,对当代科技成果和理论成就的概括和总结,它反映着时代的精神实质,并正在人们的实践中自觉或不自觉地起着作用,指导着人类的社会活动[2]。

系统思维以相互联系的各要素及其结构、功能为研究对象,从整体上把握各要素的新特性与功能,善于将客观事物看作是一个多要素相互联系、发展变化的有机整体,注重要素耦合的整体效果。整体性原则是系统哲学的核心原则和出发点,这个思想方法要求人们无论干什么事、思考什么问题、解决什么难题都要立足整体,从整体与部分、整体与层次、整体与环境的相互作用过程来认识理解和把握整体。系统是结构和要素的统一,要素分析和结构分析是系统思维的前提。要素与结构之间的关系是多元和非线性的,系统思维要求培养全

---

[1] 苗东升:《论系统思维(一):把对象作为系统来识物想事》,《系统辩证学学报》2004年第3期。

[2] 乌杰:《系统哲学》(修订版),人民出版社2013年版,第309页。

要素分析的自觉性，始终坚持批判与创新的态度，以避免依据部分要素对整个系统作出判断的非系统思维。

我们面对的改革问题几乎都是系统性的，所面临的重大问题基本都是整体性的，必须把整个宏观经济看作一个系统，坚持系统观念，采用系统思维，在揭示宏观经济系统的复杂因果关系网络的基础上，分析复杂系统的层次结构存在的多种因果关系，才能找准中国经济当前面临的主要问题①。系统思维具有时代性和科学性的特征，农业供给侧结构性改革是新时期一项复杂的系统工程，理应着眼于系统的整体性，加强各项改革关联性、系统性、可行性研究，通过改变混合效率进而影响农业全要素生产率增长。

（二）提高全要素生产率是农业供给侧结构性改革的重要保障

农业全要素生产率是重要保障，为农业供给侧结构性改革提供有益的参考。全要素生产率是指在一定时间内一个生产系统的所有总产出量与全部生产要素真实投入的数量之比，是生产活动在某一特定时间内的效率，能真实地评估经济单元可持续发展和经济运行质量。农业全要素生产率增长有利于降低农产品价格，从而提升农产品的市场竞争力。生产单位在生产过程中需要同时投入劳动、信息、土地、技术和资本等多种生产要素，各要素之间出现不同程度的替代关系或互补关系，单要素生产率是指经济主体的产出水平与投入要素中某一特定要素的比率，指标不能反映要素之间的相互作用与关系，存在较大局限和误差②。资源的稀缺性和环境的约束决定了实物性要素投入仅具短期效应，依靠要素投入的数量型增长越来越不可持续，关键是要提升农业全要素生产率。农业全要素生产率的变化趋势以国民人均年收入为主要标准，中高收入及高收入国家明显高于中低收入及低收入国家增长水平，中低收入及低收入国家增速是中高收入及高收入国家的60%—70%，美国农业全要素生产率已达到80%以上③。整体上，

---

① 昝廷全、昝小娜：《系统思维（Ⅻ）》，《中国传媒大学学报》（自然科学版）2016年第6期。
② 李谷成：《提升农业全要素生产率》，《中国社会科学报》2019年3月6日第4版。
③ 高芸、赵芝俊：《大力提高农业全要素生产率》，《农民日报》2016年2月20日第3版。

农业全要素生产率呈现增长的态势，农业生产率有先收敛后发散的趋势，但各省份之间的农业相对全要素生产率水平差距却不断扩大。近期有放缓的趋势，主要驱动力也在逐渐削弱，与发达国家相比，我国农业全要素生产率仍然有很大提升空间。农业供给侧结构性改革须解决要素资源配置的扭曲，实现全要素生产率的提高。

（三）农业供给侧结构性改革着眼于全要素生产率提升

农业供给侧结构性改革的主要着眼点就是促进社会全要素生产率的稳步提升，以此为基本立足点推进供给侧结构性改革。供给侧结构性改革的主攻方向是全面提升服务质量和提高供给层次，加快去产能，减少无效和低端供给，推进结构调整，扩大有效和中高端供给。习近平总书记在党的十九大报告中强调：以供给侧结构性改革为主线，推动经济发展质量变革、效率变革、动力变革，提高全要素生产率[1]。主要强调通过生产要素的配置优化和质量变革，提高劳动生产效率，提升产品数量。

劳动力、信息、土地、资本、管理、创新等要素组合优化配置是农业供给侧结构性改革的发力点和着力点，是激发农业经济发展新动能的重点和归宿。农业供给侧结构性改革着力于调整农业供给侧自然资源要素配置、供给体系质量和效率、农产品质量安全，提高农产品品质、强化主导产业优势、优化农业产业结构、建立生产功能区、筑牢生产保护区、提高农业全要素生产率[2]。优化农业生产资源的配置效率，提高农业供给侧的全要素生产率。

（四）要素聚合是农业供给侧结构性改革的强大动力

系统思维谋划，提升农业全要素生产率。系统观念既是中国共产党领导革命、建设、改革的根本性、基础性的思想方法和工作方法，是"十四五"时期经济社会发展必须遵循的重要原则[3]。农业供给侧

---

[1] 《决胜全面建成小康社会夺取新时代中国特色社会主义伟大胜利——习近平同志代表第十八届中央委员会向大会作的报告摘登》，《人民日报》2017年10月19日第2版。
[2] 张朝辉、王太祥：《新疆生产建设兵团农业供给侧结构性改革的要素结构与实践路径》，《江苏农业科学》2017年第19期。
[3] 陈步林：《坚持系统观念是"十四五"时期经济社会发展必须遵循的重要原则》，《当代江西》2020年第12期。

是一个系统整体，把对象作为系统来认识和处理，就是人类思维在聚焦于事物对象的同时，向下要关注构成它的系统组成，向上还要看到它所从属的更大系统范畴，我们称为系统思维的三级关照[①]。改革涉及多要素、多主体、多领域的复合系统，是各要素相互联系、相互作用的过程与结果，是所有要素在农业供给侧系统中的综合体现。

　　系统科学的出现改变了人们对世界的看法，世界的发展方式出现了翻天覆地的变化。已经明确知道个体之间、事物之间、社会之间的相互作用是复杂的，通过相互联系、相互作用、相互依存可以实现不同层次系统之间的过渡[②]。系统思维注重事物构成的基本要素、组织结构和整体功能，注重各基本要素之间的统筹、协同、配置和最优，注重事物的整体协同和宏观调控，加强各个过程、关键环节的合理配套和有效衔接，形成一个逻辑严密、系统完整的思想体系[③]。改革应从生产要素重新组合改变产业功能，强化创新主体，壮大实体经济等方面，加快推进传统生产要素重新组合、生产经营主体结构调整、现代农业产业体系构建、农业管理体制机制创新。供给侧结构性改革的主攻方向是减少无效供给，扩大有效供给，提高全要素生产率[④]。要素有效聚合是农业供给侧结构性改革的强大动力，应用系统思维，关注农业供给侧结构性改革与创新，提升农业全要素生产率。

（五）农业技术效率是农业供给侧结构性改革的主攻方向

　　农业技术效率有效提升是全要素发力的不竭动力，是农业供给侧结构性改革的主攻方向。产出的增长可能源于投入的增加，投入是引起经济增长的重要因素；也可能源于技术进步，要求劳动方法及劳动工具的创新。单纯依靠粗放式发展模式和要素投入的农业经济增长方

[①] 苗东升：《论系统思维（一）：把对象作为系统来识物想事》，《系统辩证学学报》2004年第3期。

[②] 昝廷全、昝小娜：《系统思维（Ⅻ）》，《中国传媒大学学报》（自然科学版）2016年第6期。

[③] 马志刚、崔计顺、丁瑞强：《运用五种思维加快推动农业走出去》，《农业展望》2020年第10期。

[④] 李谷成：《提升农业全要素生产率》，《中国社会科学报》2019年3月6日第4版。

式亟待转变，若依靠科技进步，农业发展方可持续[1]。农业供给侧体系是一个具有大量要素、多层次、非线性的复杂系统，内部产生的和来自外部的大量涨落因素是农业供给侧体系效率增长的源泉。

在一定条件下内外涨落因素经过非线性相互作用放大形成巨大涨落，引起农业供给侧体系的结构变化，使农业供给侧体系向数量、质量、效益并重的方向转变。《中国农业产业发展报告（2020）》从全要素生产率角度剖析了中国农业产业竞争力，报告提出依靠农业科技进步驱动农业全要素生产率增长是提升中国农业产业竞争力的主要途径。技术创新以知识和信息运用等为主要特征，能够满足农业供给侧体系进化条件，是主要的、恒久的涨落因素，信息、知识受非线性作用放大形成巨大涨落，技术创新业已成为提升农业供给侧体系质量和效率的主要动力源泉。

《中国农业产业发展报告（2020）》指出，技术总体效率正在逐年下降，新技术的开发与应用面临严峻挑战。技术总体效率的下降意味着新技术没有得到农户的基本认同与广泛应用，其主要原因包括科技创新研发、供给、推广、需求相互之间存在脱节现象，技术推广体系没有充分发挥作用，基层农业技术推广体系存在问题，新技术未能有效降低生产成本、提高生产效益[2]。农业科技资源错配可以直接或间接影响农业科技生产率，提升农业科技资源配置效率需注重科技创新能力的提高[3]。只有农业技术效率得到有效提升，并贯穿于技术创新发生、传播和扩散的全过程，才能促进农业生产节本增效，实现农业供给侧体系全要素生产率持续优化。

农业科技水平显著提高了农业全要素生产率，科技水平的提高有利于优化生产要素组合。提高农业生产经营水平，提升农业生产效

---

[1] 张霞：《供给侧结构改革背景下的西南地区农业全要素生产率分析》，《中国农业资源与区划》2019年第10期。

[2] 周怀宗：《中国农业发展现状——城乡食物消费结构进一步趋同，膳食不平衡、浪费问题日益突出》，《中国食品》2021年第12期。

[3] 杨传喜、吴昊天、王修梅：《技术创新水平、农业科技资源错配与农业科技生产率》，《科技管理研究》2021年第11期。

能，从而促进农业全要素生产率增长①。农业技术进步是全要素生产率的主要影响因素，农业供给侧结构性改革就是要创新，发挥要素的放大、叠加、倍增效应，通过系统自身的自组织性重新配置各要素，实现供给与需求相匹配。

---

① 刘战伟：《中国农业全要素生产率的动态演进及其影响因素分析》，《中国农业资源与区划》2018年第12期。

第三章 乡村振兴的现代农业科技产业发展理论与实践

乡村振兴战略的实施，须精准施策，找准路径，方可成功。产业是推进农业农村现代化的原动力，产业兴旺是乡村振兴的支撑。实施乡村振兴战略，既是满足人民生活水平不断提高对农产品的需求，也是满足农业生产者收入不断提高的需要。乡村振兴须构建现代农业产业体系，加快农业科技创新体系建设，优化农业从业者结构，加快建设知识型、技能型、创新型农业经营者队伍。产业兴旺是乡村振兴的根本，现代农业产业离不开科技发展的支撑，运用现代科技成果实现乡村振兴。

脱贫攻坚全面建成小康社会，实施乡村振兴战略。理解和把握实施乡村振兴战略发展现代农业产业的深刻内涵，在考察调研基础上客观分析实施乡村振兴战略发展现代农业的路径。从整体视角提出实施乡村振兴，实现新时代现代农业科技产业的创新发展。

第一节 实施乡村振兴战略的现代农业科技产业发展理论

乡村振兴不仅是一次极其重大的乡村社会变革实践探索，而且还是一次前所未有的乡村发展理论创新。全面实施乡村振兴，要把乡村产业发展摆在社会主义现代化建设的重要位置，其在我国"三农"发展进程中具有划时代的里程碑意义。

一　实施乡村振兴战略的理论基础

从生产方式角度对农民、农业和农村的发展进行了整体性辩证思考，实施乡村振兴战略延续了马克思主义理论家重视农业、农村、农民问题的一贯作风，马克思主义理论为我国实施乡村振兴战略和农业农村优先发展提供理论指导和基本遵循。

（一）追求价值增值的产业资本理论

追求价值增值的产业资本理论要求利用资本增加土地收益，达到土地和资本的有机结合，使农村土地逐步有序地变成发展的活资本，以实现土地资源高效配置和农企双赢。产业组织理论要求推进农地股份制，加快农业现代化，发展农业股份制企业，推动劳动者由分散走向集中，从而实现劳动生产率的提高。劳动创造价值的劳动价值理论要求打造乡村生力军，培育新型乡村劳动者，乡村劳动者的生产为社会的发展与进步提供充足的物质条件和良好的社会环境，实现劳动者价值的不断增值。

（二）尊重劳动和创造的收入分配理论

尊重劳动和创造的收入分配理论要求提高农村劳动者素质，提高乡村劳动者的收入，保持经济运行的稳定性和社会成员的共同进步，实现效率与公平的统一，促进社会生产力发展和实现社会成员共同富裕。部门之间协调发展的产业部门理论要求优化产业布局，使各产业发展与整个国民经济、社会发展相适应。在全面深化改革的大背景下，中国经济正逐步迈入后工业化时代，坚持生态优先，进一步地以发展生态产业为方向，以改善农村公共服务，发展农村服务业，发展农业股份制企业，加强农村人力资本投资，提高农村劳动者收入为着力点，提供产业定位，实现农业农村繁荣发展，中华民族全面走向复兴。

（三）人的自由全面发展理论

人的自由全面发展是马克思主义的最高命题，每个人的自由发展是一切人的自由发展的条件。人的自由全面发展是一个历史过程，是与现实社会历史条件相适应的历史过程，是一项长期的艰巨任务。我国新型城镇化是集约、智能、绿色、低碳的新城镇化，提出的"城乡一体、产业融合"思想，以城带乡促进城乡产业分工、协作、融合的路径；提出"乡村振兴"中的"生活富裕、产业兴旺"的方针，积极谋划产业发展，不断拓宽群众增收渠道。建立健全城乡有机融合，协调推进乡村振兴战略和新型城镇化战略，顺应人的全面自由发展对生产力发展的需要。

（四）顺应现代农业产业发展规律

顺应现代农业产业发展规律，立足当地特色资源，优化产业布局。一方面，劳动力不需要背井离乡，使全家老幼有所依托。与大城市相比，乡村的薪资和生活水平陷入停滞。打工潮导致人口下降，农田无人耕种，很多孩子由祖父母养大。在乡村振兴战略的指引下，将会有更多涉农产业项目吸引年轻工人返回家乡。产业工厂设计的倒班制，人们每天在上班前或下班后有时间种植庄稼。建设涉农产业，这些企业需要低技能工人。对于就业机会稀缺地区的村民来说，这份工作在家门口提供了一个稳定的甚至是奢侈的收入来源。它保证了基本的生活质量，至少每个月有了稳定收入用于补贴家用和抚养子女。另一方面，这有助于发展当地经济，增加就业及居民收入，促进消费增长，从而缩小城乡差距，并且有助于缩小沿海及内地之间的差距。

二 实施乡村振兴战略的农业科技产业发展体系

实施乡村振兴战略关键在于产业兴旺。党的十九大报告提出，乡村振兴要实现"产业兴旺、生态宜居、乡风文明、治理有效、生活富裕"20字总目标，其中"产业兴旺"放在首位。现代农业产业体系是以现代农业为主体，构建价值链高端化、结构高级化、组织结构高度活跃、产业高度融合、空间布局一体化，并且与城市化进程相适应的产业体系。乡村振兴的关键在于产业兴旺，党中央和国务院高度重视农业的发展，从政策扶持、科技创新、资金支持和组织管理等方面制定了一系列行之有效的政策和措施，推动我国农业的振兴和发展。

（一）构建农民增收长效机制

发展归属清晰、权责明确，进一步完善市场化配置资源机制，解放和发展农村生产力。积极推进农业结构调整，发展能充分调动农民农户积极性的家庭农场经济、村庄集体经济，大力培育和发展农村新产业、新业态、新模式。实行"一站式"服务，构建经营主体之间的利益联结机制。农业是独具天然性的弱质产业和准公共品产业，生产周期长、环境影响大、回报见效慢，具有有限的非竞争性或有限的非排他性，必须要有公共财政的支撑，公共财政支撑的农村生态文明观成了时代所需，创新和突破认识、工作部署和任务落实，实现农业农村优先发展。

紧紧围绕发展现代农业，构建农民增收长效机制，全力以赴消除农村贫困，增强贫困群众发展的内生动力，推动乡村生活富裕，扎实推进乡村振兴。要发展现代农业，确保国家粮食安全。推动农业高质量发展取得显著成效，推进农业由增产导向转向提质导向，由农业大国向农业强国转变。

(二) 注意城镇功能的多元整合

在新型城镇化的发展过程中，要注意城镇功能的多元整合，"多规合一"带来不一样的城镇化，实现人才与产业发展、经济社会发展的深度融合。在生产者集合供给能力与消费者集合市场需求的匹配程度上，新型城镇化与乡村振兴均强调"产业支撑"的重要性，通过产业发展促进就业和创业。乡村振兴重在产业支撑，强调优化配置资源，切实加强农业综合生产能力建设，体现了进一步提升生产能力的意图。应把是否有利于人的全面自由发展作为判断一切工作是否有利的唯一标准，是人的社会交往的普遍性和人对社会关系的控制程度的发展。

2018年4月11日至13日，习近平在海南考察时强调，全面建成小康社会，城市和乡村都要发展好。乡村振兴，关键是产业要振兴。要鼓励和扶持农民群众立足本地资源，发展乡村产业应立足当地，让农民受益，创新融资理念，协调各方资源，发展特色农业、乡村旅游、庭院经济，因地制宜谋划发展，拓宽融资渠道，凝聚强大合力，多渠道增加农民收入。农村基层党组织要成为带领农民群众共同致富的主心骨和坚强战斗堡垒。把巩固拓展脱贫攻坚成果与乡村振兴有效地衔接起来，逐步形成新产业的动态发展。

(三) 多种产业形式并存

产业兴,百业兴,产业兴旺是乡村振兴的重点。产业兴旺并不是单一产业的高产出或者是一家独大,也不是单一产业的做大做强或者是专业化的单一产业。应该是多业并举,诸如绿色高效农业、乡土特色产业、农业观光旅游业等多种产业形式并存。农业具有很强的区域性特点,盲目追求规模化和产业化,是违背市场规律的。对于土地肥沃、地势平坦、土地集中程度较高的平原地区适合规模化和产业化经营,而广大高原坡地因其土地呈现碎片化特点,并不能规模化和产业化生产,不能片面强调规模或者过度注重做大做强而忽视质量和效益。围绕农业产业链向广度和深度延伸,农林牧副渔业向纵深融合,农业内部的有机结合,既可以为农民创造更多就业机会,也可以扩宽农民增收渠道。同时,农业加工产品可以带动农村物流业、运输业、电子商务业等发展,从而实现产业内部和产业之间的相关融合。

乡村产业根植于县域,让乡村人民群众的生活变得好起来。顺应城乡居民消费需求个性化、多样化、优质化、服务化的趋势。市场导向、政府支持,有效化解"政策好、落实难"的问题。融合发展、联农带农,联动推进城镇化与乡村产业振兴。健全财政投入机制,创新乡村金融服务,有序引导工商资本下乡,完善用地保障政策,健全人才保障机制[①]。明确目标任务,激发和调动亿万农民的积极性、主动性和创造性。

第二节 实施乡村振兴农业科技产业创新实践的实证性考察
——以山西省为例

习近平总书记在山西视察时,对推动脱贫攻坚和乡村振兴有机衔

---

① 《国务院关于促进乡村产业振兴的指导意见》(国发〔2019〕12号),中华人民共和国政府网,http://www.gov.cn/zhengce/content/2019-06/28/content_5404170.htm,2019年6月28日。

接做出重要指示，为做好新时代"三农"工作，谱写乡村全面振兴新篇章指明了前进方向，注入了精神动力。山西认真贯彻落实党的十九大精神和习近平新时代中国特色社会主义思想，按照省委"一个指引，两手硬"重大思路和要求。2019年7月15日，山西省攻坚深度贫困推进乡村振兴现场会在大同市召开，会议对推动乡村产业振兴和脱贫攻坚工作做出了具体部署。各地根据当地实际情况，为实施乡村振兴战略发展农业科技产业迈出了新步伐。山西省现代农业产业发展势头强劲，优化重点产业区域布局，调整种养业结构，培育特色优势产业，大力推进一、二、三产业深度融合发展，为全省农民实现增收实施乡村振兴战略发挥了重要作用。

一 优化农业科技产业布局加快乡村振兴步伐

探究农村产业布局，确定农村优势产业，对优化配置农业资源，为实施乡村振兴战略，促进现代农业产业发展具有重要意义。山西现代特色农业布局比较分散，专业化发展趋势尚未形成。农业产业合理布局是发展现代农业，提高农业综合产能，促进农民增收，进行新农村建设的必然要求[1]。山西省在农业发展过程中，充分利用地区优势，优先发展优势产业。

（一）统筹空间布局

合理设置规划区、核心区、示范区和辐射区，统筹空间布局。种植业的优势产区为长治、晋中、运城和临汾。林业的优势产区为太原、阳泉、朔州、忻州、临汾和吕梁。牧业的优势产区为大同、阳泉、晋城、朔州、晋中、忻州和吕梁。渔业的优势产区为阳泉、长治、晋城、运城和临汾。农林牧渔服务业具有明显优势的区域为太原、长治和运城。各优势产区因地制宜，积极探索农业现代化发展路径，取得了明显成效[2]。山西省现代特色农业区域布局受自然资源禀赋、主体功能区规划、工业化与城镇化、地方政府政策等因素影响。

---

[1] 刘北桦：《提高农业资源利用效率促进现代农业发展》，《中国农业资源与区划》2012年第6期。

[2] 张晋江：《山西省农业产业空间布局及差异评价》，《中国农业资源与区划》2019年第8期。

山西省立足农业资源品种"多"、地理环境"特"的优势，全力推进农业产业园、特色农产品优势区、现代农业产业示范区建设。

山西省为实现"十三五"现代农业发展规划要求，助推乡村振兴，聚焦产业振兴，激活内生动力。2019年，山西省大力实施乡村振兴战略，现代农业产业蓬勃发展。在太原南部等6个城郊农业示范区建设的基础上，新开工建设8个城郊农业示范项目，培育形成了晋源花卉小镇等一批城郊农业典型。选择1市10县开展农村农林文旅康产业融合发展试点。"互联网+"农产品出村进城，益农信息社覆盖全省55%的行政村。同时大力扶持农业产业化龙头企业发展，组织开展药茶、肉制品、功能食品等农产品精深加工产业集群调研，组织起草了实施意见。山西省助力乡村振兴，加快现代农业产业园区建设步伐。新创建省级现代农业产业园20个，规划建设万荣、静乐、隰县等10个现代农业产业示范区，实现"园、区"政策共享、平台共建、一体推进。2019年12月9日，农业农村部公布了第三批中国特色农产品优势区，山西省大同黄花、临猗苹果、隰县玉露香梨、安泽连翘入选。至此，全省国家级特色农产品优势区达到8个。

（二）打造农产品精深加工产业集群

山西各级各部门把产业振兴作为乡村振兴的首要任务，努力蹚出一条山西现代农业高质量转型发展的新路。聚力打造农产品精深加工十大产业集群，推进农产品加工业和食品产业高质量发展，走出具有山西特色的现代农业高质量发展路径。产业集群是经济发展的重要组织形式，努力把十大产业集群打造成为山西省实施乡村振兴的新支撑、农业转型发展的新亮点和文旅融合的新载体[①]。

一是打造酿品产业集群，让发展更有质量。酿品产业集群以高粱、黍米、葡萄、山楂等杂粮和水果资源优势为依托，不断加大投入力度，重点打造白酒、黄酒、红酒、果酒、食醋。挖掘酿酒、酿醋文化传统和独特工艺，创品牌、上规模。推动农民持续增收，加快实施

[①]《〈山西省人民政府关于加快推进农产品精深加工十大产业集群发展的意见〉解读材料》，http：//www.shanxi.gov.cn/yw/zcjd/wzjd/202004/t20200413_794810.shtml，2020年4月13日。

山西旱作优势特色产业集群建设项目，带动农产品加工流通环节增值收益，进一步提升乡村特色产业绿色发展水平和三产融合水平，以提升产业集群主导产业发展质量为中心。

二是打造饮品产业集群，使传统产业转型升级。饮品产业集群以连翘、沙棘、苹果、梨等中药材和水果资源优势为依托，不断提高全省药茶精深加工水平，打造药茶、果汁。加大产品研发，调整力度开拓国内国际重点用户市场，大力发展特色饮品。

三是打造乳品产业集群，促进全产业链发展。乳品产业集群以雁门关农牧交错带为依托，在地理、气候、农林牧产业结构、生态、经济、文化、社会等方面具有的特殊地位。打造巴氏消毒奶、UHT奶、奶粉、特种口味酸奶、乳酸饮料、超高温无菌奶，建立完善的销售营销网络体系。加快雁门关农牧交错带建设，具备高端牛奶的资源优势，推进现代畜牧业发展，发展标准化规模牧场，开发高端乳制品，资源禀赋优越、奶牛品种优良，提升山西省奶业竞争力。

四是打造主食糕点产业集群，推进传统面制主食产业升级。食糕品产业集群以小麦、小米、荞麦等主粮和杂粮资源优势为依托，推进食品产业转型升级，全力打造食品加工业集群。产业集聚初步形成，打造传统主食、烘焙食品、方便休闲食品、杂粮食品。加强重点领域的研发和技术创新，努力走好特色粮食产业发展之路，开发特色杂粮新产品，增加多元化、定制化、个性化产品供给。

五是打造肉制品产业集群，振兴畜牧业。引领"三农"高质量发展，推进畜牧业规模化、产业化、品牌化发展。肉制品产业集群以猪肉、鸡肉、牛肉、羊肉等畜禽资源优势为依托，优势资源开发高端肉制品。提升产品竞争力，开发具有浓郁地方特色的膳食产品，促进特色食品产业蓬勃健康可持续发展，最终实现全方位打造品牌。

六是打造果品产业集群，促进农村经济发展。充分发挥地理优势和资源优势，果品产业集群以苹果、梨、红枣、核桃等鲜干果资源优势为依托，加快建设果品产业强省，打造休闲干果、罐装水果、果脯蜜饯。以提质增效为核心，果品精深加工，研发高端果品，提高产品附加值。

七是打造功能食品产业集群，加快健康功能食品产业发展。通过政府主导推动企业与科研院校共同参与组建该平台，功能食品产业集群以杂粮、鲜干果、中药材资源优势为依托。推进食品产业链主要环节的协调发展，打造功能性油脂、功能性杂粮、功能性林果。汇集高校、科研机构、重点企业研发机构力量，加快发展功能食品产业。

八是打造保健品产业集群，促进大健康产业发展。研发全生命周期的功能食品，保健食品产业集群以中药材、新食品原料资源优势为依托，加快产业链整合，重点打造增强免疫力、辅助降血脂等特定保健功能的保健食品和营养素补充剂。发挥传统和特色优势，抢抓大健康产业，开发高端保健食品。

九是打造化妆品产业集群，加快美妆新业态发展。化妆品产业集群以丰富的动植物资源优势为依托，根植于自然环境与原料价值的健康生态产业。结合市场的变化和区域资源优势，重点打造中草药化妆品。植物资源化妆品无害化、纯天然，富集的中医药产业资源为产业的发展提供了充分的内生动力，可开发功能性化妆品。

十是打造药品产业集群。医药产业将是带动经济增长的强大支撑，培植中药材特色产业，中医药品产业集群以连翘、柴胡等中药材资源优势为依托，大力拓宽群众致富渠道。依托独特的地理位置和生态气候条件，重点发展传统中药制剂、特殊饮片及创新饮片，打造安宫牛黄丸、龟龄集、定坤丹、复方苦参注射液、清开灵注射液等拳头产品，增强经济竞争能力。大力推广标准化种植，推进中药材标准化基地建设。大力发展中药材精深加工，提高经济效益。挖掘资源优势，聚力中药材全产业链建设。

根据山西地形地貌及生态资源特征，着力打造优势产业集群。在山西六大河谷地带农业主产区的基础上，发展区域的种养结构，突出优势杂粮、旱作农业、功能食品三大特色，在区域化布局、集群化推进、园区化承载、标准化生产上着力，培育结构合理、链条完整、聚集度高、竞争力强的优势特色产业集群。山西实施乡村振兴战略，加快特色现代农业发展。

（三）立足资源禀赋建设现代农业产业园

立足资源禀赋和市场需求，按照特色产业板块，整省规划布局。按照做精杂粮、做强畜牧、做优果菜、做好药材的思路，科学合理布局杂粮（马铃薯）、畜牧、鲜干果、蔬菜（食用菌）、中药材等特色农产品优势区和以功能食品开发为主的现代农业产业园。重点建设优质杂粮基地，打造杂粮产业集群。建立富硒小米、加工用燕麦、降糖苦荞、多抗性富含花青素甜糯玉米四大功能农产品生产基地，研发杂粮功能食品。立足资源禀赋，支持长治建设太行有机小米特优区，积极推动"长治小米"品牌建设。开展旱作优势特色产业集群建设，扎实推进静乐杂粮、岚县马铃薯等产业园创建。划定全省畜牧业特色优势区，打造畜牧产业集群。在全省布局建设一批种畜禽场、饲料厂和畜产品加工厂，带动农户发展规模养殖，形成养殖大县，创建国家标准化示范牧场。

改造产能落后的老旧棚体，打造蔬菜产业集群。新建标准化温室大棚，开发特色露地蔬菜，创建蔬菜标准园，推进大同黄花菜、广灵食用菌等产业园建设。实施果业"三品"提升行动，打造水果产业集群。推广应用果树矮化密植栽培等技术，创建标准化果园，重点支持运城苹果特优区建设，重点支持夏普赛尔等骨干企业发展。优化四大中药材区域布局，打造中药材产业集群。进一步发展黄芪、潞党参、连翘、黄芩等道地中药材，创建中药材标准示范园，重点支持长治上党中药材国家级特优区建设，大力开发以黄芪、党参和连翘叶等为主的药食同源产品。出台扶持办法，打造酿造产业集群。培育酒业、醋业等产业化联合体，优先支持利益联结紧密、带动能力强的龙头企业发展；搭建政证银企合作平台、科企对接平台，推动酿造产业发展壮大。

以实施乡村振兴战略为总抓手，《山西省国土空间规划（2020—2035年）》大力实施乡村建设行动分区分类推进乡村发展。构建"五区两带"农业生产格局，优化以吕梁山和太行山为重点的有机旱作农业生产布局，充分保障乡村产业用地。

二　调整农业科技产业结构

调整农业产业结构是农业进入新阶段，增强自身发展能力的客观要求。山西省农业生产以种植业为主，以牧业为次，林业占的比重较低；在种植业内部结构上，附加值不高的粮食作物种植占比依然过高，油料等经济作物的种植面积和经营规模较小，除小杂粮外，没有体现出山西省农业产物多样化优势[①]。山西农村农业产业发展中存在的问题包括：人力资本动力缺乏，结构失衡，农业产业链竞争力低等[②]。在乡村振兴这一大背景下，山西如何优化调整农村产业结构成为关键问题。

（一）调整结构推进农业主导产业

加快调整农业产业结构，大力推进农业主导产业基地化、规模化、集约化发展。做大做强特色农业产业，调整优化农业产业结构，积极顺应乡村振兴战略的内在要求，以农业提质增效为重要抓手，深挖农业产业发展的巨大潜力。

山西在打造特色现代化农业中着力布局功能农业产业，带来了显著的经济效益和社会价值，以功能农业（食品）产业引领，带动全省现代农业发展。山西农业总规模虽小，但小杂粮、特色中药材等特色农产品的产量与耕种面积却长期处于全国前列，这些特色农产品某类营养富集程度高，适合发展功能农业。以功能农业为导向升级小杂粮产业、特色果蔬产业、特色中药材产业；加大功能农业基础科研攻关，依托山西农业特色，研发其他营养元素富集技术；培育和引进功能农业相关企业、发挥功能食品产业引领作用。

布局功能农业产业是山西农业发展的重要方向，也是山西实现乡村振兴的重要方略。"增加绿色优质农产品供给，加快发展功能农业"在晋西北地区主要布局功能性油脂核心区（亚麻籽），在晋北地区主要布局功能性杂粮核心区（荞麦、燕麦），在晋东南地区主要布局富含矿素功能食品核心区（富硒小米），在晋西地区主要布局功能性林果核心区（沙棘）。

[①] 侯锦超：《以现代农业产业体系引领山西省乡村振兴战略》，《经济师》2019年第9期。
[②] 郭新平、张杰：《乡村振兴背景下农民在农业产业发展中的主体地位研究——基于山西农村的考察》，《中北大学学报》（社会科学版）2020年第6期。

（二）引导农民专业合作社的发展

伴随产出的持续增长，山西省农业产业结构的调整与优化推进乡村振兴战略实施。太谷县任村乡郝村多年来发展高产、高效的农作物优良品种，经济效益成倍增长。近年来，原平市积极调整农业产业结构，通过"合作社+农户"的模式，大力发展设施农业。位于王家庄乡的蔬菜种植示范园区，占地面积800余亩，可带动周边3个村的600多户农户稳定增收[①]。农业示范区推动传统农业向现代农业转型升级，山西省寿阳县创新生产方式，推进结构调整，延伸农业产业链，村民更富。

越来越多的农民加入到专业合作社的队伍中来，有一定规模的合作社能够形成集体的力量，改变农民在与外界打交道时的弱势地位。有效提高市场竞争能力，提高农民在市场中的地位。近几年寿阳的猪、鸡产业在龙头企业的带动下，主要以合作制生产经营方式为主，在原有的基础上升级，规模发展，经济效益可观，改变了寿阳只有肉羊为优势产业的现状。全产业链开发、全价值链提升、全政策链扶持，推动山西省农产品加工往深里去、往精里做、往细里走。

三　推进农业科技产业深度融合发展

山西正在走经济转型发展的道路，提升科技创新能力，发挥科技创新对农村一、二、三产业融合发展的引领支撑作用，从而推进农业产业化发展，实现山西乡村振兴发展。

（一）加强一、二、三产业联动机制

以创新发展理念为引领，加强一、二、三产业联动机制。山西农村一、二、三产业融合发展还处在起步阶段，由于融合程度低，使农村产业发展缓慢、农业生产效益偏低、农民增收渠道有限；同时路径依赖也造成山西科技创新发展相对滞后，科技创新能力低于全国平均水平，特别是农业科技创新能力不强，科技创新成果数量和质量不高，导致缺乏核心、关键的农业技术，对农村三次产业融合的推动作

---

① 《山西省原平市调整农业产业结构取得进展》，中国食品安全网，https：//www.cfsn.cn/front/web/site.newshow？hyid=11&newsid=17144，2019年11月28日。

用有限①。

（二）探索农旅融合发展

农旅融合的"山西探索"，激活乡村振兴"一池春水"。山西农村集聚了全省70%的旅游资源，为农旅融合发展提供了得天独厚的便利条件。随着300个旅游扶贫示范村建设的全面推进，辐射七成省域面积的黄河一号、长城一号、太行一号旅游专用公路逐渐成形，山西的乡村旅游发展驶入快车道，并成为农村产业扶贫的有效途径和乡村振兴的重要引擎。

山西省着力打造乡村旅游全产业链，培育观光休闲、生态康养、文化遗产等10种类型的乡村旅游品牌。扶持建设一批具有历史、地域、文化特点的旅游村镇，打造一批休闲农业和乡村旅游重点县，使其成为在全国具有知名度、影响力的乡村旅游"打卡地"。

（三）推进优势产业建设

蔬菜产业也是寿阳农业发展的重头戏，在蔬菜产业发展上，全县全力推进"一县一业"蔬菜基地县和"一村一品"蔬菜专业村建设，突出园区和项目建设，积极推进和落实"全省设施蔬菜百万棚行动计划"，积极应对市场价格低迷等不利因素，全县蔬菜产业保持了平稳发展的势头。蔬菜种植面积稳定在40万亩（含间套和复播），总产量90余万吨，总产值84504.24万元，同比增加32.33%；重点扶持蔬菜大棚建设，华瑞源、寿星佳园、金谷光伏等现代农业科技园区初具规模，南燕竹镇白马河流域千亩拱棚蔬菜园区进一步扩大规模，每个园区面积达到1000亩以上，同时全力推进其他各个设施蔬菜园区进一步扩规上档。2011年12月被授予"全国农业标准化示范县（结球甘蓝类）"；2012年被农业部确定为全国580个蔬菜产业重点县之一，"寿绿"蔬菜市场知名度大大提升②。

---

① 王晓鹏：《科技创新驱动农村一二三产业融合发展研究——以山西省为例》，硕士学位论文，山西财经大学，2020年。

② 《农业示范区推动传统农业向现代农业转型升级》，https://www.sohu.com/a/116358818_395100，2016年10月17日。

四 突出农业科技产业振兴集中攻坚深度贫困

山西省深入学习贯彻习近平总书记对做好"三农"工作的重要指示,认真学习贯彻习近平总书记关于扶贫工作的重要论述,进一步贯彻习近平总书记视察山西重要讲话精神,全面提升脱贫攻坚的精准性和有效性。

突出产业振兴,大力帮扶、支持乡村优势产业发展。改善农村人居环境,加大推进村庄规划和人居环境治理的工作力度。迎来了全面推进乡村振兴的崭新一页,进入有效衔接、全面推进、阔步发展的新阶段,乡村振兴迈出铿锵步伐。面对繁重的任务,坚持苦干实干,促进各项工作的落实。山西省抓落实促攻坚,全力以赴提升攻坚实效。一鼓作气决胜脱贫攻坚。实打实干回答好脱贫摘帽靠什么、巩固提升抓什么、衔接乡村振兴干什么[①]。

(一) 产业扶贫项目带动群众增收致富

全面落实"一县一策",促进贫困地区传统农业加快向现代农业迈进,集中力量攻坚深度贫困。在脱贫攻坚这场必须打赢的硬仗面前,资金继续向10个深度贫困县倾斜,2019年中央和省级财政专项扶贫资金的37.8%投向10个深度贫困县,为全省打赢打好脱贫攻坚战提供了坚实的财力支撑。作为深度贫困县,攻坚深度贫困是硬仗中的硬仗,有针对性的举措解决突出问题。大宁县紧抓"一县一策"红利,采取更加集中的支持、更加有效的举措、更加有力的工作,"物归原主、还权于民",提高了生产积极性,享受发展成果得到了实惠。

充分利用产业扶贫项目带动群众增收致富,让贫困群众在家门口实现了就业增收,共享村级集体资产管理体制改革带来的成果。5月8日,广灵、兴县、偏关等18个挂牌督战贫困县与江苏名莎集团、北京世锦长鸿生物科技有限公司等48家企业达成扶贫产业合作项目49项,总投资额超过85亿元。这些项目涵盖了花卉产业、中药材种植、生猪养殖、药茶种植加工等领域。

---

① 赵建军:《拔贫困之根铺振兴之路——我省攻坚深度贫困推进乡村振兴进行时》,《山西日报》2019年7月15日第1版。

开展脱贫攻坚与乡村振兴有机衔接试点工作，为解决相对贫困、实现乡村全面振兴提供思路。2020年7月，山西省选择长治市和阳曲县、云州区、怀仁市、岢岚县、阳泉市郊区、左权县、中阳县、沁水县、安泽县、万荣县等1市10县作为脱贫攻坚与乡村振兴有机衔接试点。用一年左右的时间，坚持先行先试、深入谋划、大胆探索，着力在巩固拓展脱贫攻坚成果、目标任务、规划编制、政策统筹、队伍支撑、体制机制等方面做好衔接，加快推动脱贫政策机制与乡村五大振兴无缝衔接，为顺利实现减贫战略和工作体系向乡村振兴平稳转型[1]。探索政策机制，推动脱贫攻坚与乡村振兴有机衔接。

（二）立足优势做大特色产业

立足资源优势，壮大特色产业。产业是实现脱贫的根本之策，发展产业是振兴基础，只有产业振兴，才能促进农村各方面的发展。实践中，打造各具特色的农业全产业链，依托重大战略，寻求乡村振兴。产业布局上，满足战略实施需要，扎实推进种植业结构调整。发挥特色优势延伸产业链条，坚持农业农村优先发展总方针。坚持提质增效发展、创新驱动发展，探索中国特色农业现代化发展路径。

在业态塑造上，开拓转型升级，实现产业结构合理化与高级化，提高农业综合生产力水平。建立农业标准化，培育农产品名牌，推动农业质量提升。在交口，当地牵住产业扶贫这个"牛鼻子"，按照供给侧结构性改革要求抓产业，因地制宜增活力，突出特色，市场运作，科学规划谋布局，构建起以食用菌、特色养殖、核桃经济林为主导的"3+N"产业新格局。

第三节 农业科技产业创新实践的实施对策

产业兴旺是内源性动力。发展乡村科技产业，要着力乡村与创新

---

[1]《山西在1市10县开展脱贫攻坚与乡村振兴有机衔接试点工作》，山西省人民政府门户网站，http://www.shanxi.gov.cn/yw/sxyw/202007/t20200725_831485.shtml，2020年7月25日。

产业平台的密切协同，保证把科研成果惠及农民的"最后一公里"落地夯实。实现乡村振兴，就要充分发挥科技创新在农业产业化中的关键性作用，实现科技与相关产业交叉融合，通过科技渗透改进农业生产效率，从而在农业科技产业发展中走出一条实现乡村振兴的新路[①]。现代农业产业体系是新时代下山西现代农业发展的方向，更是实施山西乡村振兴的必然选择。全省农业工作要以实施乡村振兴战略为总抓手，坚持质量兴农、绿色兴农、品牌兴农，推动现代农业发展。不断探索新模式、新途径，加快培育农业增长新动能，着力构建现代农业产业体系、生产体系、经营体系。提高农业产业的整体竞争力，打造有机旱作农业品牌，努力走出具有山西特点的社会主义乡村振兴道路。全方位打造优势产业集群、大力度发展有机旱作农业、高标准推进三大省级战略、多层次培育新型农业经营主体、加快推进"互联网+现代农业"等工作。

一 明确现代农业科技产业发展的系统实施路径

2021年中央一号文件提出，全面推进乡村振兴。发展农业科技产业是推动乡村振兴的一个重要方面，为实现乡村全面振兴提供思路。现代农业科技产业发展是一项系统性的工程，坚持因地制宜原则，逐步建立起与推进"乡村振兴"战略相适应的农业科技产业发展体系。在路径选择上要结合山西省自身实际，加快构建现代农业的产业体系、生产体系、经营体系。

（一）系统推进产地农业转型发展

产地农业是探索农业结构调整的理论创新与系统建构，就是要在更大范围内和更高层次上实现农业资源的优化配置和生产要素的重新组合。产地农业是根据资源优势来选择、培育、发展的农业产业系统，在农业生产的全过程中必然给其产品留下了鲜明的独特性[②]。基于山西省区域农业发展而提出产地农业，就是在山西省区域内建立起一个使农业发展与生态系统保持平衡的农业产业结构和生产结构的农

---

① 杨常伟、秦倩倩：《发展乡村科技产业》，《山西日报》2021年3月日第11版。
② 杨常伟：《产地农业的理论创新与系统建构研究》，《系统科学学报》2014年第2期。

业生产体系，它既考虑到主要农业自然资源要素的充分利用，又考虑到区域中农业经济资源要素的各尽其力。

1. 产地农业能有效传递农产品具有的重要信息

产地农业是用来证明农产品生产地水、土、气候条件、传统耕作方法的独特优秀品质的系统载体，有效地传递各地农产品所具有的许多重要特征。在山西省地理系统区域内，自然形成了丰富的人文特质的山西特色农业产业。产地农业是一个地域性的系统产业带，产地农业表现出明显的地域性。产地农业能有效传递各种农产品所具有的重要信息，包含了农产品的地域性、独特性、多样性、人文性等许多系统特征。长期以来，山西省的农业栽培和养殖实践培育了大量食用与经济性能优良的作物、果树、家禽、家畜，这些都是系统特定地域的公共资源，是系统特定地域劳动者长期劳动的智慧结晶。山西省产地农业生物多样性为农业产业系统发展和资源系统开发提供了直接的战略性种质资源库，必然会产出丰富多样、特色质优农副产品。

山西省系统推进产地农业转型发展，就是基于山西省独特优越的自然条件和特色人文环境，围绕主导产业的种养等大农业生产活动为基础，与之联系密切的企业、组织、协会、科研院所等相关支撑机构在地域空间上高度集中，并形成产业持续强势竞争力的集合体。产地农业开辟了区域内劳动力、自然资源和生产能力等生产力要素得到充分利用的新思路，形成的必定是带有产地特征的优质独特的农产品，为现代农业发展提供依据。

2. 发展产地农业必须着眼于整体最佳目标

山西省推进产地农业转型发展，必须着眼于农业整体最佳目标。产地农业是一个"自然—社会—经济"的复合生态系统，有利于发挥系统自然优势，提高农业资源要素利用效率；有利于生产要素优化组合，提高农业资源要素配置效率；有利于发展规模经营，提高系统规模效益；有利于应用先进技术，提高系统劳动生产率；有利于形成专业分工，提高系统农产品商品率和竞争力；有利于实施专项整治，提高系统农产品的安全性。

在产地农业的系统构建过程中，着眼于系统整体最佳目标，通过地理区划、产地认证、科技投入、产地保护等系统建构,促进该系统内各要素协调发展与系统整体可持续发展。在构建产地农业的系统工程中,通过优化调控,促进该系统内人口、资源、环境与社会经济各要素协调发展与系统整体可持续发展。

(二)加快构建现代农业科技产业体系

大力推进农业科技创新联合体建设,构建现代农业产业体系,为实施乡村振兴战略确保农业增效、农民增收、农村发展奠定基础。构建"三大体系",首先要加快构建现代农业产业体系,这是解决"三农"问题的重要抓手,也是关键一招①。因地制宜、科学分析,加大高标准农田项目的整合力度,稳步推进高标准农田建设工作,利用和改造自然,全面加强田、地、林、水、路、电、技的建设和改造,强化基地基础设施建设,推进高标准农田建设。加强新品种、新技术的研发和引进,搞好试验示范和推广,稳定提高现代农业产业发展能力。建立一批具备带动作用的示范基地,谋划建设一批农业产业化项目。

1. 产业集聚是推进农业现代化的重要手段

立足区位条件、资源特点和产业优势,坚持走特色农业现代化道路。在推进现代农业建设中,按照因地制宜的原则,严格把关现代农业项目。以市场需求为导向,加快构建现代农牧业产业体系,因地制宜,要解决的是发展什么产业、发展哪些产业的问题,具有全局性、长远性、导向性和动态性,实质是调整产业结构,多业并举推动转型发展,多点支撑增加农牧民收入②。结合实际,挖掘好现有资源,做好农业产业发展规划工作。根据各地区的资源禀赋和区位优势,因地制宜,科学制定、统筹推进区域发展,调整优化农业产业布局。加快构建现代农业产业体系,需要培育特色优势产业③。加快农产品生产基地建设,扎实推进高标准农田建设,深耕农田改良工程。规划建基地,龙头建基地,形成布局合理、优质、稳定的优势农产品生产

---

① 段敏:《加快构建现代农业产业体系》,《西藏日报》2019年10月3日第7版。
② 布和朝鲁:《以产业兴旺带动乡村振兴》,《内蒙古日报》2018年7月30日第9版。
③ 李含琳:《加快构建现代农业三大体系》,《经济日报》2017年12月22日第13版。

基地。

打造优势产业集群，助推企业开拓市场，促进山西产业结构的优化调整。山西省经济深陷"资源型陷阱"，能耗高、污染重、产业低，传统资源型掠夺式的经济发展模式已到尽头。致力破解资源型经济困局，全省上下认识到产业结构调整及优化具有必要性和迫切性，坚定实现经济可持续发展的信心，坚定经济转型、可持续发展的信念已成为山西省转变农业发展方式最为重要的外部动力。农业产业集聚是农业产业发展的高级形式，是推进农业现代化的重要手段[①]。发展"功能农业"，构建概念增长极。加大功能农业基础科研攻关，以功能农业为导向升级小杂粮产业、特色果蔬产业、特色中药材产业，依托山西农业特色研发其他营养元素富集技术，培育和引进功能农业相关企业，发挥功能食品产业引领作用。推进玉米去库存，优化农业生产结构。调整种植业生产结构，调整种植业要素投入结构，根据作物的比较优势确定重点发展区域实现规模化经营；促进产业专业化发展，依据各地区不同的资源禀赋条件，投入具有相对比较优势的生产要素。增强果蔬品牌实力，推动杂粮、畜牧品牌建设。依托资源优势，打通"两点一廊道"，打造农业优势集聚区。

2. 建设高标准的农业产业园区

立足长远、谋篇布局、整体规划，高标准建设山西农谷。2019年11月，国务院批复同意将山西太谷农业高新技术产业示范区建设为山西晋中国家农业高新技术产业示范区（以下简称山西农谷），纳入国家农业高新技术产业示范区范畴管理并享受相关政策，山西农谷从省级战略上升到国家层面[②]。山西农谷坚持"国际视野审视、国家标准建设、省级战略推动"的要求，力争在科技创新、农村改革等方面形成可复制的经验模式，引领全省乡村振兴。构建现代农业产业体系靠

[①] 蒋和平、郭超然、蒋黎：《乡村振兴背景下我国农业产业的发展思路与政策建议》，《农业经济与管理》2020年第1期。

[②] 《三年成势、五年成型，山西晋中国家农高区高标准建设势不可挡》，http://www.agricarnival.com/phone/policy/detail/？ID＝1634，2020年8月17日。

闯、靠试，唯有先行先试，才能闯出现代农业产业发展新路子[①]。以全域化、全要素、全产业方式布局山西农谷，把国家农业高新技术产业示范区建设成为引领全省乡村振兴的先行区。

以引进行业领军企业推动农业产业全链条升级，示范辐射带动全省农业，打造乡村振兴先行区。突出有机旱作农业主题，重点打造以"有机杂粮、设施农业、现代中药"为主导的三大特色产业和以"现代农业服务业"为配套的服务产业体系，着力构建具有区域特色的有机旱作技术体系、产业体系、生产体系和经营体系。

（三）加快构建现代农业科技生产体系

转变农业生产要素投入方式，着力构建现代农业科技产业体系，不断提高农业综合生产能力。加快构建现代农牧业生产体系，要解决的是怎么生产、怎样发展的问题，实质是转变生产方式，降低生产成本，提高生产效率，提升农牧业科技含量来增加农牧民收入[②]。构建现代农业生产体系是一项系统工程，需运用系统科学的相关理论，促进农业生产体系的建设。

1. 完善农业生产体系

现阶段，存在农村劳动力缺乏，农民科技素质有待提高，农业科技人才队伍建设有待加强。农业生产基础薄弱，耕地地力水平较低，总体生产能力不高，农业生产水资源利用率低。缺乏龙头企业，缺乏带动性和规模效应强的整机产品、系列产品和成套产品，在产品结构、产业规模、资金投入、技术创新等方面存在诸多问题。科技支撑作用发挥不足，科技创新能力不足，基础性研究滞后，农业科技体制机制创新不足等问题[③]。农业生产体系属于生产力的范畴，直接影响着农业产品的质量与数量。

立足山西省农业资源品种"多"、地理环境"特"的优势，全力推进农业产业园、特色农产品优势区、现代农业产业示范区建设。加

[①] 段敏：《加快构建现代农业产业体系》，《西藏日报》2019年10月3日第7版。
[②] 布和朝鲁：《以产业兴旺带动乡村振兴》，《内蒙古日报》2018年7月30日第9版。
[③] 李秀川：《构建山西省现代农业生产体系的思考与建议》，《山西农经》2019年第10期。

快建设酿品、饮品、乳品、主食糕点、肉制品、果品、功能食品、保健品、化妆品、药品十大产业集群，带动产业发展、农民增收。创建一批国家级、省级、市级、县级特色优势区。全面实施乡村振兴战略，全力建设山西农谷。努力把山西农谷建成全国健康食品和功能农业综合示范区、科技产业孵化示范区、特色农产品优势区、农产品加工物流集散区，打造成现代农业创新高地、产业高地、人才高地、开放高地和农村改革先行区。

2. 激活农村生产力要素

采取多种措施积极促进土地流转，放活土地经营权、优化农村资源配置和解放农村生产力。对山西省部分村庄的调查显示，土地流转率仅占10.2%，由于农民和流转大户目标不匹配，使土地流转和规模经营发展处于初级阶段，结构失衡问题严重。虽然存在农村土地流转导致合作经济被资本力量扭曲变形的情况，但并不反对规模化集约化经营，土地规模经营仍是农业现代化发展的必然趋势[①]。乡村振兴的主战场在农村，农业经营的主体应该是广大农民。

建立健全县乡土地流转市场及管理服务体系，采取措施鼓励承包农户依法采取转包、出租、互换、转让、股份合作等多种方式，允许农民以多种形式流转土地承包经营权，鼓励农业经营主体投资农业，连片开发农户流转土地。通过土地流转，实现农业规模化产业化发展，推进了特色农业生产，通过土地流转，让一些贫困村走出生活的困境。为了推动中药材产业的健康发展，增加农民收入，通过合理流转土地，创建了一批集中药材种植、回收、加工、销售为一体的全产业链现代化中药材产业园，探索出一条"以药兴农、以药增收"的产业扶贫开发之路。支持农村种养大户、家庭农场和返乡创业人员兴办农业企业，带动当地农户进行土地流转。落实农村土地所有权、承包权、经营权"三权分置"。抓好国家级、省级试点县农村集体产权制度改革。推动资源变资产、资金变股金、农民变股东。

---

① 郭新平、张杰：《乡村振兴背景下农民在农业产业发展中的主体地位研究——基于山西农村的考察》，《中北大学报》（社会科学版）2020年第6期。

3. 扩大农地经营规模

针对山西资源禀赋条件以及产业基础与市场环境的区域差异特性，因地制宜地选择适宜的区域农地流转模式。在其区域地理社会环境的影响下，受山西自身经济社会发展实际和土地家庭经营状况的制约因素的影响，山西农地流转现状表现出本省的区域现实性。山西全省绝大部分家庭农户是以小生产者身份从事农地经营，农户对农地保障功能的心理依赖性较强。山西农村劳动力转移程度低，减缓了农地流转速度。受自身条件、社会经济条件等因素的制约和影响，山西农户的守土观念较强烈致使农地流转意愿不高[1]。山西要加快发展现代农业，必须扩大农地经营规模，在适应山西省情、农情前提下创新区域农地流转制度。

必须充分发挥各地的区位比较优势，再采用合理的农地流转引导优势农产品向优势区域发展，才能形成不同类型的专业化生产区及区域性产业带。着力打造区域性现代农业产业聚集区和产业优势带，规划组建大宗农产品交易市场，加快建设特色农产品生产基地，努力形成跨区域、大规模、集群式、板块化推进的现代农业新格局。

4. 挖掘农业生产资源潜力

据自然资源的生态条件和表现潜力，按照不同小麦品质类型构建从北到南的三个主区六个亚区的品质区域。晋南中熟冬麦区、晋中晚熟冬麦区、晋北（雁北）春性麦区的三个主区，运城灌区亚区、临汾灌区亚区、晋城灌区亚区、运城临汾丘陵旱地亚区、晋中灌区亚区、长治灌区亚区的六个品质亚区。充分利用玉米的生态适应性，进行农地流转的合理布局，构建玉米生产"一带四区"的优势区域。由晋城、长治、晋中及临汾组成的太行山一带，由晋北、忻定、晋中及晋南形成的四大盆地区。采用农户间以转包、转让、互换等较为灵活的初级模式，在晋北、晋西北和晋东南的山区和丘陵地区的地理优势区域是谷子、莜麦、荞麦三种小杂粮的优势区，实现家庭经营基础上的小规模经营。山西油料通过农地转让、互换等流转方式集中连片种

---

[1] 杨常伟、王奕：《山西农地流转区域规划研究》，《山西农业大学学报》2016年第5期。

植，打造东南部和中北部的向日葵、大豆、油菜、胡麻、大豆等作物两大优势生产区，发展油料品种的区域化、规模化。

（四）加快构建现代农业科技经营体系

农业经营体系属于生产关系范畴，加快构建现代农业经营体系是加快推进农业农村现代化的重要举措。旨在通过创新农业经营管理方式推动农业技术进步，着力提高供给体系质量和效率，提高农业全要素生产率和农业生产力水平。

1. 提高农业全要素生产率

山西省农业发展方式的主要问题是怎样发展现代农业，涉及的主要问题是农业生产效率低下，实现农业发展的方法和途径不协调，农村居民家庭自主经营效率低、自主创新能力不足、创造效益的能力较弱，各种因素的作用对农业新型经营主体和农业扶持政策的依赖在增强，新型农业经营主体的发展潜力不足。盈利能力普遍持续下滑，吸纳劳动力的能力下降，农业生产的资源开发强度高，生态环境系统长期超负荷运转，农业生产纯技术效率水平低[1]。加快构建现代农牧业经营体系，解决好"谁来经营"和"如何经营"两个问题尤为重要，实质是加快培育新型农牧业经营主体，发挥其服务带动作用，综合运用多种政策工具，促进小农牧户和现代农牧业发展有机衔接[2]。加速推动小农户与现代农业有效衔接，有利于解决农业小生产与大市场不协调的矛盾，有利于引进现代经营理念完善经营管理体系，有利于引进先进科学技术促进农村经济发展，有利于引进优质生产要素全面提升产业竞争力。

2. 提高新型经营主体的辐射带动能力

提高新型经营主体的辐射带动能力，充分发挥新型经营主体的带动作用。抓"实"家庭农场建设，大力推动家庭农场示范县建设。加强农民合作社同行业横向联合、产业链纵向联结，提升农业经营体的发展水平和规模，增强市场竞争力。鼓励引导和促进农民专业合作社

---

[1] 武甲斐：《山西省转变农业发展方式问题研究》，硕士学位论文，石河子大学，2017年。

[2] 布和朝鲁：《以产业兴旺带动乡村振兴》，《内蒙古日报》2018年7月30日第9版。

规范发展，引导企业与专业化合作社有效对接。支持农民专业合作社成为农业产业链整合的主体，对农业产业链的各环节及主体提供支持与帮助。加快产业聚合力度，通过契约安排各类关联企业与农户的利益关系，在农业产业化经营中更好保护农民利益。提高龙头企业对农户的辐射带动能力，保障龙头企业自身发展的稳定，重点支持"公司+合作社+农户+基地"模式和"公司+养殖户+合作化养殖小区"形式的公司合作社基地模式，促进农业产业化经营模式转变的内在动力。完善农户之间利益联结机制，促进新型农业经营主体与农户实现风险共担、利益共享。

3. 突破农业产业经营效益的局限性

大力推进一、二、三产业深度融合发展。以创新发展理念为引领，依据山西省农业生产的地域性和季节性特点，借助旅游、休闲、养老、养生、景观等农业资源业态，突破产业经营的局限性。促进一、二、三产业融合发展，鼓励龙头企业进行上下游衔接，延伸产业链、打造供应链、提高附加值，加强全产业链开发。探索农业食品深加工业，提升农产品全产业链水平。大力发展特色农产品加工，立足本地特色资源优势，推进农业与旅游、教育、文化、健康养生、传统手工业等产业的深度融合。坚持山西农村一、二、三产业融合发展，按照"专业合作社+农民""企业+农民""企业+专业合作社+农民等模式"，推动各种优质要素集聚，培育农业新业态，构建现代农业生产经营体系。

二 实施现代农业科技产业发展的科技创新路径

农业要强，离不开科技。农民要富，离不开科技。农村要美，同样离不开科技。要按照乡村振兴的"产业兴旺、生态宜居、乡风文明、治理有效、生活富裕"总要求，创新科技成果转化机制，推动科技创新导向的转变；强化科技战略资源，推动科技创新工作重心的调整。集聚科技、产业、金融、资本等各类创新要素，着力开展关键技术创新、生态循环模式创建、典型示范引领、新型生产经营主体培育和体制机制创新，显著提升科技对农业质量效益竞争力和农村生态环境改善的支撑水平，有力推动农业农村发展质量变革、效率变革、动力变革,支撑引领乡村全面振兴①。农业科技创新是实现山西省乡村振兴的关键,山西省实现乡村振兴必须充分发挥科技创新在现代农业产业化中的关键性作用。实现科技与相关产业交叉融合,通过科技渗透改进农业生产效率,才能在现代农业产业发展中蹚出一条实现乡村振兴的新路。

(一) 构建以企业为主体的科技创新体系

以产业政策驱动产业结构优化,充分发挥企业在科技创新成果转化中的主体作用。《国务院关于促进乡村产业振兴的指导意见》指出,强化科技创新引领,大力培育乡村产业创新主体。推动农业科技领域产学研用深度融合,建立产学研用协同创新机制,联合攻克一批农业领域关键技术,为实现农业高质量发展、推进农业现代化提供支撑。

1. 农业科技进步是乡村振兴战略实施的重要支撑

农业农村部办公厅印发《乡村振兴科技支撑行动实施方案》强调,以习近平新时代中国特色社会主义思想为指导,深入贯彻党的十九大精神,按照乡村振兴"产业兴旺、生态宜居、乡风文明、治理有效、生活富裕"总要求,推动科技创新导向的转变和工作重心的调整,集聚科技、产业、金融、资本等各类创新要素,着力开展关键技术创新,生态循环模式创建,典型示范引领,新型生产经营主体培育和体制机制创新,显著提升科技对农业质量效益竞争力和农村生态环境改善的支撑水平,有力推动农业农村发展质量变革、效率变革、动力变革,支撑引领乡村全面振兴和农村现代化②。

企业要借助产业基地获取更多优质的农业科技创新成果,积极推动农业科技创新成果向基层农业产业转化发展。促进科技与企业相互融合发展,促进企业和科研单位紧密合作,推动科技型企业成为创新创造主力军,探索农业科技产业发展之路。鼓励农业科技人员领办、创办农业企业,加快科研成果开发和转化,助推农业科技产业体系构建。

---

① 杨常伟、秦倩倩:《发展乡村科技产业》,《山西日报》2021年3月2日第11版。
② 农业农村部办公厅:《乡村振兴科技支撑行动实施方案》,《江苏农机化》2018年第6期。

2. 构建以企业为主体的科技创新体系

培育农业科技产业创新型企业，构建以企业为主体的科技创新体系。以产业政策驱动产业结构优化，充分发挥企业在科技创新成果转化中的主体作用。要强化科技创新引领，大力培育乡村产业创新主体。推动农业科技领域产学研深度融合，建立产学研协同创新机制，联合攻克一批农业领域关键技术，为实现农业高质量发展，推进农业现代化提供支撑。

从农业产业化发展的实际需求出发，建设国家农业高新技术产业示范区和国家农业科技园区。企业要借助科技创新产业园、产业基地获取更多优质的农业科技创新成果，并积极推动农业科技创新成果向基层农业产业转化发展，激活发展动力，提升产业竞争力。促进科技成果转化制度体系，推进科技和企业融合，广泛集聚科技创新成果转化；促进企业和科研单位紧密合作，用政策和机制引导科技成果转化。推动企业成为科技创新主体，探索农业科技产业发展之路。鼓励农业科技人员创办农业企业，加快科研成果开发和转化，助推农业科技产业体系构建。

(二) 创新现代农业科技产业发展体制机制

优化现代农业产业技术体系和农产品加工技术协同机制，探索农业科技协同创新，科技与产业紧密结合的农业科技改革发展之路。

1. 建立以企业为主体的协同创新联动机制

建立以企业为主体的产学研协同创新联动机制，有效对接技术、资本和市场，提高农业技术创新体系活力。加快先进技术和成果的引进、消化和吸收，广泛开展农业科学技术合作和交流，加速技术创新能力的提高。进行农业科研机构的体制机制改革，在科技体制改革的进一步深化过程中求得发展。实现优势叠加、弱势互补，补短板、增优势，真正为山西省推进脱贫攻坚与乡村振兴有效衔接发挥科技支撑作用。

2. 激发科研单位服务地方的活力

建立多元化、多渠道、多层次投入机制，产学研、农科教密切结合，激发科研单位服务地方的活力。确保科教融合和产学研协同发展。山西农业规模不大，但农业科技人员规模不小。农业科技工作人员作用发挥不充分，科技产出效率低，对山西省农业产业的科技支撑能力差[①]。农大与农科院资源分散、同质建设，造成了农业科研资源配置的低效与浪费。不易形成技术创新和服务"三农"的合力，不利于山西省实施乡村振兴战略的实现。2019年10月，山西谋求农业转型发展新路，完成了山西农大和山西农科院合署改革。

一年多来，山西农业大学推进科教融合和产学研协同发展，成效初显。合并后可以集中人、财、物，在学科设置、资源利用方面发挥优势，增强效益。农大的区位劣势得以消除，农科院的学科短板补齐，双方的同质竞争关系消失，人力资源、学科、研究所、实验室、实验基地以及仪器设备将会得到整合，基础研究、应用研究和服务"三农"的各自优势也将融为一体，从而加速优秀科技创新团队和创新成果的生成，有望形成山西省农业科技创新强有力的驱动源。依托新组建的山西农业大学以及农业科技企业，构建多元化科技投融资体系，实行多元化投入。

3. 建设农产品加工技术集成基地

发展农业高新科技产业，打造生产全程一体化管理。培育一批竞争力强的大型种业企业集团，让更多拥有自有品种的企业成为种子市场的供应者、品种更新的推动者、产业融合的引领者。提升农业产业的竞争力，建设一批农产品加工技术集成基地，加快科技成果转化应用的速度。以特色产业撬动现代农业园区升级，提升特色农产品的市场竞争力，打造特色农业产业园区，培育特色农业新型社会服务体系。

围绕乡村振兴战略的实施，做强主体链、延伸产业链、提升价值链、完善利益链，运用科技这一利器推动农业绿色、安全和可持续发展，提高农产品质量、效益和竞争力。不断挖掘农业科技新功能和新价值，丰富农业科技产业新业态、新模式、新产业，促进农业文化、

[①] 《邢国明委员：创新我省农业科技体制机制提升服务三农大局能力》，http://roll.sohu.com/20160128/n436212009.shtml，2016年1月28日。

农业旅游、乡村康养、农村电子商务、乡村休闲观光、都市农业等新产业快速发展，推动农业科技产业转变生产方式。

（三）现代农业科技产业社会化服务体系建设

农业科技服务体系既是农业社会化服务体系的一个子系统，又是一个为农业生产提供各种服务的多功能复杂系统，它需要建立一个公益性职能与经营性服务相结合、专项服务和综合服务相协调的机制与模式。完善农业技术公益性服务体系建设，积极推进农业科研单位、农业教育机构等具有一定农业技术的组织与新型农业经营主体之间的合作。作为主要社会力量的高校具备开展农业科技社会化服务的巨大的优势和充分的条件，具备公益性农业科技服务机构的特征和使命。高校复合型农业科技服务的实践模式就是把农业教育、农业科研、农业推广、农业生产结合起来，提高其科技服务的能力，为农业生产经营主体提供产前、产中、产后全程科技服务的组织机构和网络系统。

1. 建设高校主导的协同创新机制

协同创新是以知识增值为核心而形成的知识分享机制，建设以高校主导的山西农业科技服务协同创新机制。能有效利用各创新主体的资源，实现优势整合和创新而联合实施科技创新活动。2012年山西省被确定为"构建新型农业社会化服务体系工作"试点省份，项目涉及农业、教育、科技及管理机制和制度创新，是深入推进农村综合改革的一大举措。山西农业科技服务体系是在政府的指导下，将农业科研机构、涉农企业、农业合作服务组织、示范基地、示范园相联合，开展以高校为主导的新型农业科技服务体系。通过高校主导的山西农业科技服务体系，实现产学研、推广和转化服务一体化。高校、核心技术和产业发展相结合；政府、高校和涉农企业相结合；政府、高校和合作组织相结合；示范基地与农户相结合，示范园与农户相结合。

2. 系统构建科技成果转化体系

科技成果转化体系是由科技创新、企业需求、科技中介子系统构成的有机整体，每个科技成果转化体系的子系统又分别由相互联系、相互作用的若干要素组成。科技成果转化体系作为一个有机整体，它是通过高校自办模式、官产学研结合模式、管理服务机构模式、风险投资基金模式、技术转移模式五个运行模式进行运行的。同时科技成果转化体系的系统运行主要包括形成基础、创新设想过程、研发实施过程、成果扩散过程五个阶段的运行过程以及动力机制、利益分配机制、风险预警机制、协调保障机制、技术扩散机制五个方面的运行机制。所以，为了让科技成果转化体系实现更多的科技成果转化效益，要保证企业、政府、科技中介、高校等要素之间以及这些要素与科技成果转化体系之间紧密联系，建立科学的系统运行模式，保证系统过程的平稳运行，构建合理的系统运行体制，使科技成果真正转化为效益。

乡村振兴的实现离不开科技产业的发展，要把推进乡村振兴的重点放在科技产业发展上。全面乡村振兴，需要科技支撑，要运用好科技这一利器，将更多的科技成果应用于乡村振兴的产业发展实践中。乡村振兴是整体，乡村振兴依托科技产业发展。科技产业是乡村振兴的有机组成部分，离开乡村振兴就难以更大地实现自身的价值。

3. 发展农业高新科技产业

要做强主体链、延伸产业链、提升价值链、完善利益链，运用科技这一利器推动农业绿色、安全和可持续发展，提高农产品质量、效益和竞争力。不断挖掘农业科技新功能和新价值，丰富农业科技产业新业态、新模式、新产业，促进农业文化、农业旅游、乡村康养、农村电子商务、乡村休闲观光、都市农业等新产业快速发展，推动农业科技产业发展思路的转变[①]。

三　坚持现代农业科技产业发展的农民主体性路径

注重提高农民参与度，坚持农民主体地位是乡村振兴战略基本原则之一。山西省乡村振兴战略下构建新型农业产业体系，就要充分调动起广大农民的积极性，发挥好农民的主体作用。只有尊重农民的主体地位，发挥群众的主体力量，才能激发乡村振兴的内生动力。

（一）构建高质量农业产业联合体

在推动乡村振兴的各项工作中，增强农村人民群众的幸福感和获

[①] 杨常伟、秦倩倩：《发展乡村科技产业》，《山西日报》2021年3月2日第11版。

得感，坚持农民主体地位不动摇，促进共同富裕，保障农民利益放在第一位。促进山西发展农业科技产业，探索企农利益联结机制，服务农村，造福农民致富，构建高质量农业产业联合体，农户参与并分享现代农业发展成果。推进乡村振兴，引导民间投资加快发展，鼓励各种投资主体参与，但必须尊重农民的主体地位，谨记农民是最重要的主体。提升农民参与度，树立农民的主体地位不动摇。充分尊重农民意愿，调动农民的积极性、主动性、创造性。大力发展乡村特色产业，要深度挖掘特色农业潜力，推动农村多产业融合发展。以各地区的资源禀赋优势以及独特的乡村文化基因为基础，因地制宜，打造一村一品、一县一业的发展新格局。

坚持农民的主体地位，保障农民在产业发展中持续增加收益。农民是农业产业发展的主体，实施乡村振兴战略的主体。更好地借助市场力量，农业产业化联合体是市场的选择。构建产业联合体必须顺应民意，实现互利互惠、合作共赢，维护农民群众根本利益，激发农民积极性。推进增添乡村产业振兴新动能，不断完善"公司+农户"的利益联结体制。让更多农户分享产业融合红利，创新利益联结方式，建立约束和监督机制及农户的社会保障制度，构建利益命运共同体。促进群众增收致富，发挥典型示范带动作用，培育新型农业经营主体，引导农户构建农业产业联合体。利用农业经营主体发展带动能力，打造农业产业的利益共同体。

（二）提升农民的综合素质

要从思想改造上入手。思想是行动的先导。乡村的发展，关键还是要靠农民，关键在提升农民的综合素质。要始终坚持人民导向、服务导向，注重从思想上教育引导农民，通过村民大会、"村村响"广播、入户走访、电话随访等多种方式，让乡村农民能够充分表达自己的观点，能够有不断提升个人能力素质的意识。要利用宣传单、宣传标语横幅、新媒体等多种载体平台的作用，全覆盖加强对村民能力素质的"再教育"，不断增强农民的"主体地位"意识，在乡村振兴事业发展中增强创造财富的意识和思维。

培养造就高素质现代农业生产经营者队伍，探索培养高素质新型职业农民的途径。新型职业农民可以实行有选择性的学习方式，参加中高等农业职业教育。开展灵活的培训机制，农业生产者整体素质得到有效提升。促进新型农业社会化服务体系建设，支持各类涉农主体兴办农业技能培训班。山西接受过农业技术教育培训的不足8%，必须着力实施科教兴农战略，按照不同层次确定培养目标，完善在职农技人员再教育制度。开展农民科技培训、创业培训，夯实农业发展基础。使农民成为体面的、有尊严的职业。强化农民教育培训体系，实现农民科技素质整体提升。全面提升农业产业化经营整体素质和水平，更新基层农业科技人员知识结构，不断更新现有农业人才的知识结构。广泛宣传农业生产应用技能和成功经验，继续提高农业生产经营主体的整体素质。

（三）培育农民的经营决策权

乡村振兴要干什么、怎么干，确保乡村振兴持续推进，逐年见效，政府可以引导和完善扶持机制，但政府绝不能取代农民的主体地位来代替农民决策，更不能违背经济社会的发展规律，违背农民意愿搞行政指令。在制定政策时一定要把底子摸清楚，即使是办好事，也要让农民群众弄明白，一定要清楚知道每家每户的不同诉求。需要全社会共同参与，注重激发农民主人翁意识，发挥农民主体能动作用，这样乡村振兴的各项工作就能比较顺利开展、顺利推进，农业科技产业也就能取得明显成效。就农民本身而言，在乡村振兴中发挥其主体性作用有着自身存在的独特优势。在农民参与乡村建设的过程中，让农民广泛地参与到新农村建设过程中来。农民正时刻体察着乡村的变化，各项政策的制定和实施是否能够切实地反映和满足农民的需求，能否充分表达农民的意愿，需要农民自身不断地做出评价[1]。人文风俗文化不同，地理区位优势不同，各地乡村经济社会发展也会有不同程度的差异，这就需要坚持农民的主体地位。

在充分尊重农民意愿，保障农民合法权益的前提下，要更多地实

---

[1] 傅佳庆、张晓艳：《乡村振兴战略视域下农民主体性培育》，《吉林农业科技学院学报》2020年第4期。

现本土化，加强农民主体性思想的宣传与学习，充分利用宣传资源做好农民思想工作。要以农民愿望为第一取向，切实把农民的利益放在第一位，要以群众满意为根本来建设乡村。乡村振兴用实惠吸引农民，使农民得到实惠。坚持把国家制度教育放在首位贯穿始终，可以采用互联网及入村实地授课的集体学习、法律常识知识竞赛等形式加强对农民的教育。彻底解决农村问题须从权利教育入手，对农民进行权利与义务的通识教育，依法办理自己的事情，使农民明晰在基层自治中自身拥有的权利和需要承担的义务，扩大农民直接行使民主权利，提升农民的政治参与意识。

乡村的发展与走向，理应由居住于这个地方的人民群众来共同决定。遵循市场经济规律，调动绝大多数农民的积极性，发展适度规模经营。立足于利用本地农产品资源优势，充分认识农产品加工业的重要性，将农产品优势转化为产业优势。巩固和完善农村基本经营制度，稳定农村土地承包关系并保持长久不变，落实农民承包经营权的土地新政策。加强农村土地承包经营权流转管理和服务工作，研究出台各地加强农村土地承包经营权流转工作的措施方案，规范农村土地经营权流转交易市场运行。

第四章 资源型农村转型发展的现代农业科技创新实践

受自然条件、地理位置以及经济发展水平等因素的影响，我国农村发展的区域性特征非常明显。资源型农村依靠自然资源的开采而发展壮大，资源型产业在农村产业结构中占有较大份额，经济结构普遍具有对资源的高度依赖性和经济结构的单一性等特征。资源型农村在我国乡村经济中占有一定的比重，丰富的资源优势曾经为拉动当地农村发展起到了重要的作用。但随着资源的枯竭，资源型地区农村发展的短板日益显现，农村产业结构落后、可持续性不强、循环能力差，远远不能适应乡村振兴战略新形势的发展。新时代全面推进乡村振兴的背景下，如何利用资源优势，调整产业结构，构建完善的农业科技创新体系，准确定位农业科技创新主体，实现转型发展是一个重要的课题。

山西省晋城市作为一个典型的煤炭资源型区域，这些地区长期依托当地丰富的煤炭资源的开采、加工而发展经济，资源型产业在农村产业结构中占有重要的地位，辖区内社会的构成与发展都与此密切相关。区域内煤炭资源开发是一把"双刃剑"，初期的发展方式在带来经济效益的同时也导致了很多问题，由于资源必然枯竭的趋势而使其面临转型压力，实现乡村振兴必然面临更为严峻的挑战和更为独特的现实困境。实施乡村振兴战略是一个系统的工程，是人才、资源、战略的有效统一。不仅是政治、经济、社会、文化的全面振兴，而且是包括资源型农村在内所有乡村的整体振兴[1]。如何实现资源型农村的

---

[1] 李伟峰：《资源型农村实现乡村振兴的现实困境与突破路径》，《学习与探索》2021年第2期。

转型发展，从而实现可持续发展并不断走向振兴，直接关系到资源型农村的乡村振兴战略目标的具体落实与顺利实施。需要结合资源型农村产业的发展特点，对区域内资源型农村进行深入且有针对性的调研，创新地方性农业科技发展实践，实现资源型农村转型发展。以科技创新主体为切入点，从科学技术哲学的视角运用协同理论，激发各类主体的创新活力，使各主体协同互动，确立企业的创新主体地位，提升晋城市现代农业科技创新能力。

第一节　资源型农村转型发展的现代农业科技创新理论

探索资源型农村科技创新实践，真正理解现代农业科技创新的时代转换，须有相当的基础理论作为基石。农业科技创新之所以能够促进农业发展方式转变，是因为有其能够促进农业发展方式转变的哲学理论依据。自科技创新理论提出以来，科技创新实现重大突破，社会发展成就斐然，实践中经过专家学者的发展并运用到农业领域，以整合资源和创新机制为手段并经过长期的研发与改良，形成了与本地资源禀赋相适应的农业科技创新体系。

一　现代农业科技创新概念辨析

科技创新已成为一个国家在国际竞争和世界总格局中所处地位的重要决定因素，是当前世界格局中大国之间科技与经济竞争的关键因素。历史性交汇期，必须不断完善科技创新体系，实施科技创新战略，全力提升国家自主创新能力。对资源型农村转型发展的现代农业科技创新实践进行深入探讨，可以从使用的概念或术语入手，明确概念或术语的多义性和发展性，对于把握资源型农村转型发展的现代农业科技创新实践规律及其系统结构具有重要意义。农业科技创新是推进农业经济发展并取得实际效果的活动或过程，创新居于各项具体任务的第一位，正确理解农业科技创新基本内涵，探析农业科技创新的基础概念及相关政策的基本内容，有助于正确地制定各项农业科技创新政策，确定农业科技的发展方向、发展目标和发展模式，提升农业科技创新能力。

(一) 农业科技创新体系

农业科技创新是农业经济发展的不竭源泉和动力，构建农业科技产业协同创新的共同体。面对农业高质量发展和乡村振兴战略实施总要求，传统农业科技供给方式已难以适应新时代要求。实施乡村振兴战略的历史使命赋予了农业科技创新更高的时代要求，农业科技创新体系适应现代农业对农业科技提出的创新需求，具有自己特有的硬核和保护带。

农业科技创新体系是一个复杂的、动态的良性循环系统，通过形成农业科技创新的闭环以创建多元协同的动力机制模式。农业科技的研究与应用有别于其他领域的科学技术，农业科技创新体系是推进农业经济发展并取得实际效果的科学研究活动或过程，这些研究活动或过程构成农业科技创新的基本内涵①。开发新产品、新工艺、新服务并引入市场，通过推广、应用实现其价值的活动或过程；关注新的组织形式，按照新思维、新方法、新手段组织科技活动，促进农业整体水平和效益的提高，是农业经济取得相应效果的过程；推进农业经营体制机制创新，把新的体制机制引入农业经济，理解和把握现代农业发展的新形势，推动农村社会经济发展的活动或过程。农业科技创新体系具有系统性、多元性、动态性、环境制约性等基本系统特征。

(1) 系统性。农业科技创新体系就是一个系统，以提高科技持续创新能力和效率为核心，功能凝结或渗透在诸要素中，共同作用才能实现。

(2) 多元性。创新主体是非独立性的生产要素。一个农业科技创新体系的运作是靠各创新主体的协同配合，提升农业创新体系整体效能，强化密切协作配合，是无数相互交错的主体共同努力的结果。

(3) 动态性。各类创新主体形成汇聚创新资源、分享创新成果、

---

① 宋桥生、娄光新、姚传武：《对农业科技创新本质特征的分析与认识》，《农村经济与科技》2011 年第 6 期。

促进科技创新成果转化的互动发展局面，是一个动态发展系统，一个发展变化的过程。而且农业科技创新体系作为一个科学研究纲领，对科学的评价往往不是针对单独的理论，有其进步性，但要与社会发展的需求相适应，要与时俱进才能始终跟上时代进步的潮流。一切事物都是在不断地运动、变化、发展的，农业科技创新体系也要能对农业的未来有客观的认识。

（4）环境制约性。从哲学上看，新事物的成长要经历一个由不完善到比较完善的过程，事物发展是前进性和曲折性的统一。不但受到自身组成部分及内部条件的影响，还要受到来自政策、社会、市场、国际等外部环境组成要素的制约。

农业科技创新是发展现代农业的必然选择，农业科技创新体系的基本特征是把科技创新驱动农业列为具体抓手加以实施，构建完善的农业科技创新体系将增强农业综合生产能力和极大地提高现阶段农业生产力，极大地调动农民的积极性，推动农业生产的发展。

（二）农业科技创新主体

社会发展离不开科技，科技通过人的生产应用来实现对社会政治、经济的影响。科学技术本身也是由人所推动和运用的，人也是科学技术的承担者，能在科技实践和发展中承担责任。科技是现代农业发展的决定力量，科技创新具有创新活动主体的特质，创新主体是农业科技创新活动的基础，农业科技创新发展必须明确技术创新主体地位。

1. 创新主体是农业科技创新活动的基础

农业技术创新为农业现代化注入动力和活力，创新主体是农业科技创新活动的基础。劳动是推动事物发展的源泉和动力，人对于自然的主体性以生产为背景和基础，人类的主体身份随着人类的生活技能、生存能力、生产能力的掌握和提高不断得到强化。主体是在劳动实践中生成并在漫长的人类历史发展中不断进化而来的，人类主体身份的获得是历史、社会、人、自然等合力共生的必然结果[①]。提升人的主体性是知识经济发展的内在要求，科技创新活动不同于一般的实

---

① 曹智：《人类主体和动物客体之法哲学探究》，《前沿》2011年第19期。

践活动，本质是一种创新实践活动，表现出人的主观能动性，是一种高级的实践活动，更强调创新活动的主体。

2. 创新主体具有自主性和创造性的特征

创新主体既是活动主体同时也是认识主体，具有很强的自主性和创造性的根本特征。创新活动就是要将创新主体所掌握的丰富合理的基础知识，运用创新思维提出更多解决问题的创造性新设想、新方法、新方式，建立全新的思维方法。结合新的研究方法开辟出许多新的研究路径和手段，创造出新的解决方法。

自主性和创造性是创新素质的灵魂，创新主体参与整个创新活动的全过程，将自身的创新目标融入整个创新过程中，并在创新活动中实现自身的创新目标。技术创新主体就是从事实际技术创新活动的现实的人，技术创新过程中任何外部因素只有作用于技术创新主体并与其内在创新动机相结合才能转化为影响技术创新行为的现实力量[1]。科技创新主体投入大量的人、物，通过创新活动产生能影响社会实践的创新成果，不断创新以适应新情况。好的创新成果能在获取自身利益与社会需求之间取得平衡，创新活动的成果既要符合主体创新目的和期望，又要符合社会的需求，与他们的实际情况及价值取向的有效性相符合。创新主体在强烈的创新意识驱使下，运用创造性的思维以及新的研究方法进行实践活动，打破思维定式，突破思维障碍，从而实现创造力的提升以及达到某种目的性，在创造过程中产生出新的思维成果。

3. 农业科技创新要调动各方主体的积极性

科技创新体系是一个结构层次复杂的竞争系统，推进多元主体协同治理的长效创新机制。以科学研究为先导的知识创新体系，创新主体以满足个人或社会需求为基础动力，在外部因素的推动下，以外在因素促进内在动力，多主体协同竞争而形成的一种多元的实践活动。创新体系各主体的作用与所处的地位随着历史阶段的变迁而演化，不

---

[1] 吴伟：《企业技术创新主体协同的系统动力学分析》，《科技进步与对策》2012 年第 1 期。

同阶段都有一个主体控制着系统的演化，起着绝对的主导作用。

起主导作用的创新主体就是核心主体，其他主体为协作主体。核心主体与合作协同主体之间始终处于一种微妙的平衡态，开展深度合作实现协同联动发展，统筹兼顾，有条不紊地开展工作。科技创新系统是一个共生共荣的集合体，科技创新主体间有着密切的联系，核心主体与协同主体密切合作，相互协调和良性互动，始终保持一种既相互影响，相互协调又分工协作，相互竞争又协作配合，有序互动的状态[1]。在科技创新活动整个过程中，每个阶段都存在一定的不确定性，需要核心主体与协同主体合力参与。农业科技创新是推动传统农业向现代农业转变的强大动力，参与农业科技创新活动的主体并不单一，复杂性和艰巨性决定农业科技创新主体是多元化的。农业科技创新要调动各方主体的积极性，重视不同主体在农业科技创新体系中的作用，促进农业科技创新多元化主体协同发展。

4. 涉农企业要发展成为农业科技创新主体

农业现代化必须依靠科技实现创新驱动发展，涉农企业要成为农业科技创新主体。实施乡村振兴战略提升农民收入和生活水平，必须依靠科技实现创新驱动发展。要以科技创新催生新发展动能，科技创新为农业现代提供可持续动力，创新主体之间互信、协同，通力合作，通过优势互补、借力共赢来促进科技创新成果的研发、推广和应用。加强多主体之间的协同创新，不能仅仅依靠某一个或某一类主体，需要各界合力，需要各主体之间合作完成创新活动。

农业科技创新是多主体参与的服务创新过程，几乎所有学者都认可我国农业科技创新主体合作的多元特征。或从政府、高校、科研院所为主导论述农业科技创新主体合作，或从农业企业、中介机构、农民组织等为主导论述农业科技创新合作[2]。钱福良认为农业科技创新充分发挥政府主导作用，做好政府制度顶层设计。现代农业科技创新体系实际上以农业企业为主体，建设创新型现代农业的过程，科研院

---

[1] 陈其荣：《技术创新的哲学视野》，《复旦学报》2000年第1期。
[2] 曹晨、陈学云、史贤华：《基于合作博弈的农业科技创新主体合作研究》，《滁州学院学报》2019年第2期。

所、高校、政府机构协同参与的产学院联盟组织，单位自愿参加的开放式合作平台，构建不同利益主体（农户、科研机构、农业企业、金融、中介服务）合作交流机制，发挥优势深入交流建立长效合作机制，创新农业组织形式，以渐进式的调整和演变为特征，拓展农业产业链条[1]。胡祎等依据中国当前农业科技创新活动的发展状况，指出当前中国呈现出参与主体多元化的态势：高等院校与科研机构、涉农企业、中介机构形成合力，共同承担了中国农业科技创新的任务，但各自的地位和分工却不相同[2]。史新珍等学者认为引导龙头企业、科研机构、新型农民合作组织等主体广泛参与，开展多种形式的联合与合作，促进农业科技成果转化，优化农业产业结构，让农民切实享受到农业科技带来的好处[3]。王奕认为构建以高校为主导，与政府、企业、农户共同协调发展的农业科技服务体系，可以集聚高校人才、科技、教育的优势，把政府的政策正确传达给农户，让惠农政策切实惠及农民；让专家团队集中精力搞研究，科研来自生产，必须回归生产，让科研人才走入农村，指导农民搞生产；围绕科技成果产业化、市场化、资本化，团结企业推广科研成果；并且为农民、农村与农业经济活动提供相应的科技服务，完善农业科技服务一系列产后服务[4]。探索农业科技创新的各类主体角色定位和合作方式，实现现代农业多赢以及整体价值最大化。

二　现代农业科技创新体系的理论基础

（一）中国传统农业科技思想

农业科技思想是农业生产活动中所形成和运用的思想观念，来源于农业生产实践又反过来指导农业生产实践。传统农业科技思想是哲学思想与农业生产实践相结合的产物，传统农业创新体系的特征

---

[1] 钱福良：《中国现代农业科技创新体系问题与重构》，《农业经济》2017 年第 1 期。

[2] 胡祎、陈芳易、易建勇：《中国农业科技创新现状及其存在的问题与对策》，《食品与机械》2017 年第 1 期。

[3] 史新珍、武文卿、韩睿敏：《山西农业科技创新服务现状研究》，《山西科技》2017 年第 2 期。

[4] 王奕：《高校主导型协同创新山西农业科技服务体系研究》，《价值工程》2016 年第 8 期。

与中国传统农业哲学思想理论相得益彰。

1. 系统完整的中国传统农业科技思想

中国传统农业科技创新思想十分丰富，贯穿于这个传统农业生产实践的始终，包含着传统哲学思想的概念范畴。其理论体系框架为：三才论构建天地人相统一的生态农学的基础，元气论形成了传统农业自然观，是实现农业可持续发展的理论和技术基础；阴阳学说产生了农作物生长发育观，是广泛应用于传统农业思想及农学理论的阐述；五行理论阐释传统农学的内在机理；圆道观构建了农业系统论和循环观，是建立良性循环的生态农业系统思想；尚中思想强调农业生产优化观，对中国传统农业的生态化取向产生了重要影响[①]。农业科技思想表现为在长期农业生产实践中形成的优良传统的农业科学知识和先进文化的农业生产思想，是对农业经济学中经济范畴、基本原理和农业经济运行规律的正确表述。

中国传统农业和传统农学按照"天人合一"的朴素系统论思路来研究农业生产和农业科学的规律，形成了精耕细作的农业生产方式。人在天、地之间适应、模仿、改造自然系统，最终形成了农业生产整体运作形式，是一个由天时（气候）、地利（地形、土壤）、人和（人力、科技）三个因素联系协调、运动变化的整体系统[②]。"天人合一"是中国传统农业哲学思想的核心，秉持敬天种养的系统思维，具有哲学思想和科学思想的双重来源，是我国农业科技创新体系的雏形。

2. 传统农学思想是古代农业生产实践的总结

中国传统农业科技思想的理论构成是在中国古代农业生产实践的基础上形成和发展起来的，强调整体思维对农业的渗透和影响。在农业中的应用充分体现了尊重自然、与自然和谐相处的理念，实现物质与能量的循环利用，是一个完整的促进农业发展的传统农业科技创新思想理论体系。

中国传统农业科技思想是对农业生产实践发展规律的高度认识和

---

① 胡火金：《天地人整体思维与传统农业》，《自然辩证法通讯》1999年第4期。
② 杨常伟、张斌：《农业文化遗产山西稷山板枣栽培技术的系统考察》，《山西农经》2020年第1期。

总结，是农学思想家在农业生产实践基础上对农业科技创新的深刻思考。"天人合一"是建立在三才论（天、地、人）基础上的中国传统重要农学思想，强调人和自然同处于一个和谐的有机的整体中。把农业生产看成一个整体，在这个整体中天、地、人三者相互作用，天地万物一体的整体观念。农业生产应坚持循环往复的生产理念，以生态建设为导向发展农业生产，以保护环境和节约资源为前提，确保农业经济可持续发展。

（二）现代系统论

现代系统论是研究各种不同领域的对象的共同特征及其规律，是生产实践、社会实践的直接产物。系统思想还反映在农业生产实践之中，农业生产通过实践逐步认识到农业与周围环境之间存在着相互依赖和相互制约的关系。

1. 现代系统论是现代农业发展的重要思想

现代系统论是现代自然科学、社会科学、思维科学发展综合的结果，在现代科学发展的基础上以系统为研究对象的学科群。是人类在改造世界的实践中所获得的认识和经验的综合，从中国传统农业的实践中得到启迪[1]。中国的传统农业中有许多思想和观点与系统科学的原理非常接近，应用于农业生产实践中的有机整体性、系统的结构与功能、系统的动态平衡状态、系统的生成与演化等思想在现代系统理论中都有一定的体现，也是现代系统理论研究的重要方面。

现代系统论从事物的整体与全局出发，人们对整体与部分辩证法的重视，要从整体上把握事物的联系，从要素联系与结合上去寻找事物的普遍特征。1980年，钱学森提出了农业系统工程理论，系统工程思想是钱学森晚年的重要理论建树和思想结晶，全面系统地分析了我国农业发展存在的问题和解决的对策[2]。现代系统论从系统与要素的辩证关系入手，寻求大系统、多目标的最优化决策。系统工程是把对

---

[1] 刘国平、余林嫒：《中国传统农业中的系统思想及其实践》，《中国农史》2008年第1期。

[2] 章红宝、江光华：《试论钱学森的农业发展思想》，《中国农业大学学报》2005年第1期。

象作为系统来加以处理的工程技术,基本特点是把研究对象作为整体看待,是组织管理各类系统的规划、研究、设计、制造、试验和使用的具有普遍意义的科学方法①。创建知识密集型的大农业是钱学森晚年的科学构想,是钱学森用系统科学和系统工程理论指导我国农业发展的一个重要思想,倡导建立起知识密集、技术密集的高效能的农业体,他认为农业系统是一个有机的整体,农业发展要以系统工程理论为指导,才能够促进农业的持续协调发展。农业科技创新体系有构成要素和创新环境,探讨农业科技创新体系的战略选择和运行机制,构建农业科技创新体系需要突破局限,全面地处理和解决好农业、农村、农民问题,统筹考虑各个组成部分之间、系统整体和组成部分之间的关系。

2. 现代系统论为农业系统工程建设提供指导思想

农业科技创新体系是系统工程,现代系统论为农业系统工程建设提供了重要的指导思想。农业科技创新体系是由创新主体、创新资源、创新环境等要素组成的动态系统,农业科技创新体系的发展模式需要探索科技与经济紧密结合、围绕产业开展大联合大协作,运用系统的观点来进行考察。要从科学技术上克服从某一部门着眼、从单一目标出发、从单一因子考虑问题的弊端,运用系统学思想和理论开展农业系统的要素、结构、功能以及运行体系的研究。

农业系统工程是运用系统学的思想和理论及工程学的方法,要求我们正确处理系统的复杂的空间结构和复杂的时间结构,制定宏观农业决策与专业农业决策。我们既要保障整个系统的稳定与平衡,综合考察农林牧等各业的关系,避免整个农业发展很不平衡、很不合理,注意全过程中阶段的划分和阶段之间的衔接②。强化农业科技创新体系功能促进农业发展,达到整体效益最佳,需要系统各要素之间相互联系,产生协同效应,使农业生态、农业科技、农业经济全方位发展。系统的每一环节都需要结构功能良好,某个要素受到干扰而发生

---

① 魏宏森:《现代系统论的产生与发展》,《哲学研究》1982 年第 5 期。
② 钱学森:《论系统工程》,湖南科学技术出版社 1982 年版,第 122—126 页,转引自章红宝、江光华:《试论钱学森的农业发展思想》,《中国农业大学学报》2005 年第 1 期。

改变，会直接影响到农业的可持续发展。把握农业科技创新体系的整体性，强调农业生产系统的总体效益的提高和产业结构的优化。对农业科技创新各主体进行合理的规划，加快构建立体多元、功能互补、复合高效的农业科技创新体系，以科技创新推动现代农业发展。

（三）拉卡托斯的硬核理论

科学哲学家拉卡托斯创造性地提出了"科学研究纲领方法论"，把经验进步和理论进步作为科学进步的双重标准，从整体性视角对科学合理性问题做出新的诠释。新时代适应现代农业发展，应从拉卡托斯的硬核理论的角度研究农业科技创新体系。

1. 科学研究纲领是逻辑严密科学理论体系

科学研究纲领是一组科学理论体系，逻辑严密具有内在的规范结构，是一个比库恩的范式论更为完善的科学哲学理论。科学理论系统是一个互相联系、内在统一的有机整体，有一个发生、发展和退化的过程，它构成一个连续性的纲领[1]。拉卡托斯详细论述了"硬核"在科学研究纲领中的地位以及它的实质内涵，认为任何一种理论体系都应该有其理论硬核，"硬核"是这一理论的核心，硬核是不允许被质疑和否定的。

在"硬核—保护带"结构中，有结构严密的内在科学理论。中心是"硬核"，系统自成一个有机联系的整体，周围还有"保护带"，一个围绕硬核的保护带。此外还有一个引导该纲领的鼓励规定，一种积极的不断发展完善的"启示法"，组建为连续性的纲领，一个成功的科学研究纲领关键在于其硬核适应时代发展的进步性转换。拉卡托斯认为任何科学理论都是由硬核与辅助保护带所共同构成的完整思想体系，硬核是拉卡托斯理论体系最基本的理论公设和根本性主张，而辅助保护带则是运用硬核具体分析现实问题所得出的结论，辅助保护带应根据现实的变化适时做出相应的调整，以更好地保护其硬核[2]。

---

[1] 罗兆麟：《硬核和保护带：中国特色社会主义理论体系的发展逻辑》，《湖北经济学院学报》2012年第5期。

[2] 王学荣：《马克思主义时代化探微：作用机制及发展进路——基于拉卡托斯的"硬核"与"辅助保护带"学说》，《福建党史月刊》2014年第2期。

真正深入地探讨资源型农村转型发展这一时代热点，务必参照拉卡托斯提出的"硬核"与"辅助保护带"学说。布局具有前瞻性、先导性和探索性的重大前沿农业技术攻关，推进相关农业技术试验示范及农业新技术产业发展，建设变革性农业前沿关键核心技术创新科技体系。

2. 农业科技创新体系硬核促进资源型农村转型发展

资源型农村转型发展的农业科技创新理论硬核当然是不可反驳的，现代农业科技创新体系作为一种有关科技知识应用的制度安排需要根据时代的变化不断调整和完善，以适应现代农业发展的趋势和潮流。资源型农村转型发展的硬核就是农业科技创新，科技自立自强提供硬核支撑，现代农业科技产业有创新与进步两大历史性战略任务，是推动农业现代化的核心力量，打造农业现代化的"硬核力量"。坚持现代农业科技产业创新发展，农业科技创新体系就是保护带，聚焦核心技术、加强农业科技攻关，以农业科技现代化推动农业农村现代化。

农业科技创新体系这一科学研究纲领是科学的，农业科技创新体系各组成部分相互关系以及各组成部分与相互关系的属性直接决定着资源型农村转型发展的技术创新能力。构建农业科技创新发展新格局，有力支撑农村现代化发展。需要各创新主体在创新政策的支持下，积极应对面临的严峻形势，实现创新成果的转化，实现更大的社会价值。资源型农村转型发展是在生产力发展的基础上不断进步的，深化农业科技体系改革，保持科学研究纲领的进步性。资源型农村转型发展是运动的、发展的，要不断调整"保护带"，使之适应时代的需要。

（四）差异协同理论

差异协同律是系统哲学的表征规律，贯穿于系统物质世界相互联系的一切方面和一切过程。协同理论认为系统中有描述事件发生过程的参数，存在的许多组成元素、部分或子系统，着眼系统协同效应的描述。只有一个或几个变量控制着系统的演化，并赋予其序参量的概念。

1. 农业科技创新体系是要素间协同合作的结果

技术创新的主体要保持系统的自组织性。差异协同律指出,系统发展的原因在于系统内部要素结构涨落的差异性、协同性、和谐性、放大性与自组织性。系统物质世界的源泉和动因,揭示系统物质世界内在必然,组成具有特定功能的统一整体,存在、联系和发展,构成了系统的进化,是系统哲学诸范畴本质的联系[1]。序参量是关键参量,系统的演化受序参量控制,有序程度决定于序参量,协同支配系统演化的最终结构。序参量控制整个系统的演化,序参量选定以后,通过序参量研究系统演化行为。

2. 序参量为农业科技创新体系提供理论新视角

资源型农村转型发展需实现科技创新驱动和内生增长,建立适合地区资源禀赋的农业科技创新体系。现代农业科技创新体系的现代化发展,是一个复杂的、开放性系统,体制机制改革的要义是实现协同创新,保证体系得以有序地运行,考察创新体系内部各个要素之间协同,创新要素和创新主体与环境变量间的非线性作用是合作的结果。

资源型农村转型发展的农业科技创新体系就是一个远离平衡态的系统,适用时代条件的变化有着多元化的创新主体。基于科技创新系统中的序参量概念的认识,分析科技创新体系演化路径;通过科技创新系统中的序参量概念的理解,分析科技创新体系演化过程;基于科技创新系统中的序参量概念的辨识,得出科技创新体系协同管理模型;弄清楚科技创新系统中的序参量,实践中就能正确地选择创新主体。从理论层面认识构建资源型农村转型发展的农业科技创新体系的原则,协同理论揭示科技创新体系的演化以及创新体系中核心创新主体的转变规律,把协同理论中的序参量概念引入农业科技创新体系中,给资源型农村转型发展提供了全新的理论视角。

新中国成立初期,适应当时我国农业科技水平相对落后的现实状况,政府农业管理部门一直承担农业科技创新工作。在当时计划经济的背景下,很少有涉农企业出现在农业生产体系中,政府农业管理部

---

[1] 乌杰:《系统哲学》(修订版),人民出版社 2013 年版,第 118 页。

门自然就充当了农业科技创新的主体。改革开放以来，农村现代化建设取得巨大成效，农业生产专业化、集约化、社会化和市场化程度不断提高，对农业科技创新的要求不断提高。高校以及农业科研院所在此阶段发挥了自身集资源、人才、技术力量的优势，不同的发展阶段各自依据自身优势成为农业科技创新体系中的相应序参量，成为推进农业科技创新的主体力量，出色地发挥主体的主导作用。

3. 资源型农村转型发展是实现系统协同创新

新时代市场经济快速发展，面临紧迫的经济结构转型的问题，高校、科研院所自身依然还受到计划经济模式下科技创新体制机制的缺陷限制，并不能够及时有效地开展农业科技创新活动，高校、科研院所仍然是科研主导型而不是市场主导型。长期以来，我国农业科技创新过分依赖科研院所和高等院校，企业开展农业科技创新主要依赖于高等院校和科研院所进行协同创新，这不符合科技创新主体的一般规律[1]。在市场经济的条件下，资源型农村转型发展的紧迫性及面临的机遇与挑战，涉农企业应发展成为农业科技创新的主体。在农业科技创新体系中，一直以来涉农企业就是科技创新成果转化的主力军，担负着信息反馈的主要任务，当然也是科技创新成果转化的收益获得者的角色。

在推进农业科技成果产业化中，逐渐显现出涉农企业越来越重要的作用，涉农企业成为创新和服务的主体，在农业科技产业的发展与创新中成为重要的骨干力量。涉农企业科技创新的能力总体呈现出逐渐加强的趋势，涉农企业应加强自身的科研能力，逐步转变为主导农业科技产业创新主体的序参量。通过整合系统内部创新资源，当前政府应作为协同主体，引导和鼓励高校、科研院所参与涉农企业的科技产业创新，深化体制改革，在深化体制机制改革中转变为涉农企业并作为创新主体。逐渐积极营造良好的政策氛围，高校、科研院所和涉农企业要相互融合实现有效衔接，为涉农企业提供更好的技术后援，为涉农企业的农业科技产业创新输送技术人员，涉农企业要成为资源

---

[1] 毛世平：《涉农企业要成为农业科技创新主体》，《中国农村科技》2014 年第 12 期。

型农村转型发展的农业科技创新主体。

（五）国家科技创新战略

科技创新能力是决定事物成败的原因或条件，科技创新居于国家发展战略全局的核心位置。改革开放以来，从强调科技是第一生产力，到实施科教兴国战略，建立国家创新体系，建设创新型国家，实施创新驱动发展战略，中国特色的科技创新战略在中国经济发展中发挥了重要作用[1]。我国科技创新战略实施以来，强国梦实现了历史性跨越。

1. 国家科技创新战略思想的提出

党的十八大明确提出"科技创新是提高社会生产力和综合国力的战略支撑，必须摆在国家发展全局的核心位置。"以科技创新驱动而非传统劳动力与资源驱动成为中国当下发展的转折点，"十四五"规划与二〇三五年远景目标纲要擘画发展蓝图，国家意志勾画出了鼎力支持科技创新，实现强国梦的具体行动，通过法定程序为中国发展制定超长时间计划表[2]。积极抢占科技竞争和科技创新高地，构筑未来发展制高点，积极抢占市场，突破关键核心技术，合理目标聚焦，在重要科技领域成为领跑者，牢牢掌握发展主动权，在新兴前沿交叉领域成为开拓者[3]。科技发展要紧紧围绕经济社会发展这个中心任务，提高社会生产力，发展现代农业科技产业。

科技实力一直都是衡量国家实力的重要因素，科技创新方面的竞争已成为当代大国竞争中最为关键的领域。面对中国在科技创新领域的迅猛发展，美国提出国家安全创新基地这一美国式"举国体制"战略概念，推动美国新兴技术和关键技术的发展，作为应对大国竞争格局的科技发展战略规划[4]。综合国力竞争的决定性因素是经济力和科技力，科技创新能力已经成为综合国力竞争的决定性因素，积极创新

---

[1] 徐崇温：《中国道路与科技创新战略》，《求索》2016年第10期。
[2] 冯嘉：《大学科技园在国家科技创新战略中的角色扮演和价值分析》，《中国房地产》2021年第14期。
[3] 胡长栓：《科技创新战略意义的理性审视》，《光明日报》2016年10月9日第6版。
[4] 刘国柱、史博伟：《大国竞争时代美国科技创新战略及其对中国的挑战》，《社会科学》2021年第5期。

的一方将在大国竞争中占据竞争优势，也就能在未来高科技竞争中拥有主动权和主导地位，我国将科技创新确立为国家发展战略的核心地位，确保在科技创新之争中立于不败之地。

2. 国家创新科技战略为现代农业科技创新提供理论依据

国家创新科技战略为涉农企业成为科技创新主体既指明了方向，又提供了充足的理论依据。科技创新是实践主体为了满足社会需要在一定的创新平台而进行的实践活动，创新动机强烈，能够灵活配置创新资源，也具有将科技成果迅速转化为生产力的平台优势[1]。党的十八大报告明确提出，要构建高质量的技术创新体系，以企业为主体从创新农业科技产业上着手，以市场为导向敏锐捕捉到市场需求和动态，在基础研究上发力。

企业作为科技和经济的紧密结合体，具有天然的市场敏锐性。首先，确立企业的核心主体地位，既要成为技术创新投入主体还要成为创新成果产业化的主体，实施科教兴国战略，强化企业科技进步主体意识。其次，高校、研发机构应与企业一起，共同进行技术创新，组成具有中国特色的科技创新体系。最后，涉农企业作为创新主体要向宽领域拓展，不只是针对特定的行业或领域，不是要将创新资源向同行业的一两家企业集中，而是具有很强的普适性、合理性。2016年《国家创新驱动发展战略纲要》发布，明确指出激发主体活力实施创新驱动，在创新链不同环节中，各类创新主体有不同功能定位，以创新和需求交互作用，系统提升各类主体创新能力。

3. 提升国家农业创新系统的自主创新能力

实施创新驱动发展战略，推进农业供给侧结构性改革，保证农业产业安全，提升竞争力，保持经济可持续增长，是贯彻落实党的国家创新科技战略精神在发展现代农业中的重要举措。今后一个时期促进农民增收，优先发展农业推进农村繁荣，主攻方向是农业科技创新，发展的紧迫任务依然是农业科技创新[2]。当前农业现代化建设已经到

---

[1] 李磊：《习近平新时代科技创新战略思想研究》，《科学管理研究》2018年第1期。
[2] 孙康泰：《我国国家农业科技创新基地平台现状分析研究》，《中国农村科技》2021年第4期。

了促进农业提质的新阶段，加快转变发展方式，提高农业产业竞争力，取得最佳的综合效益。

充分发挥社会创新力量，整体上提升国家农业创新系统的自主创新能力。实施农业科技创新驱动战略，创新驱动加快农业转型升级，优先领域满足国家重大需求，重大项目方面取得新的突破。发挥高校及科研院所的基础学科优势和后备人才保障的作用，使国家科研机构的技术研发引领作用得到充分的体现。同时激发各主体的创新动力，确保涉农企业主导作用的发挥，增强涉农企业的核心主体地位。

第二节 资源型农村转型发展的农业科技创新体系建设
——以晋城市为例

我国经济发展进入新常态，对资源型经济转型发展提出了新的要求。新常态为晋城市实现资源型经济发展转型提供了历史性的机遇，资源型产业转型升级的过程，也是技术创新能力提升的过程。明确晋城市资源型农村转型发展的重要路径，实现现代农业的农业科技创新发展，提高农业科技创服务能力，促进晋城市现代农业发展。用系统思想分析组成要素及结构功能，从整体思路、战略目标和主体重构三方路径系统构建晋城市农业科技创新体系，探索晋城市资源型农村转型发展的农业科技创新实践新模式。

一 资源型农村农业科技创新转型发展的空间格局

通过对晋城市农业科技创新体系建设的实地考察和比较研究可以发现，随着现代农业科技创新体系的引入，当地在农业生产力提高、特色农产品深加工、农业生态环境改善等农业发展的进一步提升会推动资源型农村经济转型，将在更高的层面上实现晋城市资源型农村转型跨越的发展目标。从晋城市农业发展的基本状况出发，深度分析发展现状、重点企业、市场规模、投资前景等，促进农业科技的创新与推广。

（一）资源型农村现代农业发展现状的实例分析

晋城市位于山西省东南部，两河（沁河、丹河）穿越全境且受三山（太行山、中条山、太岳山）包围，水热条件良好，大陆性季风气候显著，形成了独特的自然环境条件，具备适合发展大宗农作物的水土条件，有利于经济果蔬的栽培，具有农业资源优势。晋城市农产品资源丰富，气候宜人，形成了独特的农业产业链。特色农业大有可为，适合发展小杂粮、干鲜果等特色产业。发展现代农业科技产业，可以打造一批中药材、蚕桑等具有地域特色的优势农产品，农副产品大品牌、大产业推动了晋城市农业的发展。晋城是一个典型的资源型城市，转型是晋城发展面临的紧迫命题。转型发展成为确保晋城经济社会长期稳定发展的不二选择，资源型农村现代农业发展中出现的问题只能靠科学发展去解决。

1. 高质量转型发展为全面建成小康社会奠定基础

新时代晋城高质量转型发展成绩斐然，农业生产基本稳定，为实现晋城市全面建成小康社会的任务奠定了坚实基础。2019年全市农林牧渔业（包括农林牧渔服务业）增加值56.9亿元，比上年下降1.1%，降幅比前三季度少5.2个百分点。粮食总产量64.2万吨，下降20.6%；蔬菜及食用菌总产量31.9万吨，增长9.4%；生猪出栏121.4万头，下降31.6%；羊出栏33.6万只，下降5.5%；家禽出栏2333.8万只，增长33.1%；禽蛋产量9.9万吨，增长16.5%[①]。

2015年，全年组织实施农业科技创新省级项目9项，而涉农企业就占7项，涉农企业成为全市农业科技创新的主力。2019年，开展"百强"农民合作社、家庭农场评选，创建了省级示范社15家；513家龙头企业销售收入91.63亿元，同比增长7.6%，亿元以上企业达到了19家；山西源源醋业有限公司等四家龙头企业牵头，成功创建全省农业产业化省级示范联合体，实现了晋城市农业现代产业经营组织联盟零的突破。农业品牌持续提升，延伸产业链，提升价值链。

---

① 《2019年晋城市经济运行情况》，山西省统计局，http：//tjj.shanxi.gov.cn/sjjd/sxxx/202002/t20200219_105753.shtml，2020年2月20日。

2021年上半年新申报无公害认证主体55家，强调自然生命的良性循环和生物多样性；绿色、有机认证主体26家，发展优质、生态、安全农业，农产品市场知名度不断提高，发展高产、高效农业，农产品市场竞争力进一步提升。科技创新是资源型农村农业科技创新转型发展的基础，是涉农企业发展的原动力，涉农企业在农业科技创新活动中主体性凸显，促进科研与生产的无缝对接，提升晋城市现代农业科技产业发展水平。

受全市经济形势总体下滑的严重影响，尽管受到省内外多重不利因素制约，晋城市仍能坚持农业科技创新发展。随着脱贫攻坚全面完成，人类减贫取得伟大成就，乡村振兴接续推进，在世界历史上是前所未有的，农业生产增长势头强劲，农民增收稳势头强劲，晋城市农村居民收入稳步提高，继续保持快速增长态势。在转型发展理念要求下，煤焦铁等资源型企业转型发展农业产业的主要领域，包括规模种植、养殖、农产品深加工以及农业高新技术开发等。主要由涉农企业开展的设施蔬菜、食用菌等在农业科技创新项目的支撑下实现了进一步增长，农业科技创新体系建设对晋城市农业发展起到了一定的推动作用。2021年上半年，特色产业加快发展，农村居民人均可支配收入达8549元，同比增长16.3%。尤其体现在蔬菜、中药材、生猪、家禽、肉羊、蜂业极具地方优势的六大特色产业上，加快推进重点项目建设①。对于晋城市资源型农村转型跨越发展大局，特色现代农业既是根本依托之一，也是推进难点所在。

2. 农业科技创新主体要素的多样性和丰富性

系统要素相互联系、相互作用，才能发挥系统的整体效用。晋城市农业科技创新体系结构是多元的，具备了创新主体要素的多样性和丰富性。但在创新主体要素的反馈机制上，创新主体与创新客体间，存在着由上往下一条线的单向性。如今晋城市农业科技创新体系在此基础上发展起来的，且依然受此影响，包揽了经济管理的一切方面，

---

① 《上半年我市农村居民收入持续快速增长》，晋城市人民政府，http://www.jcgov.cn/dtxx/jcdt/202108/t20210818_1454657.shtml，2021年8月18日。

保留了很多计划经济的特征。

长期以来，晋城市农业在三大产业中占比较低，农业科技创新对农业发展的推动作用明显动力不足。经过多年的发展积累，形成以政府为核心的多层次、单向农业科技发展结构体系，创新资源分配和创新成果需求上都难以脱离政府的精神意志。农技推广等中介服务机构与涉农企业承担了主要的农业科技创新成果的推广和转化，而农户接受以上各类机构的指导开展农业科技的具体实施应用。近年来，晋城市农业组织发展很快，全市登记注册的农业专业合作社有5400多家，县级以上示范社有542家，约占合作社总数的10%，其中，国家级示范社有20家、省级有130家、市级有253家[①]。但是多数专业合作社发展起点较低，运行不够规范，缺乏技术人才、专业技术及合作理念，导致信息渠道单一，生产经营效益偏低，农户加入合作组织的积极性不高，组织化程度低。现有龙头企业数量少，农业产业化发展水平较低，农业产业化龙头企业与当地产业基地利益联结机制不完善，带动能力不强，一定程度上制约了产业发展。

农业科技创新体系是一个动态、复杂的大系统，是农业科技创新的组织系统。农业科技创新体系由多元要素组成，政府是管理主体要素，企业与农户等农业生产单位是实践主体要素，农业推广和社会化服务机构是转化主体要素，这些要素具有整体性、有序性、目的性和产业适应性等特征。如果某些要素不能实现共同发展，很难保障沟通渠道的正常运行，从而影响系统的整体功能效果。

（二）资源型农村农业科技创新体系构建必要性

实地调研晋城市农业科技创新体系建设，发现现代农业发展不断取得新进展，农业科技创新成果显著。但在农业科技管理体系、研发体系、推广体系上仍然存在诸多因素和问题，制约现代农业更好更快发展，农业科技创新体系有必要进一步地优化。农业科技要素进入生产经营领域将科技成果的供给和需求及时对接、供求之间建立快捷的

---

① 赵江：《晋城市现代农业发展现状及问题建议》，晋城在线，https://www.jcgov.gov.cn/dwgk/jcjjml/gzyj/202012/t20201202_1301161.shtml，2020年12月2日。

信息传达机制，以便更好地发挥体系整体的结构功能，有效的成果转化体现科技投入要素的价值，推动晋城市现代农业发展。

1. 农业科技管理创新体系滞后

充满活力的科技管理和运行机制能激发科研人员的积极性，新形势下晋城市农业科技管理体系还存在一定问题。长期以来，我国农业科技一直存在着条块分割、资源分散、低水平重复、协作不力等问题，尤其是科技与产业之间缺乏有效的连接机制，导致许多科研成果没有得到有效转化，产业发展中的关键问题不能得到及时解决，严重制约了农业产业发展和创新活力[①]。同样的问题既是共性，也有个性的反映，其存在于晋城市资源型农村转型发展期农业科技创新管理实践中。

首先，机构设置不明确，机构内真正掌握农业科技的人员冗杂，一些农技人员长期不下农村了解实际情况，缺乏创新动力和激情，在政策指导和实施监督中难以发挥机构应有的责任职责，存在机构职责缺位的现象。乡镇工作的行政人员与农技管理人员分工不明确，人员数量较少力量不足，其他部门人手不够，会临时抽调甚至长期挪用农技部门的工作人员，业务工作管理职责分工不明确。

其次，组织机制不健全，难以形成资源信息共享机制。长期以来，科研院所一直是科技创新的主体，却很少到基层一线走访和实地调研，缺乏深入农田地头倾听农户对农业科技创新的真正需求。在农业科技创新体系中，农户和涉农企业都是弱势群体，政府、科研机构、农户和涉农企业在创新资源共享上极不对等，农户和涉农企业很难把最有效的农业技术信息分享给政府和科研院所，致使科研成果与生产实际脱节，难以转化为实际生产力。

还有，人才引进机制滞后，影响农业科技创新活动的实施与进展。福利待遇较低，引进后又有部分通过关系转岗或抽调到其他部门任职，动力机制有缺陷。真正能搞科研的专家已经或即将退休，新的

---

① 曹茸、李丽颖、吴佩：《农业科技创新的"体系模式"：农业部现代农业产业技术体系发展纪实》，《农民日报》2016年5月8日第1版。

农业科技创新人才又难以引进，科技人才青黄不接。科研资金投入不足，投入后又往往被挤占挪用。融资渠道不通畅，转型煤企考虑到农业效益低而投入农业的积极性不高，有开发潜力的农业科研项目也因资金落实不到位致使半途而废。科技人才短缺，市县农技人员少，很多乡镇农科站只有1—2人，发挥农技推广职责不充分，晋城全市农技推广机构编制数1376个，实有1086人，空岗率21.1%，50岁以上占32.5%，初级及以下职称的占60%；信息技术服务不到位，农技人员拖累于事务性工作，与生产一线联系不紧密①。农业科技管理体制机制不够完善健全，很难确保农业科技创新活动的实施与开展。

2. 农业科技研发体系不健全

创新性的农业科研成果是农业科技进步的源泉，晋城市探索资源型地区农业可持续之路，需建立一个系统的农业科技创新体系。可现实状况是很多的科研单位及科研创新活动都与煤炭资源有关，而专门从事农业科技创新的高校及科研院所稀缺，创新源头先天不足。企业科研管理水平不高，创新能力较低。

夏普赛尔公司是晋城市典型的农业科技创新型企业，在技术研发过程中，不但能利用当地盛产优质黄梨优势，采用无公害黄梨种植技术，狠抓标准化管理，还积极帮助农户开展科学种养，引进先进的黄梨种植技术，盛产的黄梨品质都较为优良，保证了黄梨的质量和产量。但近几年，面对全国饮料市场的多样化，公司在技术研发上也遇到了瓶颈。涉农企业由于科研资金短缺，存在技术主要依靠引进不利因素，但起决定性因素肯定是内因，如没有形成自己相应的研发团队，丧失了保持永远旺盛的活力，缺乏引进攻坚技术的决心，对引进的技术没有很好地运用和吸收。本来晋城市农业科研机构稀缺，却依然存在产学研结合不紧。农业科技推广机构和农业科研机构之间联系不紧密，不利于推进实施科技兴农战略。农业科技推广机构在工作中虽然了解科技的需求情况，却总觉得与自己的关系不大，不及时或不

---

① 赵江：《晋城市现代农业发展现状及问题建议》，晋城在线，https://www.jcgov.gov.cn/dwgk/jcjjml/gzyj/202012/t20201202_1301161.shtml，2020年12月2日。

屑反馈给科研机构，造成科研机构失去创新机遇。

3. 农业科研成果难以转化为现实的生产力

农业科技推广是农业科技成果向现实生产力转化的桥梁，需建立完备的基层农业科技推广服务体系。晋城市的各项农业指标参数都呈现出上涨的趋势，但农村生产缺乏新技术，生产技术水平低，新品种和新的生产经营模式不能快速进入实践环节，技术创新能力不强，先进管理方法失效，生产管理方式不能有效运行[①]。一方面，农业科技推广仍然还是传统的行政干预模式，推广网络不健全。社会化服务体系不健全，劳动生产率和土地产出率、资源的利用率难以有效提高，农业比较效益低，从而影响了农业整体效益[②]。

农业科技推广涉及政府、中介机构、涉农企业、农户等多层次多部门，认识程度会有很大差异。政府推广人员往往只顾及个人感受而缺乏全方位考虑问题，而涉农企业和农户一般只会从自己的切身利益出发而在综合效益上考虑有所欠缺，两者之间缺乏联系造成信息共享不对等，对农业生产起不到应有的效率，起到的作用微乎其微。政府推广的农业技术得不到涉农企业和农户的认可，涉农企业和农户需要的科学技术又很难得到满足。另一方面，基层协农单位推广实效低，现实推广难度大。农村生产合作社、农技中介推广机构等基层协农单位基本上都是公益性或自发性的推广机构，多年来缺少政策资金投入，运作机制动力不足，名存实亡或几近瘫痪，无法真正开展上传下达的服务，不能发挥实际作用。

4. 农业规模集约化生产严重受限

资源型的晋城是一座煤铁主导性产业城市，农业在三大产业中的比重低。农业在当地来说并不是非常受重视，生产方式以小农生产为主，依赖自然条件来过日子，靠天吃饭，生产、技术、设施欠缺，依赖于自然条件进行农作，在大多农户认为并不需要太多技术，更不用说农业科学技术来支撑。农业生产所需的化肥、种子等价格都在上

[①] 张海花：《晋城农业经济可持续发展对策研究》，《农业技术与装备》2019 年第 6 期。
[②] 赵江：《晋城市现代农业发展现状及问题建议》，晋城在线，https://www.jcgov.gov.cn/dwgk/jcjjml/gzyj/202012/t20201202_1301161.shtml，2020 年 12 月 2 日。

涨，使用机械带来的生产成本不断升高是影响晋城市农业产业发展方式转变的关键要素之一。

随着城乡经济的快速发展，生产劳动却仍是一种重体力活，青壮年劳动力在农地里做一天农活与在城市的工厂里工作一天的工资差异很大，政策有力地吸引了广大农村青年进城工作，城市化加快了农民进城的脚步，以致进城务工人员逐年递增，消除了城乡之间的壁垒，人口互相流动，农村居民越来越少，部分村已是空心村①。加上农户科技意识淡薄，农民种粮积极性不高，土地保护意识强烈，不愿意接受新技术，理论功底不高，农业技术不能真正运用到现实生产实践中，农业规模集约化生产受到限制。

（三）资源型农村农业科技创新体系构建的可行性

资源型农村转型发展离不开科学技术的支持，农业科技创新体系构建是实现新的农业技术革命的有效途径，有利于促进资源型农村农业经济发展。推动地区资源型农村转型发展依靠内生动力，用系统思想扶持助推，取决于地区资源禀赋条件差异、一二三产业融合发展进展状况、新型职业农民、乡村治理、农村公共服务等。随着晋城市农业经济的平稳发展，晋城市农业自然条件及经济社会环境要素逐步得到改善，晋城市的农业产业化的发展已成为趋势，这为晋城市探索资源型农村农业科技创新体系构建创造了有利条件。尤其在食用菌产业、乡村旅游业、畜牧业、蚕桑等方面取得了丰硕的成果，为煤炭企业综合服务升级带来契机，很多煤炭产业转型发展农业产业，为资源型转型期如何构建晋城市农业科技创新体系提供了可能性。

1. 农村基础设施不断完善

加大基础设施建设力度，农村基础设施不断完善。实施乡村振兴战略发展乡村科技产业，美丽乡村建设是重要载体，以统筹城乡发展为抓手，城乡之间相互协作，通过一系列惠民工程，道路平整、路面整洁，农村面貌焕然一新，农村人居环境得到明显改善，农村基础设

---

① 赵双乐：《增强农村经济发展内生动力研究——以山西省晋城市为例》，《晋城职业技术学院学报》2020年第1期。

施建设效果明显。进一步优化农村路网结构,"县道省补、乡道市补",努力筹措资金,及时下拨养护资金,监督农村公路养护管理工作,提高农村公路等级,实施农村公路等级提升改造,确保农村公路安全畅通[1]。

构建便捷高效的物流配送体系,完善农村商品流通基础设施。全市初步形成了布局合理的专业物流集散中心,做好以市场为基础的物流服务体系,做强做大专业物流,有效满足了"三农"需求[2]。2016年,晋城市水利系统助推民生水利事业迈上新台阶。农村节水灌溉稳步推进,全市共完成实灌面积72.43万亩;防汛抗旱工作取得新胜利,完成抗旱应急水源规划泽州、阳城、陵川三个县共20个项目的建设任务,在抗旱保人畜饮水安全中发挥了重要作用[3]。

实施高标准农田建设项目,有效改善农田基础设施条件。全市新增高效节水增效工程,有效灌溉面积1.01万亩,实现增产增效,年节约水量54.72万立方米,灌溉水利用率提高27.7%,道路通达率达95%,项目区年直接受益农户30847户、90964人[4]。农村基础设施的改善,是实施乡村振兴的一个重要战略,得益于大力推进农业科技创新活动,形成重要资源要素的集聚,有力推动了晋城市农村经济的转型发展。

2. 特色农业产业为科技创新体系建设注入新活力

探索农业产业化发展新路径,开发地方特色农作物种质资源经济价值。晋城市具有发展特色农业的自然基础,畜牧、食用菌、蚕桑、小杂粮、中药材和乡村旅游具有比较优势。晋城市利用自然基础优势,保护和利用自然山水,发展比较优势的特色农业,促进农业特色产业合

---

[1] 《山西:济源高速公路年内有望开工》,中国公路网,http://www.chinahighway.com/news/2013/744031.php,2013年5月2日。
[2] 《晋城市推进"四好农村路"建设调研报告》,晋城在线,http://www.jconline.cn/Contents/Channel_4430/2016/1219/1341897/content_1341897.htm,2016年12月19日。
[3] 《促发展重管理晋城民生水利迈上新台阶》,中国水利网,http://www.chinawater.com.cn/newscenter/df/sx/201701/t20170120_475554.html,2017年1月20日。
[4] 赵江:《晋城市现代农业发展现状及问题建议》,晋城在线,https://www.jcgov.gov.cn/dwgk/jcjjml/gzyj/202012/t20201202_1301161.shtml,2020年12月2日。

理布局，推进晋城市特色农业跨越式发展①。累计投入财政资金1930万元支持杂粮、水果等特色产业，完成蚕桑、水果、蔬菜等特色产业提质增效3.11万亩，休闲观光、乡村旅游等新产业新业态蓬勃发展，全年农村休闲观光旅游收入完成3.1亿元②。晋城市独特的温湿性气候，非常有利于果树的种植，由政府推动发展相关涉农加工企业，依托区位和资源优势，形成以经济作物农产品为主的干鲜果产业。

涉农企业利用自身与市场联系紧密的优势，坚持农业科技创新，大批涉农企业的建立为晋城市农业的发展提供了可能。重视小杂粮的生产与加工，加工企业发展成为集良种繁育、基地种植、科研开发于一体，坚持自主创新，注重积极引进新技术，以晋城市涉农企业为主体的自主创新的道路、科技创新体系构建树立了良好的典范。立足资源优势，把中药材产业开发作为调整农业产业结构、促进农民增收的重点。在规划引导、基地建设、龙头建设、社会服务上下大力气，促进中药材规模化、产业化发展，提升中药材产业合作化水平③。中草药加工业是晋城市特色农业的主要发展方向，坚持科技引导企业发展的理念，在有悠久种植历史且适合药材种植的陵川、泽州、阳城、沁水等地开发引进中草药种植技术，建设有山西摩根制药、太行中药材、陵川同仁堂等优秀中药材企业。积极推动地方特色农业产业化发展，为晋城市资源型农村科技创新体系构建注入了新鲜的活力。

3. 县域经济为农业经济转型提供新方向

坚持以县域经济支撑转型，为晋城市经济转型提供了新方向。晋城市的农业设施发展势头良好，特别是沁水县政府投入大量资金发展温室大棚，全面提高农业综合生产能力。组建日光温室、春秋大棚以及智能育苗大棚，完善大棚的基础配套设施建设，初步形成一个具有

---

① 张晋晋：《晋城市特色农业竞逐中原经济区研究》，《现代经济信息》2015年第18期。
② 赵江：《晋城市现代农业发展现状及问题建议》，晋城在线，https://www.jcgov.gov.cn/dwgk/jcjjml/gzyj/202012/t20201202_1301161.shtml，2020年12月2日。
③ 《发展一村一品推动现代农业》，晋城在线，http://www.jcgov.gov.cn/dtxx/jcdt/201308/t20130801_86314.shtml，2013年8月1日。

现代化设施的蔬菜生产园区①。蚕桑产业发展迅速，阳城重点发展蚕桑产业，立足阳城养蚕业的优势，为促进农民增收，把发展蚕桑业作为主导产业来抓，形成了一批蚕丝加工龙头企业，蚕桑新技术得到了推广。

引进和推广新技术、新设备，为规模化经营提供了技术支撑，为晋城市农业科技创新提供了典范，推进晋城循环农业建设不断迈上新台阶。增加资金投入，实施蚕桑基地建设项目。蚕桑资源综合利用进一步提升，促进蚕桑产业可持续发展，较为成功的经济模式得到推广。县域经济支撑转型发展为晋城市农业产业化提供了方向，为晋城市农业科技创新体系的构建提供了可能。

二 资源型农村农业科技创新转型发展的行为准则

高质量发展迫切需要加快农业科技创新，必须把原始创新能力提升摆在更加突出的位置。农业科技自主创新体系建设是资源型农村转型发展的一个重要主题，充分发挥资源型农村转型发展的优势，提升农业科技自主创新能力。高质量发展是现代生态农业现代化的必然要求，也是解决资源型农村发展的重要途径，关于高质量发展的现代生态农业实践和认识还刚刚起步，迫切需要弄清楚高质量发展的现代生态农业科技创新体系行为准则，即以一定的价值判断准则为基础，提出相应的价值认知和达到这些认知理念的构建策略。

（一）重塑农业科技创新体系价值认知理念

重构晋城市资源型农村转型发展的农业科技创新体系，实现农业科技自主创新能力大幅度提升，加强科技创新要素与晋城市资源型农村转型发展深度融合。以绿色理念回归地域生态，资源高效系统利用。农业科技创新体系价值认知理念是资源型农村转型发展的心理基础，它直接决定着各农业科技创新主体对待农业科技的态度。农业科技创新主体作为资源型农村转型发展的直接参与者，其认知理念和现实需求必然会对资源型农村转型发展的农业科技创新体系构建策略产生影响。

---

① 《晋城市：对设施农业机械化发展的调查报告》，山西省农机局，http://www.sx-nj.org.cn/siteproscenium/Content.aspx? Articleid=19409，2014年5月16日。

1. 树立人与自然和谐共生的生态观念

重塑晋城市农业科技创新体系价值认知需遵循高质量发展的价值观，借鉴中国古代农业哲学的生态伦理思想。在我国大力推进乡村振兴战略和构建农业科技创新体系的双重背景下，重塑晋城市资源型转型发展的农业科技创新体系价值认知，必须重新审视人与自然之间的关系，借鉴中国传统文化中蕴含的独特生态伦理思想资源。我国古代生态伦理作为一种思想资源，其万物一体、顺应自然的理念具有很强的现实价值。结合当前中国生态文明建设的实际，对中国古代生态伦理思想进行创造性转化和创新性发展，使其焕发出新的生机和活力[①]。我国古代传统农业精耕细作呈现出明显的生态化价值取向，主张人与自然的和谐相处，蕴含着丰富的技术创新生态化思想，形成了农业生产实践高质量发展的价值观，保持经济持续健康发展。

新时代晋城市崇尚创新的社会价值观，资源型农村转型发展须用新理念指引，建立高质量发展的价值观基础，打造协同高效的创新体系。既需促进晋城市农业经济的发展，把创新作为引领"三农"发展的第一动力；又需注重农业生态的保护，革新传统思维，促进农业可持续发展。晋城市过去以煤为核心的资源型产业几乎是"只手遮天"，短期内经济取得了一定增长却忽略农业生态价值，农业生态环境遭到破坏，造成耕地面积减少，地下水资源流失。立足于晋城市资源型农村转型发展的生产实践，发挥优势产业，发展特色农业，树立人与自然和谐共生的生态观念。

2. 发展现代生态农业，实现对传统农业的理性回归

重塑晋城市农业科技创新体系价值认知需遵循传统农业的朴素循环经济思想进行技术范式的创新，发展现代生态农业，实现对传统农业的理性回归。中国传统农业与现代生态农业有一致性的生产模式与生产理念，但现代生态农业不是对传统农耕方式的简单回归和复制，最大的区别在于生态系统物质循环方式和能量传递方式不同。现代农

---

① 任俊华:《中国古代的生态伦理思想》，《学习时报》2018年10月5日第7版。

业是在现代先进的科学基础上，对传统农业的一种新的升华①。发展现代生态农业要吸取传统生态农业精华，融入创新思维和科技要素。现代农业生态经济与循环是传统农业生态理念的延伸和生产模式的变革，发展现代农业循环经济是对中国传统农业的"理性回归"②。新时代晋城市资源型农村转型发展的农业科技创新体系重塑不能缺少农业现代化建设，发展现代农业实现技术范式创新的生态学价值转向是农业由弱质走向强质的关键点。

晋城市随着资源的大量开采，近年来出现了水土流失使土层变薄、土地资源浪费严重、农田污染影响作物生长、土壤结构恶化地力退化等制约现代农业因素，农业综合生产能力却依然相当薄弱，农业和农村可持续发展能力脆弱。在农业文明高度发达的今天，现代生态农业意味着对人与自然关系的重新审视，重塑晋城市农业科技创新体系价值认知是对传统农业的传承和创新。坚持人与自然和谐发展，把握现代生态农业建设中的现代性与传统性的交融，在现代农业科技创新中实现对传统农业的理性回归。

3. 提升科技创新能力实现农业关键核心技术自主可控

重塑晋城市农业科技创新体系价值认知需遵循拉卡托斯"硬核—保护带"，突破资源型农村转型发展的农业科技创新技术硬核。党的十九届五中全会强调，把自主创新作为科技发展主导战略，把坚持创新摆在各项任务的首位。坚持创新发展理念，科技自立自强居于国家发展战略的支撑地位，为做好农业科技工作提供了根本遵循③。依据理论知识和实际情况，剖析并阐明农业科技创新体系"硬核"的内在机理，重点在于突破农业生产关键科技问题，实施重大科技专项为抓手，提升农业科技自主创新能力，加速农业信息化和机械化，为资源

---

① 王太文：《中国传统农业与有机农业关系之哲学辨析》，硕士学位论文，南京农业大学，2015 年。
② 冀宏、赵黎明：《浅论对传统农业的"理性"回归与技术范式创新》，《西北农林科技大学学报》（社会科学版）2008 年第 4 期。
③ 李丽颖：《加快实现农业科技自立自强为农业农村现代化提供硬核支撑》，《农民日报》2021 年 1 月 11 日第 1 版。

型农村转型发展走上现代农业科技产业之路提供科技支撑。

重塑晋城市农业科技创新体系需创新主体相互联系，完成创新活动并实现创新成果的转化。适应不同的创新环境，通力合作，加强高新技术研究。主体硬核不断提升创新主体自主创新能力，实现发展方式转型，实现关键核心技术自主可控，引领晋城市资源型农村现代科技产业转型发展。不断优化农业科技的创新政策、创新环境，强化农业关键技术攻关及科技服务，强化种植养殖技术和加工技术集成。

（二）探究农业科技创新体系构建策略

探究资源型转型期晋城市现代农业科技产业创新主体发展，一定要认真考虑人才短缺的现状，资源过度开采造成环境恶化，农业生产者素质较低，对新技术的吸纳能力不强等刚性制约，从认知、制度、技术及传播等方面，通过深化科技体制改革和资源整合增强创新动力，实现区域内各农业生产要素合理流动和优化配置，促进农业科技创新主体间的交流和互动，发展符合晋城市资源型农村转型发展的实践模式。

1. 探究农业科学技术认知维

探究资源型转型期晋城市农业科技创新体系构建的认知基础，谋划以生态价值观为转型发展理念的构建策略。找准科技创新目标和主攻方向，实现资源型农村转型发展。农业科学技术是农业生产的一把"双刃剑"，科学技术推动了农业的发展，同时会给现代生态农业带来环境污染、生态破坏、食品安全等不容忽视的负面影响。晋城市在构建转型期农业科技创新体系时一定会受到各种社会条件的制约，价值观认知基础对推动农业科技进步起着巨大的作用。发展农业高新技术，揭示农业科技创新的本质运动规律，实现人与自然的和谐相处。科学技术发展异化对生态农业有许多负面影响，但现实社会的发展需要科技进步的促进，决定了科技参与的力度，客观上科学技术的应用可以对优化生态环境产生积极作用，在一定程度上对发展产生积极影响，提升科学技术认知才是解决现代生态农业的有效途径。

现代生态农业是一种可持续发展的农业模式，是经济效益与农业生态环境的统一体，对资源型农村转型发展意义重大。充分利用现代科技和现代管理理念是现代生态农业最显著特点之一，需要对已经成熟的现代生态农业的共性技术、关键技术、核心技术、管理制度、管理方法等进行筛选提炼，将其应用和推广到农业体系①。在晋城市资源型农村转型发展的农业生产实践中，遵照经济学与生态学的发展秩序，农业科技创新体系构建策略应坚持从源头避免农业生态环境的破坏。从思想观念上重塑生态价值观，提升现代生态农业科技与管理生态认知水平，走农业可持续发展的道路。

2. 走农业科技进步内涵式发展道路

探究资源型转型期晋城市农业科技创新体系构建策略，实现资源型农村转型发展比以往任何时候都更需要重视和依靠农业科技进步，走内涵式发展道路。在创新方向上，加快实施创新驱动发展战略，从注重数量为主，向注重品质和质量安全转变；加快从注重粮食生产为主，向大农业转变，推进粮食生产功能区规划，加强重要农产品生产保护区建设；加快从注重农业种养为主，盘活农户资源要素，向资源环境、种养结构等全过程全要素转变，用现代要素改造农业②。坚持问题导向深化资源型农村转型发展，解决瓶颈制约始终是资源型农村转型发展的主攻方向。

晋城市资源型转型期处在关键时期，农业科技创新体系构建的技术手段就是要从实现三个转变入手，探究以转变农业科技创新方向为转型发展理念的构建策略，集中解决现代农业发展面临的一批瓶颈制约重大问题。晋城市在资源型农村转型发展中还面临许多现实问题与不足，涉农企业缺乏从事农业生产活动的基本要素。适应于竞争激烈的环境，必须加强资源型农村转型发展的前沿领域原始创新。统筹提升土地产出率、提高劳动生产率和注重资源利用率，统筹区域城乡协调发展，大力促进绿色农业发展，发展农村特色产业，实现农林牧渔结合，促进一、二、三产业融合发展，协同促进粮食安全、质量安全和生态安全。

---

① 赵敏娟：《中国现代生态农业的理论与实践》，《学术前沿》2019年第19期。
② 《农业科技创新方向是加快"三个转变"》，http：//www.gov.cn/xinwen/2016-11/27/content_5138290.htm，2021年9月11日。

3. 建立更加有效的统一协调机制

探究资源型转型期晋城市农业科技创新体系构建的制度保障，谋划建立一种更加有效的统一协调机制的构建策略。在建设与完善农业科技创新体系的过程中，需要政府从法律、宏观科技管理、科研体系设置和科技成果推广体系等方面均拥有十分有力的制度保障①。实现资源型农村转型发展须从制度建设入手，构建农业科技创新的制度保障体系，营造一个有利于创新的宽松良好的发展环境。

创新与完善现有农业科技管理体制的主导者是政府，政府具有科技创新活动实施的决定权，是相关法律法规制定的发起者与推动者。政府组织应当加大对农业生态环境保护投入力度，加快农业高新技术开发的政策与法律制定实施进程，实现农业发展、环境保护与自主创新的同步推进②。政府需要从加强引导等方面入手，围绕资源型农村转型发展现代生态农业主题，在创新过程中，政府、公共机构、农业企业及农业生产者等多元主体要素要相互依存，共同为创新提供有效支撑。

在探究资源型转型期晋城市农业科技创新体系构建的制度保障中，科技创新、制度创新要协同发挥作用。有效解决涉农企业的政策落实问题，保障涉农企业、科研高校增强创新能力，制定有特色的优惠政策，切实保护科研机构、农户的切身利益。也要制定相关优惠政策，助力涉农企业早日成为科技创新主体，吸引专家学者关注农业科技产业化，扶持涉农科研组织，逐步形成由政府推动、科研机构主导、新型涉农企业运作的模式。

4. 建立互联网思维下的农业技术扩散体系

探究资源型转型期晋城市农业科技创新体系构建的传播载体，谋划建立互联网思维下农业技术扩散体系。技术扩散是制约资源型农村转型发展的一个重要因素，先进的农业科技能否广泛地推广使用并达

---

① 徐峰：《国外支持农业科技创新的制度保障与启示》，《世界科技研究与发展》2009年第3期。

② 陈劲、尹西明、赵闯：《乡村创新系统促进乡村振兴战略》，《经济参考》2018年4月25日第6版。

到预期的效果，关键要看技术应用主体对科技创新理念的认同与技术传播主体对科技创新信念的改变，在培育创新主体上出实招。

涉农企业是农业技术创新的主体，更是新兴的农业技术应用主体，对新技术的应用更乐意接受，是现代生产技术及农业科技成果的主要载体，是农业科技成果产业化发展的重要力量。但是农业产业化程度低、农产品加工流通产业链条短的特点使涉农企业没能把农业科技创新成果转化为实际的生产力，在传播的路径中遇到了障碍。随着互联网科技的快速发展，农业技术扩散出现传播方式多样、时空距离空前压缩、信息交互共享等新变化，传统农业技术扩散体系向交互、网络、开放式的结构转变[1]。构建互联网思维下晋城市资源型农村转型发展农业技术扩散体系，合力打造协力目标聚焦、明确任务分工、团队协同攻坚、资源聚合共享的农业科技创新平台。谋划互联网思维下晋城市资源型农村转型发展的农业科技创新体系基础信息平台，加快农业技术扩散与生产服务业融合发展，带动资源型农业产业格局重大调整和革命性突破。

三 资源型农村农业科技创新转型发展的实践方案

如何让科技创新成为资源型农村转型发展的不竭动力，须以新发展理念为指引，统筹资本、技术、信息、人才等创新要素，系统构建农业科技创新体系，协同推进农业科技创新。要做到科技创新驱动，必须激活科技创新体系。一方面，晋城市资源型农村转型发展中现有的各创新主体在农业科技研发和应用中，科研活动与资源型农村转型发展需求明显脱节，为系统构建晋城市现代农业科技创新体系提出了要求。另一方面，晋城市在农村基础设施建设、农产品加工、特色农产品开发上具有比较优势，科技创新对资源型农村农业质量效益和资源利用的推动作用明显提升，又为系统构建晋城市农业科技创新体系提供了可能。实施晋城市资源型农村转型发展资源节约型的农业科技创新体系实践方案，农业技术扩散体系中重点是农村农民和农业企业，要以"政府推动、科研院所主导、新型企业运作"的模式，实现科技创

---

[1] 郭艳军：《互联网思维下农业技术扩散体系重构》，《农业经济》2017年第3期。

新与推广的新融合机制、新利益机制和新互动机制的最佳方案。

(一) 打造以地方政府引导的现代农业产业园

中国的农业园区建设始于20世纪90年代初,现今初步显现出园区建设的中国特色。农业园区大都是综合园区,强化协同配合形成强大合力,建设田园综合体实施多功能农业。把围绕主导产业、优势区域促进农民增收的各种类型都纳入园区建设范围①。现代农业产业园是优化农业产业结构、促进三产深度融合的重要载体,晋城市资源型农村转型发展的农业科技创新体系实践方案首先就是要打造一个要以地方政府引导的现代农业产业园。

1. 构建混合型或综合型的现代农业产业园

现代农业产业园区建设是一种混合型或综合型的"非线性"的实践创新方案,需要农业产业功能多元化创新,系统思考布局,实现多元素融合发展。2020年开始,晋城市人民政府就注重打造现代农业科技示范园区,及时发布了《关于加快现代农业产业园创建的实施意见》,对现代农业产业园发展做出了新规划,加快现代农业产业园创建,统筹高标准农田建设。按照"一年布局、两年创建、三年成体系",三级联动开展"百园创建",带动全市现代农业产业发展。以市场需求为导向,破解城郊农业存在落后于现代农业发展需要的问题。破解产业链面临的困境,技术档次较低,缺链、短链、断链,区域优势不明显,生态规划无布局优势,市场开发能力弱②。

2. 多元主体协同推进的农业科技创新体系建设

在多元主体协同推进的农业科技创新体系建设中,政府应通过管理创新激活多元主体活力,利用公共政策支持农业科技创新。晋城市政府作为职能部门应主动超前地研究问题,科学规范行政行为,及时制定优惠、规范政策,促进政府职能为现代农业园的发展保驾护航。

---

① 《地方政府如何引导打造一个成功的现代农业产业园》,https://www.sohu.com/a/368649466_99906946,2020年1月23日。

② 《关于加快现代农业产业园创建的实施意见(晋市政办〔2020〕6号)》,山西省人民政府,http://www.shanxi.gov.cn/yw/zwlb/gsdt/202003/t20200310_769060.shtml,2020年3月10日。

整体布局，上下联动，分级分类创建。在晋城市资源型农村转型发展的现代农业产业园区建设中，政府要重点建好农业科技创新核心区、农业科技创新示范区和农业科技创新辐射区等创新平台。核心区的农业科学技术研发平台主要包括农业技术难题研究实验室、涉农工程实验室、农业产业研究实验室，辐射区就是农业科技成果的推广平台。平台建设要功能强大，根据不同的涉农企业、科研机构的需求情况做出农业科技创新主体建设。

充分利用高科技对农业的支撑作用，提高园区科技含量，由政府负责组织领导、统筹协调、指导推进现代农业产业园区平台建设，提升园区竞争力。完善督导机制，加强管理，引入科学的管理方法，落实财政支持政策，集中政策、项目、资金、技术，合力推进。强化园区服务功能，政府主要扮演引导、监督、督促的作用，完善基础设施建设，加强对基础设施建设的监督与管理。

（二）打造以市场主导的农企创新联盟

发挥市场主体的作用，形成多种有效的农企创新联盟的实践方案。统筹城乡、区域、人与自然和谐发展，支持和引导企业成为技术创新活动的主体。积极指导农户开展科学生产，注重培育和发展新型农业经营体系，引导涉农企业走上科技创新的主体地位。现阶段，晋城市相关涉农企业缺乏经济效益，创新主体地位不明显，科技创新能力和动力缺乏，暂时还没有足够农业科技研发能力，难以肩负农业科技创新主体的职责。尽管涉农企业的科技创新主体一时还很难准确定位，但是农业科技创新主体精准定位到涉农企业，应该是晋城市现代农业科技产业的发展方向，发挥涉农企业在现代农业科技创新中的主体地位意义重大。

市场导向通过资源配置间接地影响农业科技创新方向及农业产业发展前景，解决涉农企业创新方面存在的问题。晋城市涉农企业有其自身的优势，凭借其丰富的资金链优势，能实现与市场紧密联系。以科研创新为目的建设自己的科研场所，以科研与开发为内容打造自己的科研团队。大力发展农村经济，吸引充足的农村剩余劳动力，促进农村建设。但晋城市涉农企业有很多是从煤炭产业转型过来的，还无法具备独立创新的能力，没有农业创新经验是他们的缺陷。对于科研院所而言，由于产学研结合不紧密，发展措施很不到位，农业科技创新成果也就很难转化成实际的生产力。加盟涉农企业，发挥自己的科技创新能力，不再是为了发论文而搞科研，实用性更强。要根据晋城市涉农企业的实际情况，为涉农企业添活力，以涉农企业为中心，加大对涉农企业扶持力度。联合科研院所，促进传统产业企业创新发展。从市场需求因素的条件开始，从合作创新模式的特征出发，和科研院所进行合作。鼓励企业从科研院所引进技术，从科研机构购买科技服务，构建"涉农企业+科研院所+农户"新模式，进行农业科技创新。

山西彤康食品有限公司就是晋城市资源型农村转型的典型企业，是农业科技创新模式的典型案例。公司自己投入研发资金，尤其是开发当地山楂特色优势农产品，与山西省农科院、山西农业大学合作进行农业技术创新，初步形成了"泽州红"饮品品牌。重视实体经济发展的支持作用，依托当地丰富的山楂资源，现代化的科学管理，积极打造山楂产业基地。以创新为动力，与科研院所密切合作，以科技为先导，推动资源型农村转型向果业持续发展，向果农提供产前、产中、产后全程服务，推动企业快速发展。既充分发挥龙头企业的作用，举龙头、带基地，狠抓企业技术创新，又积极探索发展成熟的农业科技产业，兴产业、富农民。依托"公司+农户"的农业产业化运行模式，促进土地流转工作。

（三）打造以院地共建的技术推广路径

科研机构一直以来都是农业科技创新的主体，他们拥有丰富的学科基础知识，能在专业领域提出自己的见解，而且研究具有前沿性，在实践上具有重大价值。构建晋城市农业科技创新体系，积极引进大院名校共建科技创新载体。晋城市政府围绕各区域产业发展需求，山西省农研院所与晋城市政府双方深入开展紧密合作，探索出市院联合共建专家大院的新模式、探索建立起多层次孵化平台，成功合作打造了"专家大院"的典范模式。通过组织专家团队进行现场指导，实地考察调研晋城市经济社会发展情况，开展一系列的切实可行的发展措施。加大科技支撑力度，推进技术研发和工程示范。

形成农村科技服务的长效机制，加强农业科技咨询与交流，加强农业科技服务，积极发展现代农业。晋城市的"专家大院"要做好涉农企业、养殖大户、种植大户的科技服务工作，为农业应用主体解决农业技术难题。建设咨询服务专家队伍，引导科技人员深入农村一线，农业科技专家经常组织涉农企业、农业合作社、专业农业大户学习农业耕作、田间管理、病虫害防治、收储加工等技术，大力加强农业科技信息普及程度。专家农技工作者在田间地头亲自进行指导，充分了解农户需求、生产状况、运用科技情况，及时解决农业科学技术在转化过程中出现的问题，研发真正需要的农业科学技术，促进农业生产。

从晋城市农业科技创新活动的各大主体出发，促进创新资源向企业集聚。发挥各创新主体的优势，创造更好的条件、营造更优的氛围。构建"农业科技园区""合作联盟""专家大院""农业高校+涉农企业+农户"等农业科技创新模式，加快构建以激发企业创新活力与内生动力为核心的新型农业科技创新体系，突破资源环境约束，也为资源型转型期晋城市农业科技创新体系的构建奠定基础。

第三节　资源型农村转型发展的农业科技创新主体定位

农业科技创新体系是一个复杂的、动态的良性循环系统。晋城市农业科技创新体系建设要重点解决晋城市现代农业科技创新主体准确定位的问题。在深入分析晋城市农业科技创新体系的不足中，需要重点解决晋城市推动这些资源型农村高质量转型，明确体系构建及主体定位。考察、调研、分析晋城农业的发展现状，对晋城市的农业现状及农业创新进行实地调查，并进行深入分析与研判。具体分析现代农业科技创新的主体要素，新的创新主体有什么理论支持。需进一步在实践上得到重视和突出，随着国际、国内、省内、市内农业创新环境的改变与发展，涉农企业逐渐培养创新意识，最终打造为晋城市农业科技创新的主体。要在系统分析晋城市农业科技创新主体现状和制约因素的基础上，结合晋城市农业农村经济和农业科技发展的实际，认识到构建晋城市农业科技创新主体定位的客观必要性，将农业科技创新主体落根于涉农企业，发挥企业创新主体作用。

一 资源型农村转型发展的农业科技创新主体现状

科技创新体系中各要素所起的作用与所处的地位各不相同，不同阶段必有一个主体要素主导控制着系统的演化发展。科技创新是市场经济活动中的过程集合体，而企业又是市场经济行为中最活跃的因子。企业作为科技创新的主体，能够真实反映社会需求，是能真正做到以市场为导向的行为主体。

（一）农业科技创新的多元主体构成

高校是农业科技创新体系中一个重要的创新主体，拥有大量研究人员和大型的研究实验室。利用人才和学科优势开展学科导向的农业科技创新，通过项目与平台载体面向涉农主体开展成果转化、职业农民培训[①]。高校从事基础农业研究的人难以专注搞科研，论文、著作是高校老师科研成果的主要表现形式，单纯以科研成果作为创新的评价方式，难以转化为可以产生实际经济价值的产品，农业科技创新行为体很少是从产品和服务中获得利益；大多高校的创新活动基于纯理论的研究而没有实际的成果落地。

科研机构在农业科技创新体系中既与其他创新主体有密切联系，又有其自身显著的特性。科研机构具备农业科技创新主体的先天优势条件，很长时间内科研机构主体在科技创新体系中具有其他主体无可替代的地位。实施需求导向和问题导向的科技创新布局，积极争取政府专项支持和重点项目建设，汇聚优质物化技术和科技成果信息，促进创新成果转化运用[②]。在政府的主导下进行农业科技创新的工作人

---

① 周明月、黄俊：《以科教单位为主体的农业科技创新模式研究》，《农业科技管理》2015年第5期。

② 周明月、黄俊：《以科教单位为主体的农业科技创新模式研究》，《农业科技管理》2015年第5期。

员充足，现有科研管理体制不利于科研机构的农业科技创新，科研农业科研机构大多还是按照政府下达的计划任务从事科技创新活动，制订的任务计划往往来自通过非及时的反馈信息，有时甚至还会受到人事变动和政策调整的影响。

构建多元科技协同创新体系，企业有其自身的优势。企业以社会需求为首要原则开展创新活动，紧跟市场发展需求与发展趋势，能够把社会需求信息及时反馈给研发部门，强调新颖性科技创新与应用。追求利益最大化是企业经营的本质，企业生产的产品必须贴近市场且服务于市场，科技创新成果转化为商品惠及更多人。企业创新主体是一个开放性的系统，是创新主体也是经营主体，培养自身的创新能力，还需要创造与其他主体协同的条件。集成政产学研用的有机力量，不断从高校、科研机构中把所需的技术、科研人员引入企业创新。

（二）涉农企业农业科技创新主体优势

企业做发展生产力的主力军，企业通过科技创新完全有可能顺应人民群众消费需求的变化。企业并非一开始就是技术创新的主力，这是一个循序渐进的过程，更受到当时社会环境的影响。相对于科研院所、高校院校等科研机构来说，企业走在促进经济发展的最前端，获取信息占据优势，掌握信息领域的主动权，能寻找新技术革命的突破点，能激发科技创新的社会潜能从而推动创新。企业成为技术创新研发主力，制造出符合市场需求的有技术创新的产品，是经济发展阶段性特征的必然反映，是动态演化发展的过程。

在农业科技创新过程中，只有涉农企业才能更好地发挥创新主体的地位。涉农企业要想在市场竞争中占据有利地位，致力于实现长期、稳定的经济发展，科技引领，深度开发，创造需求，引领消费，才能在市场经济中获取先机而不被市场抛弃。农业企业投入资金和企业的生存与发展联系紧密，农业企业既有大量研发资金的投入能力，也有承担科技创新风险的勇气。农业科技创新投入相对较高，特别是大量研发人才的培养和引进，需要耗费很多研发资金和实验物资条件，农业企业在科技创新的内在运行动力中更能发挥主体性作用。农业企业是科技创新的最终获益方，直接面对市场需求，掌握了大量一手市场需求信息，农业企业开展科技创新工作的效率也会相对较高。

（三）涉农企业应是农业科技创新主体

政府主导研发和农业科技推广，农户和农业科研工作者缺乏沟通，导致难以实现农业科技成果的共享。农业技术输入途径不通，农业科技成果产业化渠道不畅，动力不强以及服务意识差，很大一部分农业科技成果存在难以转化或转化推广应用低。农业创新成果转化和科研创新彼此不衔接，科技成果入户到田的最后一公里难以通达。这些既是普遍性，也存在特殊性，晋城市的农业科技创新机制也存在与全国同样的问题与缺陷。

构建新型农业科技创新体系，必须造就一大批有引领性的创新型涉农科技企业。构建资源型转型发展的晋城市农业科技创新体系，政府的支持和引导不可或缺。政府要加快构建区域创新体系，培育新型的农业科技创新企业主体。综合配置政府、高校、社会科技资源，形成充满活力的科技管理和运行机制。

涉农科技创新主体不断增加，为农村转型发展注入强劲动力。明确农业科技创新主体在科技兴农中的任务和职责，可以更好地强化农业科技创新功能，促进农业发展，促进科技与产业深度融合。加大培育农业科技企业，突出农业企业的主体地位，涉农企业逐渐成为市场竞争的主体和技术创新的主体势在必行。充分激发企业技术创新主体作用，涉农企业不但可以成为应用型农业创新主体，还可以成为农业科技传播、引导产业发展的一个重要示范点和推广服务点。

二　资源型农村转型发展的农业科技创新主体案例分析

涉农企业定位科技创新主体才是农业科技发展方向。晋城市资源型转型发展中，典型的涉农企业已成为科技研发投入的主要来源和经费执行部门，涉农企业在经费支出、专利申请等方面的优势较为明显。晋城市涉农企业创新的体制机制还存在不尽如人意的地方，目前制约障碍仍然存在，农业技术创新主体尚具多元化特征，农业企业弱势地位较为明显。尽管转型发展的涉农企业还难以成为创新主力军，但晋城市依然涌现出一些市场导向明确、成果转化率较高以及市场运作效率高效的农业科技创新主体，例如，夏普赛尔公司、彤康公司两家典型涉农企业已逐渐发展成为资源型农村转型的科技创新主体。

（一）涉农企业科技创新的主体性定位转变

农业的发展特殊性必然会受到区域自然环境的制约，晋城市处在先天的丘陵山区地带，受地理条件制约因素很多。耕地质量下降日益严重，可耕的农地面积持续减少，农地资源的地力下降。严苛的生产条件使晋城市传统的农业生产方式难以为继，必须依靠科技进步，发展品质优良、品位高端、增收高产、营养高效的现代农业，促进农业转型。在如此背景下，大多农业企业理念落后、企业规模小以及农业科研投入严重不足、人才缺乏等原因，创新能力和市场竞争力均不够强，现阶段由农业企业承担科技创新的任务尚缺乏条件和能力。

针对晋城市大部分涉农企业创新能力暴露出的诸多问题，需要找出能够应对现代农业科技创新的措施，考察晋城市涉农企业存在的问题，对有可能存在的制约因素、体制机制障碍进行全面细致的分析。晋城市涉农企业的农业创新技术大多停留在常规技术、产量技术以及生产技术，不符合农业科技创新主体的基本结构，难以推动整个农业科技创新体系协调运作提高创新能力。需要对现行的政策体系进行创造性改革，突出农业企业的主体地位，才能在未来走出一条可持续发展的道路。与现代市场经济理念相比，农业产业化经营机制还不够健全，如何提升涉农企业的创新能力已经成为晋城市资源型农村转型发展迫在眉睫的问题。

（二）典型涉农企业科技创新主体异军突起

夏普赛尔公司成立以来，公司准确定位发展基点，创新行为和创新行动转变为以科技创新主体为核心，在晋城市涉农企业的科技创新体系建设中，公司成为晋城市科技创新主体的典型代表。夏普赛尔是国家级标准化体系管理试点企业，制定的行业技术标准、管理标准、工作标准已达548项之多，全面制定并实施标准化的工作制度和工作流程。公司拥有一支年轻化、高素质的技术人才队伍，区位竞争新优势越发明显。

1. 开创了农业产业化之路

夏普赛尔食品饮料有限公司带领当地农民开创了农业产业化之

路，业务覆盖果品种植、科技研发、产品生产与销售。夏普赛尔饮料公司成立的主要目的就是源于当地内部农业发展的需要和企业自身发展的需求，解决当地滞销严重的特产黄梨，为当地黄梨种植户找一条出路，解决村民的生存问题。"举龙头，带基地，兴产业，富农民"，公司在全过程、全路径的发展历程中都坚持遵照这一企业宗旨。

夏普赛尔食品饮料有限公司作为晋城市农企的领军人物，企业的自主创新事关自身的生存和发展。公司在产前、产中、产后向果农提供全程服务与指导，实行了"一保五统一"的原则，保底价收购合同，统一指导管理、统一提供农药、统一提供包装、统一提供运输、统一集中收购的策略，使果农得到了真正的实惠。

2. 引进新技术开发新产品

夏普赛尔公司通过不断引进新技术，产品更新能力越来越强。品质是发展的基石，是决定企业能否长期发展的基石。夏普赛尔进行黄梨汁新品研发，花重金购入全自动生产流水线，打造国际高标准的生产车间，花大力气建造国家最新标准洁净厂房，引进世界一流的UHT超高温瞬时灭菌技术和无菌灌装工艺，对产品品质进行了改善和提升。以其优越的品质，享誉中国市场。夏普赛尔公司与山西农业大学合作，研制开发钙果汁饮料，产品优良、营养配比合理，取得持续竞争优势。以其优越的品质，享誉中国市场。

山西彤康食品有限公司的创建，完全体现了"创建新农村、以煤哺农、一矿一企"的思想。既是山西省成功实现资源"转型发展"战略的典型企业，更是山西农业企业作为科技创新主体的区域典型代表。在基层的实践中，泽州县王坡煤矿依托资源而兴，2007年积极优化经济结构，未雨绸缪向农业产业化项目转型，在转型路上的持续努力，组建山西彤康食品公司，积极推进资源市场化配置，孜孜不倦地走绿色发展之路，以绿色发展理念引领，历时9年显现生态效益、社会效益、经济效益[①]。企业主要生产制造有机食品，有机生产基地远

---

① 李志军：《彤康的三大效益——一个煤炭企业绿色发展精准扶贫的成功实践》，《山西日报》2016年8月23日第8版。

离工矿区和工业污染源,注重食品的生态健康,种植过程少用甚至不使用非天然的肥料,致力于造福社会、造福农民。

3. 追求生态农业可持续发展

彤康公司根据企业发展的需求,追求可持续发展,作为龙头企业具备了应有的影响力和号召力,起到了很好的示范、引导作用,构筑起企业带动、生态优先、产业扶贫的绿色发展之路。生态立企,绿色发展。公司先后出资将矿区闲置土地复垦为耕地,开展资源开发利用专项。目前,公司种植基地景色宜人,肥沃土地已达5000亩。加快有机产业的发展,其中经国家有机认证的3000亩,保证有机产品生产和加工的质量。彤康公司先后获得了泽州红山楂农产品地理标志认证、通过了国家有机产品认证、国家农业标准化示范园区验收[1]。提高农业竞争力、促进农民增收。山楂种植与加工基地是"国家农业标准化示范区",推进农业供给侧结构性改革[2]。

彤康食品公司发展有机生态农业,把建设有机种植基地作为企业加工的关键点。利用泽州独特的天然资源,实现可持续发展的有效途径。信息化应用统一管理,以农产品加工运销为龙头。农户农业生产实际多样,点多、面广、分散,选择"公司+基地+合作社+农户"的合作方式,成立投资控股专业合作社。农户加入合作社首先要培训,村民们能够学到山楂树的科学管理技术,掌握田间使用有机肥合适的气候时间,弄懂病虫害的防治新技术,转变农民观念,促进传统农民转向现代新型农民。

4. 谋划新思路找准新定位

彤康公司在探索企业发展模式中,找准定位,努力注重实践,坚持不懈地走进基层、密切联系农民,管理中强化合作经济属性。合作社遵循村民自愿原则,根据山楂树的培育工作需要顺应节气的生长规

---

[1] 崔振海、暴丽鹏、刘国亮、辛树涛:《山西彤康食品有限公司:将企业发展与产业扶贫完美结合》,山西新闻网,http://www.sxrb.com/sxjjrb/wuban_0/6181531.shtml,2016年6月2日。

[2] 李志军:《彤康的三大效益——一个煤炭企业绿色发展精准扶贫的成功实践》,《山西日报》2016年8月23日第8版。

律。合作社专业严谨，确保了品质、打响了品牌，为农民规避了市场风险，确保农民利益不受损。

公司建立合作章程，企业、基地、合作社和农户拧成一股绳，用多种经营形式来组织生产，避免了市场风险，提高了农民收入，消除了农户顾虑。既带动了当地农户的积极性，又保障了公司高品质的绿色原料来源，公司与农户都得到了实惠，尤为明显的是出现公司、农户、合作社良好的"三赢"局面，山西彤康食品有限公司确保公司利益、农户利益的满足与实现，通过自身的努力，公司实力不断发展壮大，造福当地农民，企业持续盈利发展，走出了一条增强企业竞争力和农民增收的可持续发展之路。

（三）典型涉农企业凸显科技创新主体优势

结合夏普赛尔公司、彤康公司两家典型涉农企业，主体地位顺应了农业科技未来发展趋势。涉农企业必须明确自身的市场导向理念，科技成果是否具备易转化的原则，在发展中注重创新过程的运作高效形式，在研发产品中对科技资源使用的开放观念。

科技创新是企业保持活力的关键因素，夏普赛尔不断强化自主创新中的主体地位，为定位技术创新主体奠定坚实的基础。企业邀请相关科研机构开展合作，与山西大学、省食品工业研究所、上海应用技术学院等院校开展企业、高校、科研院所的深度合作，还成立了专家委员会，使中心的投资决策更好地符合企业的现代化发展方向，强调校、企、科研机构的整体性和系统性，研究开发方向走上正确的轨道，重大技术问题能及时得到攻关，使企业的竞争优势不断凸显。由于红酒产业竞争力的需要，山西彤康食品有限公司在发展的同时，激发了企业自身内部的科技创新需求，在市场中占据一席之地。红酒行业经过了一个很曲折的发展过程，多年来一直处在初期模仿的阶段，被国外企业独占市场资源，收益率非常低。由于品质较低，消费者需求多样性得不到满足，很难在竞争激烈的市场中获得消费者认可。山西彤康食品历经迭代创新，公司在这样的环境下发展，培育科技人才，挖掘引进重点人才。通过技术攻关，以有机山楂为原料，研发出顶级的山楂红酒，取得自主知识产权，拥有一整套完整的红酒生产工艺。2013年7月,"一种富含黄酮山楂酒的生产方法"实现了将山楂果中的黄酮进行最大限度提取。彤康公司凭借其独特生产工艺,取得显著成效,作为生产山楂干红酒的生产企业,山西彤康食品成为我国唯一一家,同时又是全球唯一一家可以生产山楂白兰地的公司,使该公司占领了山楂深加工行业的一个新的制高点。

涉农企业重视对生产实践和市场需求的深入调查和分析研究,依据资源特点研究开发,从而确保了创新成果的转化性。为了保持自身的有序结构,需要与市场进行资源互动。涉农企业通过优化科技资源配置,使企业科技创新更加活跃、更加高效。涉农企业综合生产能力针对性强,科技创新更具运作高效性。

三 资源型农村转型发展的农业科技创新主体定位路径

科技创新体系是一个多元化合作的系统工程,需协同互动各类创新主体,进行资源高效配置。创新主体是农业科技创新活动的基础,农业科技创新的主体是农业新科技的采用者,即农业生产者、农村专业合作组织、涉农企业、部分科研院所和大学,农业科技创新主体多元化或协同发展推进了农业农村经济持续稳定发展。在现代农业生产实践中,涉农企业既是现代农业科技成果的应用主体,且已成为农业科技创新活动的重要参与主体。为提升资源型农村转型发展的农业科技创新合力,应加快培育资源型农村转型发展中的涉农科技企业,突出资源型农村转型发展中涉农企业的主体地位,鼓励资源型农村转型发展中的涉农企业加入科技创新大军,成为资源型农村转型发展中农业科技创新活动的重要主体,构建政府引导、组织培育、企业主导的农业科技创新主体实践路径。

(一)加强政府对涉农企业主体定位的政策引导

培育涉农企业技术创新主体已成为资源型农村转型发展的共识和重点任务,政府能够通过政策手段调控各种资源开展涉农企业创新主体行为引导。加强政府对涉农企业主体定位的政策引导,各级政府势在必行。

1. 发挥政府机构的政策引导作用

资源型农村转型发展更应注重发挥关键要素,关系到主体效能的发挥。晋城市政府应把握正确的方向，坚持从实际出发，加快构建政策体系。充分发挥政府机构的政策引导作用，不断创设扶持政策措施，鼓励各地积极探索农业科技创新主体定位模式。不断创新晋城市资源型农村转型发展的农业科技创新主体实践路径，确保政策措施落到实处。

在资源型农村转型发展中，农业科技创新主体定位尤其重要。在保障企业作为创新主体的实践中，政府的引导力具有相对优势。政府可以通过采购的方式，收购企业优秀的创新产品，其他创新主体始终与企业形成有机的互动。涉农企业提升自主创新能力需要政府的支持，有效推动农业企业的发展壮大。加强政府对农业科技创新企业的支持，鼓励涉农企业在农业产业化创新体系中不断延伸发挥自身的主体作用。

2. 政府宏观的政策投入

政府宏观的政策投入，是晋城市资源型农村转型发展中农业科技创新主体准确定位的环境支持。政府能提供良好的资源型农村转型发展中农业科技创新的基础条件，同时也方便加强各农业科技创新主体之间的协调联系，促进农业科技创新。

当前，晋城市正处在实施乡村振兴战略关键时期，资源型农村转型发展中农业科技创新主体需要政府的正确引导，晋城市是典型的煤炭资源型城市，煤炭产业大力发展造成农业生态环境破坏，农业的普遍效益较低，农业天生具有弱质性。农村的经济结构普遍具有资源的高度依赖性和经济结构的单一性等特征，农业科技创新主体定位，确实需要领导者来进行激励和诱导。农业科技创新体系建设，涉农企业发挥核心主体作用，良好的政策环境是重要保障。科技创新主体准确定位，政府首要角色就是引导涉农企业注重科技创新活动。

3. 形成良好的法规制度机制

晋城市资源型农村转型发展中创新主体准确定位离不开政府的调控和引导，政府要加大力度为涉农企业主体准确定位创造良好的外部环境。一方面，政府要明确自己应该扮演的角色，政府通过发挥自主创新能力为涉农企业营造一个自主创新的空间，以良好的政策来鼓励提升自身的创新水平，培育涉农企业的创新主体地位。另一方面，政府要实现对资源型农村转型发展创新主体准确定位的调控和引导，仅凭行政命令和直接干预的方式是行不通的，必须通过完善调控的手段和行政法规来实现。完善对农业企业知识产权的法律保护措施，加强对企业创新成果的保护。

（二）积极培育涉农科技创新主体

随着晋城市资源型农村转型发展的深入推进，农业科技创新的基础条件与矛盾、运行机制和外部环境等都发生了深刻变化，农业科技创新体系建设必须注重涉农科技创新主体的组织培育。多元化的农业技术创新主体需不断创新，创新主体协调互动，创新元素高效配置，为适应新经济形势的要求，积极构建农业技术创新体系。

1. 引领农村产业转型发展

引领资源型农村产业转型发展，培育涉农科技创新主体。资源型农村已发展到新阶段，以资源为主业的产业模式断链后，对于资源型农村来说，农村发展的短板日益显现，探究资源型农村产业发展策略与方法，科技产业发展的成败直接关系到乡村振兴战略的实施[1]。晋城市是典型的资源型经济，资源型农村产业的优势是借助资源的丰富性，但存在结构落后、可持续性不强、循环能力差等问题。近年来，晋城市紧盯高质量转型发展目标任务，抢抓改革创新，力促转型升级。各级各部门在引领产业转型发展中，坚持以市场为导向，推动企业转型升级，培育科技创新主体。农业高新技术产业创新主体培育必须要坚持创新是引领发展的第一动力，按照现代农业规模化、标准化、集约化、优质化的要求，培育一批适应资源型农村产业转型发展需要的现代农业科技创新主体。

2. 搭建平台，精准施策

搭建平台，精准施策，扶持涉农科技创新主体。科技创新对农业农村可持续稳定发展至关重要，但关键是农业科技要能真正运用到田

---

[1] 喻毅帆、张文洲：《乡村振兴战略下资源型农村产业转型升级研究》，《现代商贸工业》2018年第11期。

间地头。企业是实现科技自立自强的创新主体，要营造良好的科技创新生态环境，精准施策扶持创新主体[①]。晋城市委、市政府立足全局、精准施策，牢牢把握科技引领资源型农村转型发展这一主线，强化政策引导性、精准性和可操作性，切实把党的领导政治优势转化为加快农业农村发展的实际成效。

（三）突出涉农企业科技创新的主体地位

在晋城市资源型农村地区，农业科技创新短板日益显现，制约资源型农村可持续发展。晋城市资源型农村农业科技创新体系的构建，集众智才能谋发展之道，要服务于地区经济的发展。突出涉农企业的农业科技创新主体地位，在自主科技创新活动中起主导作用，为晋城市资源经济转型发展保驾护航。

1. 企业主导科技创新决策

以资源型农村企业为主导的创新发展理念，由企业主导创新决策。晋城市自然条件优越，有很好的资源禀赋，晋城市的夏普赛尔、彤康农庄等已经树立典型，在突出涉农企业科技创新的主体地位的进程中，为资源型农村乡村科技产业开了好头，为涉农企业科技创新的主体定位开辟新路径。可以清楚地发现，涉农企业在带领当地农民增收的同时，实现了产业的提质增效。企业取得发展的基础力量，农户赢得创收途径，共同推进产业规模化，进而提升企业品牌影响力。国家创新战略体系中，突破制约农村社会发展的关键技术，明确提出知识创新和技术创新并举，确定以企业为农业科技创新主体的定位方向，保证农业企业参与创新活动全过程，激发涉农企业的自觉性、主动性。在新形势下开创新局面，保持企业的主导作用，促进资源型涉农企业快速成长壮大，提升涉农企业创新主体的素质水平。

2. 培养涉农企业的研发主体

在涉农企业设立研发机构，确立涉农企业的科技创新主体地位。重视企业与农业科研院所合作模式的创新，强化科技合作，推进资源型农村涉农企业的技术创新，为构建资源型农村农业科技创新主体创

---

① 陈志列：《精准施策扶持创新主体》，《中国中小企业》2021年第4期。

造必要的条件。

在晋城市的农业生产实际情况下，涉农企业理应成为科技创新主体，但涉农企业的生产地位历来较低的现状难以改变，要突出晋城市涉农企业的农业科技创新主体地位，除了重点培养农业企业的基础主体外，还要加强与系统外环境的互动，注重与科研机构和高等院校等创新主体的合作。夯实共建科技创新命运共同体，共同发展和进步，促进农业科技创新主体逐渐向涉农企业转移。

3. 涉农企业主导科技成果转化

推进资源型农村产学研深度融合，由资源型农村农业企业主导科技成果转化。突出资源型农村涉农企业的主体地位，由资源型农村农业企业主导科技成果转化是农业科技创新核心主体符合客观发展的必然趋势。晋城大象农牧集团作为新农村建设的领头者，带动周边村庄发展特色农业，进行专业的规模化养鸡，最大限度地发挥农业科技创新主体的带头作用。科技成果的转化过程是一个曲折而漫长的过程，科技成果的最终使用方是科技成果的最好评判者，涉农企业是一个最有说服力的最终使用方，在实践的应用中只有由涉农企业来主导成果转化过程，积极参与成果的转化、推广工作，才有可能真正提高转化效率和转化效果[①]。

长期以来，在实际市场活动中，科研院所普遍受到科研模式变革的困扰，很难发挥创新主体应有的价值。农业科研院所运作机制不够市场化，普遍存在成果转化率低，缺乏创新活力，成果转化不及时，往往滞后于市场，以致难以满足市场需求。科研院所依托企业的技术转移如能形成技术扩散，能更大程度地发挥涉农企业吸纳农业科技的巨大优势，推出市场认可的产品。促进成果快速转化，直接进入产业化开发，科技产品及时推广，促进科技与经济有效结合。提高科研院所科技成果转化率，加快科技成果在行业发展中的渗透作用，解决科研与生产脱节的问题。

资源型农村农业企业既要作为农业科技创新主体，更要成为科

---

① 陈劲、朱子钦：《探索以企业为主导的创新发展模式》，《创新科技》2021年第5期。

产业社会化、专业化的服务主体，实现农业科技成果有效转化与扩散。涉农企业对科技成果转化与扩散最为敏感，涉农企业一定要发展为资源型农村科技创新的主力军，成为资源型农村农业科技产业创新主体建设的重要组成部分。我国涉农科技企业由于实力不足仍然缺乏自主创新与发展能力，但资源型农村转型发展中的涉农企业具备强大的经济实力和丰富的管理经验，使其逐渐成为市场竞争的主体和技术创新的主体已势在必行。

第五章　现代农业科技传播体系建设创新理论与实践

新时代社会发展必须实现农业生产现代化，而农业现代化的主导因素必然离不开科学技术。原初状态的农业科技还不能算是真正意义上的生产力，最多是一种潜在生产力，必须通过大规模的推广与应用，才能融入现实生产力的诸要素中并转化为现实的生产力，从而产生科技成果转化的规模效应。现代农业科技传播体系的构建正好适应这一具体要求，现代农业科技传播是运用现代传播手段进行农业科技知识和信息的传播，实现农业科技知识的有效传递和扩散，在不同生产者之间实现知识共享，进而促进农业科技的创新发展和农村经济的全面进步[1]。

第一节　现代农业科技传播的理论依据

传播学中有诸多经典的理论，主要有两级传播理论、使用与满足理论以及创新扩散理论等。

一　现代农业科技传播的基本概念

随着农业科学技术的快速发展，劳动生产力得到了极大提高。农业科技传播是传播行为的一个分支，农业科技传播的作用日益重要。构建一个迅捷、高效的现代农业科技传播系统，对加快农业的现代化进程不可或缺，对实现农村经济长远发展也具有重要的意义。

---

[1] 董成双：《农业科技传播》，中国传媒大学出版社 2006 年版，第 12 页。

科技传播是一个双向互动的大众传播过程，是科学技术与社会的互动过程。美国传播学家奎包姆（H. Krieghbaum）研究如何有效地把科技知识和信息传播给公众，开创了科技传播研究的新领域。20世纪60年代，奎包姆在《科学与大众媒介》中指出：科技决策的过程有赖于公众真正了解科技，科技创新要让公众知晓、知情，不然民主社会将会面临前所未有的危险和威胁[1]。科技传播是一个双向互动的大众传播过程，传播双方都作为传播行为的主体。一方面是科学家向社会大众传播和普及科学知识，另一方面还需社会公众积极地参与科学知识的创造过程，参与科技政策的制定和科技体制机制的建立，与科学家一起共同塑造科学的恰当的社会角色。在这个双向互动过程中，公众可以更好地理解和接受科学，吸收和传承知识，改变观念。科学不再是一种高高在上教训人的东西，它本身来源于自然[2]。公众决定我们需要什么样的科学，公民需要什么样的科学素质基准，我们的科学应该朝什么方向发展，未来科技将向什么方向发展，不能让科学异化成奴役我们的工具。公众有权知晓科学界在做什么，做得好不好，科学只有取得公众的理解，才能得到更大支持[3]。在科学技术与社会发展的相互关系中，科学家不能只是埋头于自己的研究工作，除了完成自己的研究工作之外，还有责任促进公众理解科学，应该努力向全社会传播科学精神、科学思想、科学方法和科学知识。

应用媒介手段，开展传播行为。科学技术突飞猛进和知识经济的迅速发展，传播途径也随之变化。严格地讲，科技传播是科学信息流动的一种形式，科学知识和信息通过跨时空的传播与扩散，使不同个体实现知识共享的过程[4]。科技传播除一般特征外，还有其自身的特征，实现共享、共通、共发展，弘扬科学精神，推动人类社会的发展，科技与人类的生活会变得越来越密切，科技传播已成为连接科技

---

[1] 江昀：《科技传播系统的结构和传播模式分析》，《求实》2006年第24期。
[2] 杜悦：《走向科学传播的双向互动——吴国盛教授谈科普新理念》，《中国教育报》2001年7月12日第7版。
[3] 韩启德：《公众有权知晓科学界在做什么、做得好不好》，人民政协网，https://baijiahao.baidu.com/s? id=1684651919353770706&wfr=spider&for=pc，2020年11月29日。
[4] 林坚：《科技传播的结构和模式探析》，《科学技术与辩证法》2001年第4期。

和社会之间的桥梁。

农业科技传播的概念是由农业技术推广发展而来的。从概念上看，农业科技传播和农业技术推广是两个不同的范畴，农业技术推广是借助于试验、示范、培训、指导以及咨询服务等方式，发挥示范、引领、带动作用，达到农业技术普及。就是说农业技术的推广工作，主要是对农业实用技术的扩散和转移，将科技成果普及给农业生产者，将其转化为现实生产力。

二 现代农业科技传播的理论基础

农业科技传播系统是一个多种因素交叉组成的复杂系统，农业科技传播是依据传播学，特别是以科技传播学的理论为基础。

（一）两级传播理论

两级传播理论（Bi-polar Communications Theory），即语言和信息交流理论。1948年，拉扎斯菲尔德（P. F. Lazasfeld）等以对选举行为的调查为研究基础，认为大众传播对人们的影响不是直接的，而是一个二级传播过程。具体来说，两级传播理论强调了传播媒介在大众传播中作为"意见领袖"的作用，为人们研究大众传播效果提供了理论武器，并在农业领域得到有效运用。从传播学角度看，传统的农业科技传播主要依靠的是两级理论模式，通过农业推广人员所进行的试验试种、实验示范、指导培训、咨询服务等，把现代化的农业技术应用到农业生产产前、产中、产后全部过程[①]。然而，随着现代信息化的迅猛发展，两级传播模式逐渐显露出各种弊端，在测量方法、统计分析、抽样技术、实验方法、试验方法、检测方法等方面都出现明显的缺陷，人际关系的作用被过分地夸大。农业科技传播活动具有非常悠久的历史，除遵循科技传播学的一般规律外，农业科技传播的目的是将农业科技信息和知识传递给受众，传播什么样的内容、采取怎样的传播方式还受到作为受众的农民的文化水平、素质观念以及所处地域等的影响，自然条件和人为因素都会对农业科技传播效果产生影响。

[①] 郭予光、杨家荣：《对新农村建设时期农业推广工作的思考》，《安徽农学通报》2007年第19期。

（二）使用与满足理论

使用与满足理论（Uses and Gratifications），是大众传播媒介适度效果理论中的经典模式之一，在传播学研究史上具有里程碑意义。研究表明，受众的媒介接触活动有其特定的需求动机，受众进行媒介内容接触是基于信息、娱乐、行为、社会关系等一些基本需求的，人们使用媒介是为了满足个人的需求和愿望，受众主动地选择与使用媒介是出于自身的需求，只有满足广大受众的普遍需求，媒介功能才能得以实现[①]。使用与满足理论站在受众的立场上，强调受众的能动性，突出受众的地位。农民从事各种农业活动，使传播者与受众进行互动与沟通，明确农民的需求，最后达到信息的最大程度的传播。

（三）创新扩散理论

创新扩散理论（Diffusion of Innovation Theory），是传播效果研究的又一经典理论。20世纪60年代，美国传播学学者埃弗雷特·罗杰斯（E. M. Rogers）提出创新扩散理论。1962年，埃弗雷特·罗杰斯出版《创新的扩散》一书，他认为传播是社会变革的一项基本要素，他把社会变革的过程看作是创新和发明的传播推广的过程[②]。在科学技术传播和被大众广泛接受的过程中，技术创新应该具备创新、沟通渠道、时间和社会体系四个因素。创新扩散模式在我国现阶段的农技传播中得到了大量应用，利用创新扩散理论来研究科技精准扶贫，有助于在精准扶贫过程中更有效地向贫困地区转移科技成果、促进产业升级、提升贫困人口科学文化素质[③]。创新扩散的结果也是创新扩散理论中探讨的重要问题，如过分强调创新过程本身往往会对结果持乐观态度，要提前对创新的结果进行预测并分析利弊。

农业科技传播是一种多学科与跨学科的传播活动，农业传播学理

[①] 陈欢：《"使用与满足"理论视野下的农村互联网传播体系》，《长沙大学学报》2015年第1期。

[②] [美]埃弗雷特·罗杰斯：《创新的扩散》，辛欣译，中央编译出版社2002年版，第102页。

[③] 侯波：《基于创新扩散理论的科技精准扶贫研究》，《自然辩证法研究》2017年第10期。

论的建立还借鉴了系统科学的基础理论，包括信息论、控制论、系统论，科学地将现代农业科技传播系统进行系统考虑，揭示现代农业科技传播规律。

第二节 现代农业科技传播体系的组织结构

农业科学技术是推动农业现代化的关键因素，传播农业科技信息，形成社会传播系统及运行机制。农业科技传播系统是传播系统的重要组成部分，既具有一般传播系统的基本特性，又有其自身特殊性。科技传播过程中传播的知识信息成了连接科技与社会的桥梁，实现科学技术传播的社会价值。现代农业科技传播系统具有极其丰富的内容和多样的形式，需要从传播学和系统论的角度来分析现代农业科技传播系统的组织结构。

一 现代农业科技传播体系的构成要素

科技传播系统是一种社会体系，使科学技术本身得到延续、积累和发展，有了科技传播的开展才能将科技成果应用于生产和生活实践。传播要素是决定现代农业科技传播发展的内在条件，分析现代农业科技传播系统的组织结构，首先要了解其基本要素及各个要素的特点。传播要素是决定现代农业科技传播发展的内存条件，就农业科技传播实践活动而言，现代农业科技传播主体要素包括传播者、传播内容、传播媒介和受众。即农业科技信息作为科技传播的主要内容，以媒介为渠道，在社会的主体与受众之间传播。

（一）传播者

传播者是农业科技传播系统的主体，具有使受众相信、听从的力量、威望和地位的特质。现代农业科技传播活动中，人员基数庞大，构成复杂。高校、科技院所、科研人员是农业科技人才的"硅谷"，构成了我国农业科研的主要体系。各级农技推广部门及其推广人员是较为稳定的基层农业科技传播队伍，是保障基层农业科技传播的关键因素。大众媒体机构通过传播媒介向受众提供农业科学信息、知识、技术等。农村科技示范户和种养能手等基层农民,不但学习接受新技术能力强且辐射带动能力也较强,各类农村专业技术协会是主要推广者。

传播者是个人、组织和社会的混合体,农业科技传播者应具备相应的条件和要素特性。传播者必须具有一定的权威性、可信性、接近性、熟知性、悦目性等特质因素①。农业科技传播者的权威性与其传播的影响力呈正相关,传播者的权力、地位、资历和威望似乎较容易得到受众的接受,传播者的专业能力可以赢得信任。农业科技传播者衣着打扮要自然朴实,言谈举止要真诚大方,主动与农民多接触、多交流、多互动,增强在受众中的熟知性,尽可能地获得农村朋友的喜爱和认可。

（二）传播内容

传播内容就是农业科技所包含的知识信息,由一系列与农业生产相互关联且有意义的符号组成,表达出完整意义的农业科技信息。传播过程中所传送的信息相当丰富,农业生产活动中春争日,夏争时,严格受季节和时令制约,与农业生产相关的各类信息,也必然呈现出季节性和时效性。农业科技系统信息杂而多,极具广泛性,涉及农、林、牧、渔等各个农业生产部门,并贯穿于产前、产中、产后整个过程的方方面面。

传播内容的科学性保证信息的客观、真实,需要大量能够在生产上立即产生效益的实用技术。农技信息是土壤、气候、农田管理等信息的综合体现,信息源分散在不同领域,涉及自然、社会、经济三大领域,具有空间及地理上的分散性,在时间上的分布也具有较强的分散性和非均衡性。

（三）传播媒介

传播媒介即传播渠道、手段或工具,不同传播媒介的运用形成不同的传播类型。因媒介运用的不同,农业科技传播体系形成人际传播、组织传播和大众传播等不同类型,并具备各自特征和各有优势。

---

① 邵培仁:《传播学》,高等教育出版社2007年版,第112页。

现代农业科技信息的传播，应根据不同的科技信息内容选择不同的传播媒介，要根据经济状况、实际需要等来选择恰当的农业科技传播形式，把需要传播的农业科技信息及时准确地传递给需要的人群，达到最佳的农技传播效果。人际传播是一种面对面的，通常在熟人圈中展开的农业科技传播，人际传播仍具不可替代的作用，传播者和受传者之间较为熟悉，信息的交流性强，反馈直接。组织形式也呈现多样化，以农业科技组织或团体的名义进行，有农业技术推广站、农机站、农科站及各种农业科技协会等，传播具有指令性、针对性和科学性的农业科技信息。大众传播是开展现代农业科技传播最易接受的形式，报刊、广播、电视、互联网等是最为普遍的大众传播媒介，具有信息量大、覆盖面广、影响力强的优势。农业科技信息通过运用大众媒体登载、播发，可向更大范围进行传播。

（四）受众

受众是接受者，也是传播对象。一切传播活动均以受众意志为转移，受众的提高与发展是传播活动的最终目的[1]。2016 年年末，全国农业经营单位达到 204 万个，农民合作社总数 179 万个，登记的以农业生产经营或服务为主的农民专业合作社达到 91 万个。新型农业生产经营主体大量涌现，规模经营的快速发展对稳定农业生产、稳定农产品供应、稳定农产品市场都发挥了重要积极作用[2]。

广域传播的特性，体现农业科技传播受众特点。首先，农业科技传播受众在政治和国民经济中占有重要地位。农民的整体受教育程度偏低，我国农民平均受教育的年限是 7.8 年，初中、小学文化程度占 70% 以上，高中文化的大概占 16.8%，比例不是很高。从农业水平和技术情况来看，农民的科技素质还不是很高，一年之内接受过一次科技培训的农民不足 10%，接受过三次以上科技培训的农民不足 3%，科技培训的覆盖面较小[3]。据全国第五次人口普查资料分析，我国农

---

[1] 董建盛、田奇卓：《传播学的"受众本位"理论与现代农业推广理念》，《农业科技管理》2005 年第 4 期。

[2] 《第三次全国农业普查结果出炉》，《上海农村经济》2018 年第 1 期。

[3] 李炜：《基层农民教育存在的问题和设想》，《农业知识》2020 年第 21 期。

村劳动力人数有 4.8 亿,我国农民的科技水平还不高,在农村 4.8 亿的劳动力中,小学文化程度以下的占 40%,具有初中文化程度的占 48%,具有高中文化程度的占 12%,受过职业技术培训的占 5%[①]。其次,科技文化和职业技能水平偏低。多数农民对职业技能培训还没有正确的理解,部分农民虽参加了职业培训,但效果不理想。思想观念发生变化,但仍以传统观念为主。积极观念逐步确立,但中国农民务实思想和狭隘的功利观念很大程度上仍阻碍着农业科技信息在农村的传播。最后,农民的文化程度较低,在传播领域属于弱势群体。农民对科技信息的了解、掌握和运用远远跟不上现代农业发展需要,媒介资源不如城市受众,农业受众处于弱势地位。

(五)传播主体要素之间的辩证关系

现代农业科技传播系统是服从于一定准则的社会体系,系统的四要素居于不同的地位。现代农业科技传播系统各要素具有不同的特性,传播者是动力要素,农业科技信息是基础要素,在农业生产与发展过程中起导向作用,传播媒介是现代农业科技传播系统中的基本要素,是实现传播的条件,起保障作用,受众是现代农业科技传播系统中的核心要素。系统内各传播要素并不是简单的几何相加,而是非线性传播模式。现代农业科技传播系统各要素也表现出一定的独立性,既相互受到制约又表现出相互依赖性。

二 现代农业科技传播体系的结构特征

农业科技传播系统是要素间相互作用的有机整体,是一个综合协调发展的过程。结构是事物基本的存在方式,一般来说是指客观事物构成要素间的稳定联系及其作用方式,包括组织形式、排列顺序、结合方式等,是一事物区别于他事物的内在规定性[②]。作为现代农业科技传播系统的基本存在方式,促进农业科技传播,离不开一个有效的传播体系,传播体系的组织结构、功能和运行方式是技术推广的根本

---

① 陈鹏:《气象服务助力我国脱贫攻坚工作的一些思考》,《环境与可持续发展》2019 年第 1 期。

② 熊建生:《思想政治教育内容结构研究导论》,《思想理论教育》2007 年第 Z1 期。

保障①。

(一) 传播者与受众互动贯穿体系构建全过程

现代农业科技传播是多个主体的集合体,具体到现代农业科技传播体系有两大主体存在,也就是传播者和受众。传播者是传播行为的发起者,接受者是传播行为的传播对象。

1. 有目的传出并被接收

在某些特定的情境下,尽管在传播过程中一定会夹杂着传播者的主观情感,但传播者的主观努力无法改变他与接受者的互动、互融关系。从微观的角度理解,受众在许多情况下是主动的,它确立了受众在传播活动中的主动性。但从宏观的角度认识,受众仍然是被动的,是被动的信息接收者②。传播者是现代农业科技传播系统中的主要动力要素,根据受众的信息反馈及时做出调整。

2. 信息的双向流动

受众是核心要素,是传播农业科技信息的对象。在具体的传播过程中,受众对媒介的使用是一种功能性选择的结果,受众的主观选择既有主动性也有被动性,是保持传播持续进行的基础与活力所在。

大众传播的反馈直接而迅速。受众的选择和反馈可以使传播者更好地进行整体设计③。传播学理论认为明确传播信息的受众是有效传播的一个关键点,并认为大众传播应该实现信息的双向流动,即便是同一个传播者反应也不相同。原因在于,受众作为科技传播活动的对象,现代农业科技传播活动存在的前提取决于受众对农业科技信息的接受程度,传播过程参与者的处理方式影响农业科技传播效果。

3. 角色转换

尽管传播者和受众在农业科技传播系统中的角色各不相同,但实际传播过程中所扮演的角色并不是固定不变的,而是不断地发生着角色转换或交替,角色转变也是相当重要的。在直接发出农业科技信息

---

① 黄建荣、周军:《现代农业发展中农业科技传播的新途径——以广西平果县甘蔗种植为例》,《广西大学学报》2007年第5期。
② 王宇:《新闻传播过程中的传播者与受众》,《戏文》2005年第4期。
③ 王宇:《新闻传播过程中的传播者与受众》,《戏文》2005年第4期。

时，区别在于信息的接收和反馈的方式，系统整体呈现互动与循环的状态。传播者通过有选择地搭建认知框架，建立对现代农业科技传播的识别、构建和理解。

传播者与受众是构成农业科技传播过程的两极，构成传播与需要的关系，提高现代农业科技的传播能力，而且可以丰富传播活动的主要内容和途径。为了实现传播效果的最大化，传播活动尽快做出相应的调整。

农业产业信息化是现代农业科技发展的必经之路，发展现代农业，适应传播系统的市场经济条件要求。传播者与受众良性互动，不能及时把农业科学技术传播给广大农民群众，广大农民对于或真或假的信息无所适从。没有农民参与和协作，科技传播不可能起到立竿见影的效果，农业科技传播也就不可能起到足够影响。

（二）传播内容是体系传播者和受众的信息传递介质

传播内容是传播者与农业受众之间的系统信息传递介质。传播内容主要包含三个重点要素，首先是反映客观物质世界发生、发展变化的系统信息，还有作为社会成员的人对自己生存于其中的社会公共事务的意见和观点①。

1. 传播内容呈现多样化

随着现代农业科技的发展，传播农业科技信息的内容呈现多样化，传播者和受众关系也发生了变化。传播内容即信息，指具有新内容、新知识的消息，其中包括观念、态度和情感等。传播者和受众应当对自身的角色进行正确的定位，合理处理好传受关系，把握好传受关系②。传播者是农业科技信息与受众之间的实际把关人，决定哪些农业科技信息最后与受众见面。

受众是农业科技信息的需求者及最终目的和传播效果的体现者。社会存在是信息发送者身份影响目标受众不确定信息传播意向的重

---

① 张斌、陈瑛、张毅：《媒体内容生产的信息视角》，《新闻爱好者》2009 年第 18 期。
② 杨海燕、自晓丽：《新媒体环境中传播者和受众关系的解析》，《科技传播》2016 年第 10 期。

要中介变量①。信息发送者身份越高，其推送的信息被目标受众接受的意向就越高。信息发送者的身份越高，目标受众的社会存在感越强。

2. 传播内容的认可度

农业科技信息的种类多，数量大，形式多，更新快，时效性强。在传播农业科技信息前，需要传播者进行把关，对杂乱的涉农信息进行收集、过滤、加工，对农业科技信息的继续、延迟或停止传播做出决定。

农业科技信息是否需要传播得依赖于传播者与受众共同的认可度，离开农业科技传播两大主体的交流和反馈，也就丧失了现实意义。对广大农业科技传播受众，农业科技传播内容使他们在思想上接受农业发展的新技术、新理论、新方法的启蒙，普及了农业科学知识，改变了农业生产的精神面貌。

（三）传播媒介是体系传播者和受众连接的物质载体

媒介把农业知识、乡村文化、农业政策、生产技术传达给农村的生产者。媒介能作为农业生产者表达意志的顺畅通道。

1. 传播媒介是现代农业科技传播的必备要素

科技信息传播的方式多种多样，媒介的传播就是科技信息的传播。人类科学知识的传播活动主要有两种方式，即口头传播和书籍传播。口头传播由于传播范围受到很大的限制，能接受传播的人也很少。书籍由于出版周期长，内容易老化，时效易滞后，因此大大削弱了它作为信息源和信息传播手段的作用。这两种传播方式曾经对科学的发展起了巨大的推动作用，但随着近现代科学的飞速发展，这两种传播方式已经远远不能适应现实需要。

信息通过媒介传播给生产者，为农民提供实用的科技信息的同时开拓农民致富的门路，使农业科技由潜在生产力转化为现实生产力。媒介要有适合自己的目标受众，以服务受众为首要目标。精准定位，

---

① 石密、时勘、刘建准：《信息发送者与目标受众的信息传播意向研究——基于社会存在的视角》，《情报科学》2017年第6期。

明确目标受众需求，实现系统预期的传播效果。通过媒介的积极参与，不但能够促成传播者与接受者之间的互动关系和角色转换，也使现代农业科技传播任务能顺利完成。

2. 传播媒介对现代农业科技传播的基础性作用

现代农业科技传播的动态行为始终包含传播者、媒介、内容、受众等基本要素。但革命性技术的作用又改变了整个传媒领域的基本架构，内容生产正在经历着从作为资讯发布的内容到作为关系表述的内容，再到作为媒介价值的内容价值扩容①。媒介使传受双方建立相互的联系，开展信息的交流，媒介的选择跟传播者及受众所处的环境相关。受众本位理论强调受众本位的回归，受众使用媒介最简单的原因就是为了满足自己的需求。

不同媒介性质对信息的传递质量会产生不同的影响，农业科技传播者在选择何种系统传播媒介时，要考虑和顾及受众的理解能力和对媒介的使用率。广大农村地区的大多数农民的文化程度偏低，采用影视、网络媒介等是传播农业技术最实用媒介，电视、广播、报纸等传统媒介是农民了解农业网站的主要渠道。涉农科技网站是新型网络媒介，是农民了解农业网站的第二渠道，并有代替传统媒体发展为主要渠道的趋势。涉农科技网站便于受众自由选择有用的信息，农民对于网站中的科研机构的农业知识相对比较信任，一个优秀的涉农科技网站完全可以获得农民信任。

三 现代农业科技传播体系的系统功能

现代农业科技传播体系是具有多元高效的功能体系，农业科技传播满足新时代农业及农村经济发展对科技的需求。所有的系统都是结构和功能的统一体，一定的结构是一个系统区别于另一个系统的主要标志。系统的结构与功能相互制约、相互依存，系统的结构不同，系统的性质与功能也不同②。农业科技传播作为农业科技发展的主要组

---

① 喻国明：《技术革命主导下新闻学与传播学的学科重构与未来方向》，《新闻与写作》2020年第7期。

② 郑敬斌、王立仁：《论思想政治教育内容体系的系统构建》，《东北师大学报》2012年第2期。

成部分，促进农业与农村实现信息化。农业科技传播体系正在构造一个科学技术的知识环境，形成了多种多样的科技服务模式，无孔不入地渗透到农业生产、农村生活、农村社会的各个方面。目前涉及农业生产的各方面都正深受农业科学技术的影响，农业科技传播与农业科技研究与开发创新同样重要，现代农业科技传播的价值和功能也日益彰显。

（一）促进农业科技的扩散和发展

传播农业科技知识，推进农业高质量引领。实现农业科技知识的社会化和共享化，加强农业科技社会化服务体系建设，农业技术由研发到被接受，必须实现扩散、辐射与接纳相统一，逐步实现整体进步。农业科技的发展是一个动态的循环过程，科技创新与扩散是相互依托的两个环节，只有二者共同发展才能促进农业科技发展的良性循环[1]。科学家研发的农业科技知识转化与应用，农业生产者掌握了这类的知识，农业科技知识共享，实现了农业科技知识的扩散。

1. 科技传播创造科学技术存续的基本条件

科技发展建立在继承和创新的基础上，科技传播创造了科学技术存续的基本条件。有了传播与扩散，科技知识不会随着科学家的逝去而消失，保存下来成为知识进一步累积的基础。农业科技传播能更好地帮助科研者保存新研发的农业科技以便协助后继研究者对已有农业技术进行完善和发展。使农业科学技术知识具有可传性，让农业科技知识得以继承和发展并成为后继创造新知识的基础。

现代农业科技及时扩散，农业科技才能被农民掌握，新科技才能真正发挥作用。农业生产的发展反过来又对科学技术提出新的要求，可以使掌握有关农业科技知识的广大农业科技工作者与实际农业生产者进行协作。这样就能更好地组织广大农业科技工作者及时准确地了解到最新农业科技进展，推动农业科技的创新与发展。

2. 科技传播为农业生产提供信息资源

农业科技的不断更新是农业生产升级的基础，现代农业科技传播

---

[1] 王法坤：《关注农业科技扩散，加速农业科技发展》，《科技信息》（学术版）2008年第24期。

为农业生产提供充足的科技信息资源。最为常见也最为传统的农业科学技术传播方式就是农业技术推广体系，并且这一体系在农业科技传播中发挥着相当重要的作用①。现代农业科技传播工作为发展现代化农业提供源源不断的动力，农业生产者作为农业生产环节中最关键、最积极、最活跃的因素，是农业科技传播系统的终端受众。

农业科技的传播与应用，海量信息、集中式的交流互动，促进农业生产者将先进的农业科技运用到农业生产过程中，提升农业产量、机械化水平、劳动者素养和生产管理能力。通过现代农业科技传播，农业劳动者获得农业科技知识，用于农业生产。在现代农业科技传播的影响下，农业科技创新体系的效能得到提升，为农业现代化做充分准备。当前，农用机械在我国农业生产中普遍使用，先进的农业机械用于农业生产，把农民从繁重的体力劳动中解放出来，提高了农业生产效率，使农民有了更充裕的时间和更充足的精力投入非农产业，有利于增加农村家庭总收入。

（二）提高广大受众的农业科学知识素养

提升公众科学素质会促进社会进步，这是科技传播体系应该具有的功能。科学素质是无价的，科技传播能力直接影响公民科学素养建设。

1. 农业科学受众的知识素养现状

2016年5月30日，习近平总书记在全国科技创新大会上指出：科技创新、科学普及是实现创新发展的两翼，要把科学普及放在与科技创新同等重要的位置。没有全民科学素质普遍提高，就难以建立起宏大的高素质创新大军，难以实现科技成果快速转化。在当前全球知识经济时代背景下，科技与人们生产生活的关系越来越密切。

2005年，我国公民具备科学素质的比例是1.6%，2015年的比例是6.2%，时至2020年，比例达到10.56%。尽管这样，这个水平与日本、加拿大和欧盟等主要西方发达国家和地区相比还有很大差距，

---

① 张娣：《人口老龄化对农业科技传播与运用的影响》，《广西农业机械化》2019年第4期。

我国国民普遍的科学素养仍处于较低的水平。尤其值得关注的是，不同类型居民科学素质也得到进一步提升，城镇居民和农村居民的科学素质均有大幅提升。但是在公民科学素质水平整体提升的同时，发展不平衡的问题依然存在，需进一步加强对科学素质薄弱群体的教育、传播和普及工作力度[①]。

我国科普的基础较薄弱，特别是农业科技传播的对象是受教育程度相对较低的广大农民。由于基础知识、文化水平、科学素养、创新能力等多方面都有很大差异，对农业科技知识的理解、接受和应用必定有很大差距。

2. 现代农业科技传播推进农业生产水平提高

公开、平等的科学交流对于提升公众科学素质相当重要，科技传播需要扮演越来越重要的角色。科学素质对于那些不了解科学基本知识的人是非常重要的，让科学素质成为最宝贵的财富，提升公众科学素质会促进社会进步。

科技传播就是面向受众传播科学知识，科学最核心的本质是辩证唯物主义的世界观和方法论。就此而言，在科学的过程、科学的世界观和方法论面前，科学家和大众并没有本质的区别。人人都应该学习掌握科学的世界观和方法论，人人都能够参与科技进步，这就是科学最有魅力的特性。就此而言，科学是全体大众的，科学绝不是科学家的专利[②]。

对农业科学技术的普及来说，中国农业更加注重对相关农业科学方法的介绍，从观念上加强对农业生产者的引导和教育，对广大农业生产者的科学精神的熏陶和培养，提高科学素质和思想素养。

[①] 《第十一次中国公民科学素质抽样调查结果公民具备科学素质的比例达到10.56%》，新华网，http：//www.xinhuanet.com/science/2021-01/27/c_139701108.htm，2021年1月27日。

[②] 葛霆：《科普，还科学于大众——从两个电视节目说起》，转引自中国科学技术协会、北京市科协《第二届北京科学传播创新与发展论坛论文集》，第61—65页。

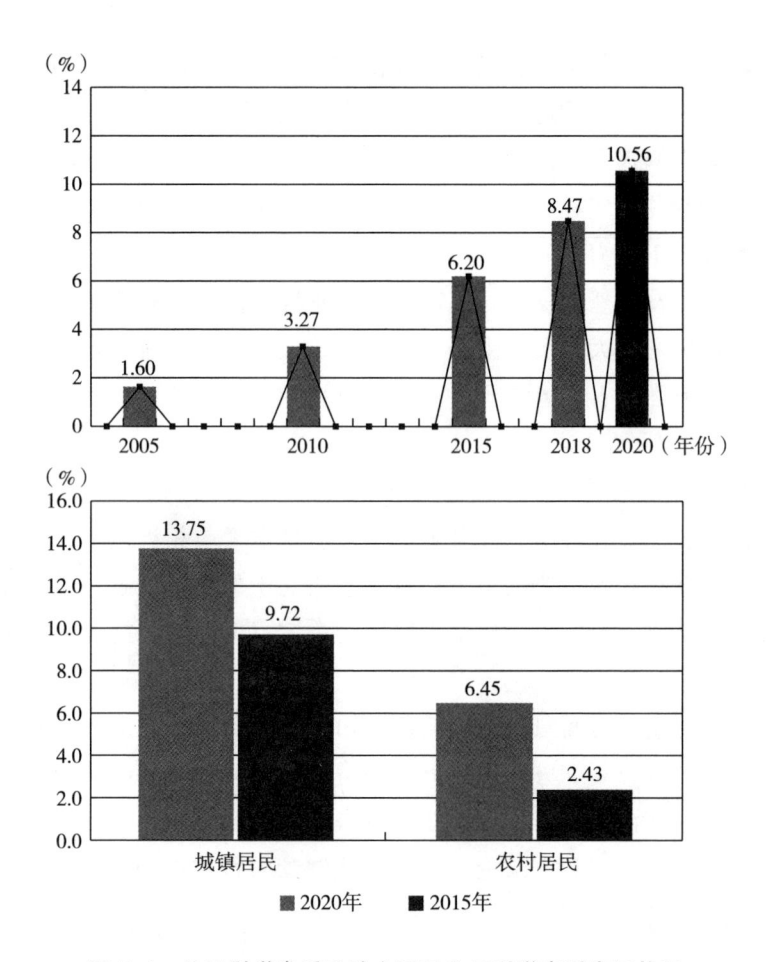

图 5-1　公民科学素质及城乡居民公民科学素质发展状况

资料来源：《第十一次中国公民科学素质抽样调查结果》，http：//www.xinhuanet.com/science/2021-01/27/c_139701108.htm。

3. 农业科技传播为发展现代农业提供机遇

现代农业科技传播系统向广大农业生产者普及现代农业科技知识，提高他们的科学素养。农民都认为涉农科技网站上的农业知识对他们的农业生产提供了很好帮助，农业科技网站在很大程度上增加了农业科技知识量，建立起合理的知识结构，优化了知识体系。在认知层面上对他们产生了很好的传播效果，抓住知识经济时代为农业生产提供的发展机遇。

必须站在时代的前沿，从科学的认识论和方法论出发，赋予科技新闻传播以崭新的意义和价值内涵，以全面提高全民科学素质为己任①。使全体农业生产者的科学素养逐步提高，理解和支持农业科技发展，拥有一个支持农业科技事业发展的社会环境。

（三）促进农业科技成果转化为现实生产力

农业科技传播促进农业科技成果转化为现实生产力，实现农民的专业技能与科技意识的提高。科学技术是第一生产力的理念早已深入人心，但科学技术只是一种潜在的生产力，要创造出巨大的物质财富必须应用于社会生产。知识的传播比知识本身更重要，培根认为知识的力量取决于本身价值，取决于是否传播。新时代实施乡村振兴战略下推进农业供给侧结构性改革必须依赖于农民自身素质的提高，科技供给为农业科技产品（品种）结构、投入结构、产业结构、经济结构的调整提供了必要的支撑条件，而农民的职业素质又是深入推进农业供给侧结构性改革过程中的关键因素，农业科技传播的发展面临着前所未有的机遇。

1. 成果转化是推动农业发展的强大动力

科技知识转化为生产力，科学理论与社会实践须密切结合。成果转化是推动农业发展的强大动力，农业科技成果转化是指为提高生产力水平，通过应用开发、试验、推广等活动，实现科技成果的成功转化。农业科技成果的转化可以从广义和狭义两个方面来理解，广义上讲，农业科技成果的转化包括基础性研究成果转化、农业科学成果的转化和农业技术成果的应用，狭义而言，农业科技成果的转化是现实的物质形态的生产力，仅指农业技术成果的转化②。对劳动者进行科技教育和科技普及，用好科学技术，提高使用技术的能力。

农业科学技术为农民所学，被农民所掌握，为农民所用，被农民口口相传，才能在现实的农业生产实践中不断扩散，采用科研成果来推进现有农业发展。科技兴农实质上是要推进农业科技与农业经济的

---

① 别拓伦、别特：《新时期科技新闻传播理念创新》，《中国记者》2008年第6期。
② 王骞：《我国农业科技成果转化研究》，博士学位论文，中国海洋大学，2012年，第17页。

结合，促进农业和农村经济快速发展，把科技成果、科技实力转化为现实生产力。科技兴农是一项推动农业和农村经济发展的系统工程，是一个涉及科技政策、资金、教育、体制、市场诸要素进行有效结合和配置的实践过程，农业科技传播贯穿于整个过程，这也是农业科技信息传播的重要作用。

2. 科技传播为拓展农业科技知识提供平台

农业科技成果和农业生产实践相结合，以科技创新推动农业高质量发展。新的传播媒介为农业科技信息传播提供了新的途径，为拓展农业科技知识的广度和深度提供了新的平台。现代生活中，群众在接受宣传和培训后，不能将相关技术贯彻到生产实践中，导致技术应用处于"低水平均衡"状态。[1] 大多农户还处在传统农业向现代农业的转换过程中，这部分农民已经有了现代化的意识，但仍选择在传统经验的基础上采用现代技术来指导农业，希望在原有的基础上增产、增收，不愿担当太多风险。除此之外，还有不乏新式职业农民，追求现代技术，收入水平迅速提升。

3. 科技传播提高了农民整体科技文化素质

加快农业科技传播体系的建设，不仅能提高农民的整体科技文化素质，尤为重要的是，还能提高农民的农业生产技术水平。世界发达国家农业科技成果的转化已经达到65%—80%，而我国的农业科技成果转化率仅仅达到45%左右，与发达国家还存在较为明显的差距[2]。

现代农业科学技术促进农民增收取得一定成果，技术变革为现代农业建设提供了强大动力。但是只惠及了少数农民，农村经济须在稳步中得到进一步发展。现代农业技术传播的任务艰巨，绝大多数农民共用、共享现代农业科技，推动科研力量进入市场创新，促进成果尽快转化。农村算是落后社区，农民更是弱势群体。没有农业领域的科技产业创新，用农业科技武装起来的农业建设，就不可能有新时代的全面现代化。农业发展的历史同步于农业科技进步的历史，见证了时

---

[1] 陈辉、赵晓峰：《农业技术推广的"低水平均衡"现象研究——以陕西P县为例》，《农业经济》2016年第9期。

[2] 甘妮：《农业科技成果转化现状、问题和对策建议》，《农家科技》2019年第6期。

代进步与科技发展。

发展农业就要引进新的生产要素和先进的农业生产管理方式。"十三五"时期以来，我国农业科技取得了一批重大标志性成果，农业科技进步贡献率突破60%，标志着新时代农业发展迈入依靠科技进步的新阶段，主要农作物耕种机械化水平超过70%，农业生产的机械化程度进一步加强，为农业农村发展取得历史性成就做出了巨大贡献[1]。传统农业仅仅或主要是从事初级农产品原料生产，现代农业实现了种养、产供销、贸工农一体化，发展现代农业就要求现代农业科技传播发挥系统功能。现代农业促进资源节约型、生态友好型的生态农业建设，优化产业结构，实现农民增收。

第三节 现代农业科技传播体系的构建与示例

现代农业科技传播体系是一个开放的复杂系统，构成要素之间有直接关系，传播要素质量的变化可以引发体系功能的改变。面对农村社会化服务所面临的新任务、新挑战，需构建新型农业科技传播体系，建立起以要素、结构、功能为主体的传播体系。在理论和实践上进行创新，要按照现代农业科技传播的系统要素，合理配置资源，强化科技支撑，建立现代农业科技传播机制。适应新型经营主体需求，促进现代农业发展，提升整体功能。

一 完善现代农业科技传播体系要素功能

面对发展现代化农业的迫切要求，现代农业科技传播体系的构建必然离不开科学技术这个主导因素，以传播农业科技信息为主要内容的农业科技传播也就成为实现农业现代化的中介。注重对新技术的推广，增强农业科技知识传播中农民的互动性、参与性，提高农业科技

---

[1]《"十三五"我国农业科技进步贡献率突破60%》，《中国科学报》2020年11月24日第3版。

信息的时效性和实用性,是现代农业科技传播系统构建的主要方向。面对农业科技传播中的各种难题,普及农业现代科学技术,指导农业生产实践。

(一)构建适应时代发展要求的现代农业科技传播体系

中国现代农业发展面临着科技传播体系的缺失,主要体现在:传播者本位思想突出,先进理念和先进技术无法传播到农村弱势群体。传播渠道过于狭窄,先进理念和先进技术无法准确及时得到传播。农民科学素养不高,先进理念和先进技术无法得到农民的追随与认同、扩散。传播内容受到限制,先进理念和先进技术无法得到主动持续更新,先进理念和先进技术传播的效果不佳①。当前现有系统与目标系统存在一定的差距,农业科技传播系统在构建中还存在问题与不足。

首先,农业科技信息的质量较差,认可度不高。农业科技信息质量的优劣是农民接受先进农业技术,采用新型农业产品的关键因素。农业信息共享度较低造成信息资源供给不足的假象,虚报或假报等现象使信息服务存在盲目性和随意性,科技成果与实际需求不符致使许多农民对于科技成果的应用缺乏足够的意识。农村受众对目前农业科技信息质量存在很大的不满意,体系存在缺失。

其次,农业科技传播的渠道不畅,农业科技信息的转化率低。大众传播已成为向农村受众传递农业科技信息的主渠道,就是这样,还是没有一个完全可以被农业生产者接受的传播模式。农业节目播出时间短、频次少等现象严重存在,农业技术推广站、农机站及各种农协习惯于单向传递,传播组织传播行为的认可度很难提高。高等院校、科研院所研发能力十分有限,发布的科研成果转化率低,有些甚至与农业生产实际相脱节。现有的组织传播也只是限于完成任务没能顾及时效性,不适应现代农业科技传播的时代要求。

此外,农业科技传播者思想意识缺位,农业科技受众文化素质不高。传统农业科技传播系统盛行本位思想,服务群众的意识远远落后

---

① 刘立成、刘颖:《基于气候变化的现代农业科技传播体系构建》,《中国农学通报》2019年第27期。

于实践需求，缺乏科技传播中的能动性。作为现代农业直接生产者的农民，极少数受过系统正规的农业技术教育和职业培训，限制了对农业科技知识的理解。

（二）现代农业科技传播体系需具时效性

农业现代化对农业科技传播提出了时代要求，农业科技传播对新时代全面建设现代农业起着不可替代的作用。创新体制与机制，强化现代农业科技产业与农民的联结纽带。完善现代农业传播系统，将农业科研成果由潜在生产力转化为现实生产力。现实中存在结构不合理，造成农业科研者的研发成果与产业脱节，导致农业科技成果转化率低、农业科技入户率低和农业科技贡献率低的困境。

为顺应农村经济社会转型发展的时代要求，构建适应现代农业发展趋势的现代农业科技传播体系具有重要的现实意义。在新时代全面建设现代农业过程中，发挥出农业科技的时效性，农业科技传播体系是整合农业科技传播资源的内在要求。拓展服务空间，通过构建现代农业科技传播系统，获得必要的知识、技能和正确的观念。创新传播机制，以体制创新为着力点，进行统筹规划，掌握主动权，整合各类科技信息资源和传播媒介资源。

进一步激发各类传播主体的积极性和创造性，优化农业科技传播系统，不断对农业技术进行优化，提高现代农业科技传播的效率。运用经济管理学和马克思主义哲学考察新时代全面建设现代农业新征程而形成正确认识和主张，应当用系统思维来认识和理解。

（三）构建功能完善的现代农业科技传播体系

构建现代农业科技传播系统是解决"三农"问题的有效途径，我国传统的农业推广体系在全面建设社会主义新农村及推进农业供给侧结构性改革的伟大征程中已不能满足农业生产实践的需要，农业科技传播是农业科技发展的主要组成部分，这就要求通过构建现代农业科技传播系统进行统筹解决。

1. 培养高素质的系统传播者

构建现代农业科技传播体系，须培养高素质的系统传播者。综合素质是人格魅力及其社会价值的反映。涉农的各级各类业务人员都是农业科技信息的传播者，在信息源与受众之间起着很重要的作用。要提高现代农业科技传播质量，传播者的传播能力、水平和科学素养是重要的影响因素，培养综合素质高的传播者显得尤为重要，必须不断提高传播者的综合素养能力，满足传播体系构建需要。

一是培养道德情操。农业科技传播者要遵守"关注农村、关心农业、关爱农民"的职业道德，要以国家、社会利益为重，从农业生产实际需要出发，实事求是地宣传、转让科技成果。乐于与农民交朋友，尊重农民自己的意愿，不得以行政命令强行推广。遵守真实性原则，实用技术因地制宜。

二是优化知识结构。农业科技信息的传播是一个完整的系统的过程，农业科技传播者在社会身份、工作性质及传播手段方面存在差异，从事农业科技传播者的专业背景多是社会、人文学科，农业科技传播者需具备的知识结构也应有差别。

三是提升智力结构。善于洞悉传播对象，养成细心观察、耐心倾听的良好习惯。具备丰富的想象力和创新力，善于思考、分析，有清晰条理的逻辑思维。

四是提高业务能力。要有用专业知识和所具备的技术智力结构去解决实际问题的能力，要求传播人员拥有综合服务能力。还要有调动农民的积极性和对人、财、物进行组织管理的能力，更好地为农业生产效益服务。

2. 打造高质量的系统传播内容

构建现代农业科技传播体系，须打造高质量的系统传播内容。农业科技信息质量越好，越具有及时性、针对性和可操作性，则农业科技信息传播效果越好[1]。采取多种方法和手段扩展信息来源渠道，去伪存真。具体应该遵循以下原则和基本要求：要真实准确、及时有效，不但要保证农业科技信息的真实准确，更要考虑信息的及时有效，确保信息的使用价值和实际效益。要完整、连续、科学地建立双

---

[1] 李婵、史珍珍、张恬瑜：《福建省农业科技信息传播效果影响因素分析》，《农业科学研究》2020 年第 3 期。

向互动模式，创建多元化的传播渠道，充分利用新型媒介技术，创建多元的传播渠道，及时准确地传递给农业生产者。

遵循目的性原则，根据农业科技信息的具体内容以及受众理解的难易程度来对传播渠道进行相应的决策。遵循因地制宜原则，考虑地域要素差别及经济增长趋同。遵循综合性原则，把各方面的因素综合起来考虑，注重多种媒介的组合以及各种传播媒介的优劣，利用多元化、立体式、个性化的组合构建现代农业科技传播体系。

3. 培育主体性的系统受众

构建现代农业科技传播体系，须培育主体性的系统受众。农业受众是进入农业科技传播活动范围并接收农业科技信息的对象。受众是传播行为的目的地，与传播者这一主体具有同样重要的地位，是现代农业科技传播活动的另一主体。受众接受农业科技并应用于生产后，及时返回应用效果及意见建议并对原始研发产生影响，不仅能满足自身对农业技术的需求，更有利于现代农业科技传播的系统开展。

完善现代农业科技传播受众子系统，必须紧紧围绕"培养什么样的受众和怎样培养受众"问题。农民是农业科技的具体实施者，农业科技信息能否得到有效利用，农业信息技术对农业发展有什么作用，很大程度上是由农民的素质决定的[1]。广大农民是现代农业科技传播的主要受众，培育新型农民，鼓励形成主体性的受众是对现代农业传播系统另一主体的完善。

首先，当前农村发展的状况很大程度上受农民整体文化水平的限制，要改善这种状况就要加强发展农村基础教育事业，并积极发展成人教育，特别是针对贫困地区，继续加强扫盲力度。

其次，要注重培养农民接受新技术能力，培育农民的综合应用能力，要强化农民参与经营管理的意识。市场经济条件下要鼓励农民参与市场，学会为卖而种，为卖而养。引导农民尊重市场规律，为现代农业科技传播工作打下基础，为发展现代农业提供更加有力的科技支

---

[1] 苗立强：《农业科技信息传播对农业发展的促进作用探讨》，《科技致富向导》2012年第151期。

撑。在此，要提高农民思想道德素质和政治素养。转变新时期农民的思想观念，改变农民的思维方式，加强和改进农村思想政治工作。把问题化解在萌芽状态，教育农民通过理性的合法的形式表达利益需求，把问题解决在基层。

最后，要重点加强农村意见领袖的培养。农业科技信息的质量得到意见领袖的认可就很容易形成"邻里效应"，实现农民共同致富。"以农民为中心"的传播策略，既反映了农业科技传播的特性，也反映了市场经济发展的客观要求①。发挥意见领袖的积极作用，从事农业生产活动的农民收入低，所开展的农业生产周期长、风险大，这使他们习惯通过熟悉的、信得过的人来帮助出谋划策，这种人就是农业科技传播的意见领袖。

现代农业科技传播要通过双向沟通，通过有意识的信息交流来帮助农民改变行为。倾听农民的意见，关注他们的感受，一切从农民的实际需要出发，树立正确的观念，制订科技传播计划。提升广大农民群众的思想道德水准，使之符合农村群众的经济能力、技术能力和文化价值观，推动乡村经济发展，取得预期的效果。

二　构建高校复合型现代农业科技服务体系

现代农业科技传播是一个完备的体系，需将不同部门的生产要素、社会力量高效集聚。促进各生产要素合理整合到农业生产分工中，满足现代农业生产的需要。创新服务模式，建立一个专项服务和综合服务途径相协调的机制与模式。

（一）高校具备开展农业科技社会化服务独特的组织优势

积极构建一个公益性服务与经营性服务相结合的现代农业科技服务体系，体现现代农业的专业化、市场化、社会化，能为农业生产提供各种服务的多功能复杂系统。高校的社会服务功能作为高校的第三大功能，越来越受到社会和国家的重视，作为涉农高校参与国家乡村

---

① 吴德进：《构筑现代农业科技传播体系——以福建省为例的分析》，《福建论坛》（人文社会科学版）2008 年第 10 期。

振兴伟大工程一个最核心的工作就是建立新农村服务基地①。高校作为社会力量的重要组成部分，具备开展农业科技社会化服务独特的组织优势，具备公益性农业科技服务机构的特征和使命，创建高校复合型农业科技服务的组织平台具有巨大的优势和充分的条件。高校复合型农业科技传播服务性模式就是提高农业科技传播能力，为农业生产经营主体提供产前、产中、产后全程科技服务的组织机构和网络系统。

1. 建立高校复合型农业科技服务的必要性

我国农业社会化服务体系不断完善，实践中不断探索出能产生实效的多种模式②。为供应方和需求方搭建互动桥梁，在各自的农业生产经营领域内分担一定的社会公益性和自然风险性。但多元化的服务主体利益单一，生产要素配置不合理；传导机制单调，服务目标与农业生产和农民实际需求相脱节。因此，需要创新农业科技服务体系建设机制与模式，积极探索公益性职能与经营性服务相结合、专项服务和综合服务相协调的办法与途径，建立高校复合型农业科技服务的协同创新组织平台。

2. 高校在复合型农业科技服务体系中的主导作用

高校具有先天的科技、人才、信息和资源优势，与此相对应，高校具有人才培养、科学研究和社会服务等功能。重视和强化高校在发展现代农业中的科技服务功能，发挥高校在建设复合型农业科技服务体系协同创新中的主导作用，不断拓展大学的各项职能。

2012年，山西省被国务院农村综合改革领导小组确定为"构建新型农业社会化服务体系工作"试点省份，山西大学成为全国唯一一家由高校牵头开展农村综改项目的高校。针对山西农业发展的总体布局及区域特色，各单位协同创新，积极探索构建高校复合型农业社会化服务体系新模式，在重点领域和关键环节取得实质性突破。为满足

---

① 邵存林：《乡村振兴视角下涉农高校新农村服务基地社会服务功能探析》，《现代农业研究》2022年第2期。

② 刘东：《我国新型农村科技服务体系发展路径分析》，《中国科技论坛》2007年第8期。

现代农业生产的科技需求，高校在农业科技服务问题上尽管有着自身特殊的价值取向，但没有自己的特殊利益，正因为如此，高校复合型农业科技服务体系建设保证了农业生产者利益最大化和农业科技效用最大化。

3. 高校复合型农业科技服务体系能满足农业发展对人才的需求

高校作为人才培养、科技创新与技术转移的主要社会力量，具备开展农业科技社会化服务的巨大优势和充分条件。高校拥有较雄厚的科研力量，是农业技术创新与集成的核心。对于刚刚起步的农业产业化，现阶段规模较小的农业企业不能担当起农业技术创新的主体地位，高校在相当长的一段时期仍将是农业科学研究的主体之一。高校拥有规模性的科技研发中心、高新技术示范园区和教学科研基地，可实现对农业科技成果的试验、示范和推广，具有较强的示范辐射作用[1]。高校是科技创新人才培养的主体，能够满足农业发展对人才的需求。高校通过多层次、多规格、多形式的人才培养培训模式，造就了一批适应现代农业发展的高素质农业科技社会化服务人员队伍。高校实行教学、科研、生产相结合的实践教学，在农业高新技术成果转化中发挥着关键作用。高校通过组建专业的农业技术推广队伍参加农业科技服务活动，建立农业科技示范基地、农业科技园区、农业科技专家大院等多种形式发挥其以技术辐射为中心的社会服务功能，成为农业科技成果进村入户的通道，将农业科研成果尽快转化为现实生产力。

（二）农科教相结合推进农业社会化综合服务

协同创新以知识增值为核心，为了实现重大科技创新而开展的大跨度整合的创新组织模式。2012年，国务院农村综合改革领导小组确定山西省为"构建新型农业社会化服务体系工作"试点省份。项目组牵头单位山西大学探索构建协同创新的农业科技服务和推广新模式。通过加强与有关高校和科研院所的沟通和协作，夯实现代农业发展基

---

[1] 聂海：《大学农业科技推广模式研究》，博士学位论文，西北农林科技大学，2007年，第62页。

础；通过新型农业社会化服务体系的推广和应用，切实提高农业社会化服务水平，增强服务"三农"能力。

山西省新型农业社会化服务体系建设试点项目由山西大学作为牵头单位，充分发挥高等院校、科研院所科技资源、人力资源优势，联合农村经济合作组织、乡镇或区域性农业技术推广公共服务机构及涉农企业，整合资源。建立以市场经济主导、服务中心为纽带的大学—农企—合作社三位一体的服务新模式，实现各方优势互补，构建全方位的农业科技成果转化和新型农业服务体系，产生系统叠加的非线性效用，加速农业技术推广应用和产业化。

重点探索以大学为依托，农科教相结合的新型农业社会化服务模式，积极推进农业社会化综合服务平台建设。山西大学作为牵头单位，以现有农资网为基础的星级服务站，搭建以农业企业、合作社、团体为服务载体的新型农业社会化综合服务公共平台。建立综合信息化服务网络和绿色农产品检测中心，以新型农机装备制造实现农艺、农机与农技的有机融合，打造集农业微生物菌种、生物有机肥生产、畜牧—农业循环和大棚温室蔬菜生产为一体的大型综合培训中心，建立新型农业社会化综合服务技术支撑公共平台。成立山大—美特好农超对接推广中心和山大美特好绿色农场研发中心，建设"产销直通"绿色农产品市场对接平台。由参与试点的各协同单位共同完成多种单项农业技术的集成与组装，开展集成技术示范工作，建设技术推广示范平台。

开展社会化服务实践的同时成立理论研究组，整体展开一系列的政策理论研究。通过理论研究和实践总结，加强实证研究，为新型农业社会化服务体系建设提出政策建议。围绕山西农业发展的总体布局，实现创新资源的聚集和优化配置。开展系列集成技术组装与示范的协同创新科技示范园，由科技人员、科技示范户及农业龙头企业共同完成多种单项农业技术的集成与组装，建设更为完善的标准化、机械化、信息化、科技化的现代新型农业产业社会化服务体系。

为实现现代农业生产和经营的过程简单化，把简单的问题标准化，把标准的问题制度化，把制度的问题信息化。结合高校复合型社会化服务的建设与运营，通过农业合作社等经济合作组织的运作，将农业科技成果与先进农业机械有机结合。以农民专业合作社为基础的县级服务中心，建设"农业集成技术打包服务"为目的的服务体系。其特点是以先进农机为引导，实现诸如良种、先进农艺、生物技术、肥料高校利用等多项农业科技打包，开展以良种—生物肥—测土配肥—先进农机等一体式系统化的农业集成技术服务。

山西大学牵头试点的大学复合型农业社会化服务体系建设，积极开展技术推广服务、技术培训服务、服务网点和网络建设、专家工作平台、农业科技协同创新示范、农机外包等服务，走原始发明—产业化—市场化的科技成果转化之路，为山西农业发展注入新活力。围绕协同创新搭建组织平台，建立高校复合型农业科技服务运行机制的实践模式。由科技人员、科技示范户及农业企业共同完成多种单项农业技术的集成与组装，开展集成技术示范工作，建设技术推广示范平台。

（三）高校复合型农业科技服务体系的模式

（1）"高校专家+涉农企业+示范农户"的农业科技服务模式。依靠高校专家大院的科研攻关成果和技术服务体系，引导涉农企业家接受新成果，引导民营企业参与乡村振兴战略。让农民在使用科学技术中真正得到实惠，使农民真正掌握科研成果，加快农业科技成果转化带领农民富起来，探索建立高校农业专家、涉农企业、农户结为利益共同体的农业科技产业化服务模式。

（2）"高校专家+技术成果+示范农户"模式。通过高校专家建立实验田、高科技示范园区等方式，实施产学研高科技示范园区建设项目，建立现代农业高科技示范园。高校专家开展技术指导，田间课堂解民忧，对农民进行引导。

（3）"高校专家+科技企业+农户"的农业科技服务模式。依托高校专家大院的科技成果和技术服务，由涉农企业等市场主体进行资源优化配置，通过对涉农科技企业进行有偿服务，使其发展成科技型企业，实现市场化经营。切实搞好技术服务工作，涉农科技企业建立技术咨询室、良种供应点、技术指导站等服务平台，助推良种服务体系建设，促进先进栽培技术、优良品种的推广。

（4）"高校专家+中介组织+农户"的农业科技服务模式。通过高校专家走进田间地头，在田间地头进行指导与推广，用科技指导生产，解决农作物种植过程中的科技问题。充分发挥中介组织在产品集散中的地位来从事农产品运销等经营活动，使区域性专业批发市场成为基地农产品集散中心，助力脱贫攻坚。

（5）"高校专家+科技示范园"的农业科技服务模式。通过高校专家建立科技示范园区等方式，发挥专家园区项目布局规划、具体项目设计、集中饲养和循环技术模式设计、统一技术服务支持体系建设等方面的作用，规模经济效益显著。

农业科技服务模式协同创新，探索高校—农企—合作社—农户多位一体的农业科技服务体系，盘活农业科技服务资源，促进体制和机制创新。积极培育高校复合型新兴农业科技服务体系，开展技术推广服务，高校复合型农业科技服务新模式为现代农业发展注入新活力。

三 系统构建涉农科技网站

农业科技传播需要进行农业科技信息化，为农业科技信息提供全新的传播途径。新媒体时代，涉农新闻的报道就要通过多种新媒体平台，多元化、多角度、多方式、多手段去传播农业地位的重要性、农业科技的必要性[①]。"三农"问题作为全党工作的重中之重，建立涉农科技网站是解决"三农"问题的有效途径。

（一）涉农科技网站实现农业科技信息的交流

向广大农村地区发布科技信息，为广大农民提供政策咨询服务，成为政府与农民沟通的纽带。为农民推送农业供求信息，密切与农民的利益联结，大力开展农资直供服务，获取市场信息、寻求技术支持，成为广大农业生产者获取各种信息的主要渠道。通过涉农科技网站，打造面向农业现代化的全程社会化服务平台，实现农业科技信息的交流。

---

① 李贵刚：《浅析新媒体时代涉农新闻报道的变革》，《农村·农业·农民》2020年第7期。

农业信息化从无到有、由弱变强，智慧农业成为新时尚。涉农科技网站充分利用互联网、物联网，推进农业农村与"互联网+"融合，加快发展农业信息化、智能化、商务化。鼓励新型农业经营主体和农业产业化龙头企业对接互联网产业平台，通过互联网推动全产业链合作，提供信息技术服务，促进土地流转交易信息共享，实现立体式产业利润共享，实现农村一、二、三产业融合发展[①]。党的十九大报告在讲到实施乡村振兴战略时指出，要"实现小农户和现代农业发展有机衔接"，涉农科技网站在实现小农户和现代农业发展有机衔接中大有可为。

（二）正确面对农业科技网站建设的不足

农业科技网站在农业科技信息的传播与交流中起到重要作用，传播农业信息的过程复杂，农户获取信息会受到多种因素的影响和制约，必然受到传播者、信息属性以及自身因素的影响，涉农科技网站承担着重要的社会公共服务职能，需要政府通过宏观引导、资金支持、政策倾斜等方式给予极大的支持和鼓励。如若政府缺乏对涉农科技网站基础设施建设的投入，网站基础设施建设薄弱，资金短缺严重，会影响涉农科技网站对农业科技知识的普及推广。目前，涉农科技网站的专业建设人才和专门管理人才相对缺乏，严重影响网站传播内容的科学性、权威性、准确性，必定会带来涉农科技网站的可信度低而影响传播效果。

农业科技信息缺乏时效性和针对性，大大降低了其利用价值。很多涉农科技网站的建设存在细节性问题，点击一些模块或者目录时存在着不是空白就是正在维护，同一网站内容重复，一些网站的个别模块信息更新不及时等问题。涉农科技网站使用者的科学素养不高，与网站建设者存在语言障碍，网站对农业科技传播活动的效果深受主观因素的影响，降低了传播效果。

（三）创新涉农科技网站建设

涉农科技网站的主办者主要有政府、媒体、企业、个人、科协、

[①] 《关系全国2.6亿小农户：农业部副部长手把手教小农户衔接现代农业》，https：//www.sohu.com/a/207066735_260085，2017年11月28日。

科研机构六大类，实现农业现代化需创新涉农科技网站建设。

1. 政府主办的农业信息网站

由政府主办的农业信息网站，是最具权威性的农业科技网站。充分发挥网上优势，引导生产，发布新技术，宣传农业法规，介绍新产品，传播技术。政府机构应组织建立与农村发展和农民增收相关的网站，比如气象局专门预报天气，根据近期当地的气象灾害做一些温馨提示，介绍当地的地理环境条件等因素，依托省、市、县三级专门服务于农业的信息交流平台。由山西农业厅主办的山西农业厅信息网，发布现代农业科学技术及与农业有关的农业资讯。山西农机局主办的山西农机化信息网，推动农机装备高质量发展，促进农机社会化服务提档升级。

2. 科研机构主办涉农科技网站

科研机构主办涉农科技网站，具备信息资源、人才资源、网络信息教育技术等优势。农业科研机构和农业院校在实现农业信息化建设开展社会化服务有极其明显的优势，农业科研机构建立的农业信息网站重视农业科研成果转化，是农业信息的第一手资料。传播内容是较具权威性的新品种和适用技术、良种引进示范推广，及时提供准确、可靠、实用的农资信息，对农民进行实际性的指导。

3. 企业主办的涉农网站

企业主办涉农网站最多，极具商业性和商业动机。此类网站通过提供服务所获得的收益，创办目的基本上是期望获得经济收益。涉农网站推送农业资讯、农业百科、农业项目、物联网技术等农业科技信息内容，为科技兴农服务。它们的信息内容丰富，知识信息量广，教育性强。

涉农网站利用自身媒介优势，服务于农业。农业相关从业者对农业信息化的认识逐步提高，涉农网站不断增加。信息种类增加，获取信息的途径越来越广，信息量加大。

（四）农业信息化推进农业现代化

涉农科技网站通过农业科技信息服务平台的建设，承载的信息内容主要有：政策法规，普及农村现行基本政策与法律制度，为农户提供种植技术和养殖技术,提供最新的农业生产技术、提供优良品种种植技术,提供农业种养技术服务产品信息;汇集全国名优企业,提供全国各地的市场价格、市场行情、供求信息,构建全国农产品批发市场价格信息系统。涉农科技网站提供的内容覆盖了农业和农村经济的各个方面,坚持以现代产业体系提升农业,包含市场信息、科学教育、政策法规与管理、种植业等不同类别不同内容的信息。

1. 农业信息化转变农民思想观念

农业信息化是国民经济和社会信息化的重要组成部分,加快农业信息化建设,推进农业现代化发展。介绍相关的技术要求,转变农民思想观念带动农村社会转型,让农民认识层面的态度发生转变,增强农民对优良作物品种的认识及选择,最起码知道优良品种、新品种的存在。农业信息化是发展现代农业的重要内容,农业网站是农业信息化的重要力量和工作抓手[1]。为了让农民实现增产增收,农业信息化为更好地利用土地和种植资源创造有利条件,对一些优良品种、新品种进行推广,进一步推动农业发展上新台阶。瞄准数字乡村建设的契机,根据农业生产周期,精准天气预报及其他资讯服务,发布天气预报、病虫害预报、警报等农民需要的信息,并根据当地虫情预报和田间病害发生动态提出相应的简单易操作的防范措施。

2. 农业信息化提供关系民生的公共服务

开展惠农政策和涉农法律法规宣传活动,宣传国家的农业农村政策,提供关系民生的公共服务。为相对封闭的农村社会注入更多的外界信息,介绍一些农村致富能手成功的经验,提供全面的实用技术资讯,尤其是一些农民致富的技术,并提供一些农产品市场信息。随着互联网在农业领域的广泛应用普及,中国农民通过浏览各级各类涉农科技网站,获得农业科技知识和致富信息。促进农业科学知识的普及和农业科技成果的推广,农业科技助力农业生产,促进农村社会的和谐发展。

3. 农业信息化推动新农村建设

农业信息化是社会主义新农村建设的推动力,信息基础设施是联

---

[1] 杨扬、嘉波:《中国涉农网站建设研究》,《农村经济与科技》2007年第6期。

系市场和农户信息交流的主要手段和工具。应逐步提升乡村网络设施水平，完善信息终端和服务供给，加快乡村基础设施数字化转型。注重培养农民的信息素养，包括组织开展上网技能培训，提供人力资源资讯。同时，加强农村信息基础设施建设，鼓励农民主动接触现代通信技术，提高其利用移动互联网、农业 App 技术手段获取农业信息的意识和识别信息的能力[1]。

(五) 打造系统化的涉农科技网站

农业科技信息化与社会网络是影响农业农村现代化的重要因素，系统构建涉农科技网站，加强农村信息基础设施建设，从硬件建设和软件建设两方面着手，打造农业科技成果与农户间有效的信息交流平台，促使农业科技信息在农户社会网络中有效扩散传播极具现实意义。

1. 提高网站传播者素质

系统构建涉农科技网站，着手提高网站传播者素质。数字乡村既是农业农村现代化发展的重大战略，又是乡村振兴高质量发展的关键路径。数字乡村是乡村振兴的战略方向，数字乡村建设需要网络、信息、技术和人才资源的要素驱动支持，加快推进数字乡村建设发展，从而促进数字乡村建设的快速发展与价值呈现[2]。现代农业科技传播中传播者素质低、结构不合理的状况已经不能适应现代农业发展的要求，存在对农业科技信息狭义的思想认识。现有维护涉农科技网站的青年采编人员，不少人缺乏和农业、农村、农民的接触，对农村社会发展的理解有偏差。农技推广滞后，科研与应用脱节，采编的农业科技信息与农村社会发展实际不符，不能抓住农村社会发展问题的实质。要提升涉农科技网站的传播效果，就必须建设一支规模宏大、结构合理、素质优良的涉农网站传播创新人才队伍。坚持把提高传播者自身科学素质作为推动涉农科技网站高质量发展的战略资源，统筹推

---

[1] 杨海钰、李星光、张聪颖：《信息化、社会网络与农户农资购买渠道选择——基于公司直销与农资零售店的比较》，《农业现代化研究》2020 年第 3 期。

[2] 沈费伟、叶温馨：《数字乡村建设：实现高质量乡村振兴的策略选择》，《南京农业大学学报（社会科学版）》2021 年第 5 期。

进涉农科技网站管理人才、专业技术人才、实用技能人才、高技能人才、乡土人才、社会工作人才等各类人才队伍建设。

要成为一个合格的涉农科技网站传播者，需要不断加强自身的理论和业务学习，拓宽在农业领域的知识面。熟悉传播基本概念、理论、技巧，具备教育学与心理学、农业工程与信息技术等方面的知识。分析我国当前发展农产品网络营销的制约因素，针对制约因素构建解决现有问题的农产品网络营销体系，应建立完善的农产品营销知识技能培训制度，将农户、龙头企业、中介组织及物流人员等网络营销各个环节的主要参与人员作为主要培训对象，帮助各主体掌握网络营销技能技巧和交易方法[1]。面向涉农科技网站传播者群体，帮助他们实现素质提升、职业发展、社会参与等个人梦想，引导他们成为农业现代化建设、乡村振兴战略实施的科技传播者。加大对涉农科技网站传播者社会组织的引导和支持力度，举办网络安全、网络技能、网络文化产品等方面竞赛，培养涉农科技网站传播人才。

2. 提高网站农村受众的科技素养

系统构建涉农科技网站，着力提高网站农村受众的科技素养。开展新型职业农民培训，提高涉农科技网站农业科技受众素质，引导他们积极投身乡村振兴伟大实践，提升农业科技信息利用率。

要提高涉农科技网站的农业科技传播效果，农村受众自身科技素养是一个重要决定因素。农业信息化的发展基础来源于农民科学文化素质的提高，因为农民自身文化素质提高了才能增强他们接受、分析信息的能力。由于教育水平低下的农民受传统思想的禁锢，又受小农经济思想牵制，跟不上信息技术发展的步伐，而且缺乏必要的网络知识，不懂电脑操作技术，是农村居民不上网的又一重要原因[2]。由于农村农民的受教育程度普遍偏低，农民选择种植农作物靠传统经验或亲朋好友口授相传，很大一部分人对最新农业科技成果感兴趣但不敢尝试，处于观望状态，只有极少数农民会及时应用到生产实践中，教

---

[1] 孙菲：《基于"互联网+"的农产品网络营销体系构建与优化》，《热带农业科学》2020年第2期。

[2] 邓艳丽：《农业信息网站受众分析》，《内蒙古科技与经济》2016年第17期。

育培训很有必要。

对于涉农网站上的各种农业科技信息，很多农民在没有亲身经历或对成效不是亲眼所见就不敢相信，担心最新农业科技信息是为了赚取农民的信任，提高农民受众的文化素养，开展推广教育培训是很有必要的。2020年，我国高素质农民培育工程稳步推进，农业农村部联合财政部启动高素质农民培育工程，积极支持高素质农民培育，累计培训1600万人。围绕产业发展需要，从电子商务、农民手机应用等通用知识、专业技能、经营管理水平等方面规范培训内容，通过线上线下融合培训，精准培育了一批基本掌握智慧农业技术的高素质农民[①]。组建涉农科技受众新媒体联盟，加强涉农科技网络名人、网络技能人才队伍和涉农好网民队伍建设，引导涉农科技网民依法上网、文明上网、理性上网，持续广泛、强有力、有针对性地发出涉农科技信息。使农民正确认识涉农网站，了解网络传播的信息资源。农民最需要信息更新快、可靠性高的涉农网站，掌握利用网络传媒获取信息和知识的方法，通过网络学习农业技术。

3. 加强有效农业科技信息收集

系统构建涉农科技网站，加强有效农业科技信息收集。农业信息化的水平直接影响着乡村振兴战略的顺利推进，前5位的农业信息化水平评价指标是种植业信息化水平、农民智能手机应用技能培训率、畜牧业信息化水平、农村信息员比例、水产养殖业信息化水平[②]。有效农业科技信息是涉农科技网站推广农业科技的源泉，引导农民科学选用优良品种和先进适用技术，推进农业科技快速进村、入户、到场、到田。

建设农资企业与农户间有效的信息交流平台，推进智慧农资建设，构建农商融合平台，打破信息壁垒，通过合作、并购和整合等手

---

① 农业农村信息化专家咨询委员会：《中国数字乡村发展报告（2020年）》，中华人民共和国农业部，http://www.moa.gov.cn/xw/zwdt/202011/t20201128_6357205.htm，2020年11月28日。

② 沈剑波、王应宽：《中国农业信息化水平评价指标体系研究》，《农业工程学报》2019年第24期。

段，推动不同类型的大众媒介整合，帮助农户通过多种渠道有效识别农资产品市场状况，便捷获取农资产品信息，从而改进农资产品选购决策①。涉农科技网站农业科技信息的真实与否直接关系到农民的切身利益，涉农科技网站上推广的良种应具备高产、优质、抗病等特性。推介畜牧业主导品种和主推技术，提高广大养殖场（户）选择应用优良品种和先进技术的意识。

重视涉农科技网站信息的收集和发布，管理人员应该是从事农业科技研究、推广、传授及农村实用技术人才。乡村信息服务更加完善，有效推进农业科技信息在农业生产、经营过程中的应用，提高涉农科技网站的农业信息服务对建设现代农业的贡献率。统一的全国农情信息调度平台有效支撑种植业全程精准管控。完善省级农情调度远程视频会议系统，提高了农情信息的时效性。选取适合当地地形、地貌、气候的科技成果并确定引进的成果数量，通过合理渠道对全国的农业大专院校、高等院校以及科研机构的最新科研成果进行收集，这些最新开发的农业科技成果都是第一手资料，具有极高的权威性和科学性。有些涉农科技网站的农业信息要及时更新，完善农业科技信息更新维护制度，及时收集整理农业科技信息及惠农政策，有专人负责农业科技信息的筛选、审核和提报工作，有专职部门负责信息服务平台的运行、维护和管理工作以及相关信息的审核、上传和后台服务工作。

4. 完善涉农科技网站基础设施建设

系统构建涉农科技网站，不断完善基础设施建设。农村信息化的推进，不但能提高农业产量、帮助农民增收、缩小城乡差距，而且是实现城乡经济协调发展的重要渠道②。涉农科技网站作为促进现代农业农村信息化的重要综合服务平台，在有效推广农业科技成果促进农业现代化进程的同时也暴露出涉农科技网站发展过程中的一些弊端。

---

① 杨海钰、李星光、张聪颖：《信息化、社会网络与农户农资购买渠道选择——基于公司直销与农资零售店的比较》，《农业现代化研究》2020年第3期。

② 申晓艳、丁疆辉：《省域涉农网站发展现状与区域特征研究——以河北省为例》，《河北师范大学学报》（自然科学版）2015年第2期。

发展涉农科技网站,加快推进涉农平台经济的相关理论研究,为政策制定提供参考依据;优先鼓励具有一定服务基础和资源整合能力的涉农服务机构和市场主体向涉农平台转型,探索先行经验;明确把涉农平台作为新型农业服务主体进行扶持;完善外部环境,为涉农平台健康快速发展提供软硬件支撑[1]。农村发展进入新时代,涉农科技网站肩负着农村发展新使命,涉农科技网站服务农村发展踏上新征程。

每个平台网站不仅具有一般性功能,而且应该具有自己独特的风格和特定的服务对象,具体体现在互补性资源链接、在线帮助服务、特色服务、个性化服务等方面[2]。信息技术发展日新月异,大数据、云计算、人工智能、区块链等新技术的发展应用,为涉农科技网站综合服务平台创新服务手段和拓展服务功能提供良好机遇。强化规划管控优化空间布局,总体谋划"十四五"数字乡村发展;坚持质量兴农夯实发展基础,完善信息终端和服务供给,加快建设乡村新一代信息基础设施;释放数字活力共享数字红利,培育壮大农业农村发展新动能;创新治理模式助力治理能力现代化,提升乡村治理能力现代化水平,规范开展乡村治理工作;转变涉农网站管理方式,推动融合发展,统筹发展数字乡村与智慧城市[3]。以信息网络为基础,以技术创新为驱动,新型基础设施建设为数字农村发展提供更加坚实的基础和条件。加强基础设施共建共享,实施公共服务合作,打造集约高效、绿色智能、安全适用的数字乡村基础设施[4]。

涉农科技网站的建设和推广是一项长期且复杂的工作,高质量服务"三农"的关键在于涉农科技网站要瞄准广大农民、农业合作社、涉农企业等农民的实际需求,对涉农科技信息资源进行有效整合、挖

---

[1] 芦千文:《涉农平台经济:典型案例、作用机理与发展策略》,《西北农林科技大学学报》2018年第5期。
[2] 熊春林、张亚岚、田语:《农村农业信息化综合服务平台评价与改进对策研究》,《图书馆学研究》2018年第16期。
[3] 《中国数字乡村发展报告(2020)》,《云南农业》2020年第12期。
[4] 农业农村信息化专家咨询委员会:《中国数字乡村发展报告(2020年)》,中华人民共和国农业农村部,http://www.moa.gov.cn/xw/zwdt/202011/t20201128_6357205.htm,2020年11月28日。

掘、开发和利用。加快涉农科技网站综合信息服务平台建设，加大农业科技信息技术开发力度。不断优化涉农科技网站界面设计，持续提升涉农科技网站系统性能，长期整合涉农科技网站的农业科技信息内容，强化涉农科技网站实体特色功能，塑造涉农科技网站形象，提高社会关注度，有效提升涉农科技网站的全程社会化服务质量和服务效率。

结 束 语

农业现代化用现代科学技术改造农业，是新时代社会主义现代化建设的战略选择。党的十一届三中全会以来，中国共产党在计划经济体制最薄弱的环节推动中国土地经营形式及其制度的变革，由人民公社体制转向联产承包责任制，从计划经济向市场经济转变，大幅提升了农民生产的积极性，解放和发展了农村生产力。习近平总书记在"七一"重要讲话中指出，我们坚持和发展中国特色社会主义，创造了中国式现代化新道路。在创造中国式现代化道路中，从我国国情出发积极推进农业现代化建设，注重理论创新和实践探索，在理论上不断升华现代农业发展理念，在实践中不断深化对农业现代化的认识。农业现代化是我国农业发展变革的科学论断和规律性认识，在理论和实践中不断探索中国特色农业现代化道路。自2013年以来，中央一号文件聚焦农业现代化这一大主题。2021年、2022年的中央一号文件都提出，举全党全社会之力加快农业农村现代化。现代农业发展道路前景光明，中国特色农业现代化道路适应农业现代化发展趋势，实现了马克思主义农业现代化思想的中国化，中国新时代农业现代化思想是马克思主义理论的重要组成部分，站上了加快实现农业现代化的历史新起点，我国农业现代理论创新与实践探索取得历史性成就、发生历史性变革，为实现社会主义农业现代化积累了宝贵的经验。坚持马克思主义唯物史观对新时代中国共产党实现农业现代理论创新的规律性认识，丰富马克思主义农业现代化思想研究成果。强调新时代坚持和发展中国特色农业现代化新道路，接续推进农业现代化建设新征程，有助于系统理解中国特色农业现代化建设的理论创新和实践探索。

中国特色农业现代化是马克思主义农业现代化思想与从国情出发推进农业现代化建设实际相结合的产物，中国特色农业现代化道路是中国特色社会主义道路的重要组成部分，是在实践中不断探索形成的，是马克思主义农业现代化思想中国化的结果。中国特色农业现代化伴随着理论和实践的相互激荡、共同前行，经历着我国农业发展史上最为广泛而深刻的社会变革。创造中国式农业现代化道路，坚持中国特色社会主义道路，根本出发点都是从国情出发。构建适应时代需要的农业现代化新发展格局，突出生产工具和劳动对象变革，只有在劳动工具和技术变革的带动下，农业生产力才能获得巨大的发展。重视经营管理，着力整合主体要素，重视资源配置优化和推进供给侧结构性调整。提高供给体系质量和效益，强调产业、生产、经营等环节的各体系的系统构建。提高土地产出率和劳动生产率，优化资源利用率和要素配置率，增强抗风险能力和可持续发展能力，提升市场竞争能力和国际竞争能力，实现农业科技产业发展目标，在中国式农业现代化道路的实践探索中实现历史性跨越。

农业现代化是一个动态变化的过程，对其内涵的表述或理解会随时代的变化而变化。注重理论创新和实践探索，在理论中不断升华现代农业发展理念，在实践中不断深化对农业现代化的认识。

参考文献

埃弗雷特·罗杰斯：《创新的扩散》，辛欣译，中央编译出版社2002年版。

白安良：《论马克思生产力理论在中国的发展历程》，《生产力研究》2014年第1期。

白春礼：《学习进行时奋力开创新时代科技事业新局面——深入学习贯彻习近平总书记关于科技创新重要论述》，《旗帜》2019年第10期。

白献晓、薛喜梅：《农业技术创新主体的界定与特点分析》，《中国科技论坛》2003年第6期。

别拓伦、别特：《新时期科技新闻传播理念创新》，《中国记者》2008年第6期。

布和朝鲁：《以产业兴旺带动乡村振兴》，《内蒙古日报》2018年7月30日第9版。

曹晨、陈学云、史贤华：《基于合作博弈的农业科技创新主体合作研究》，《滁州学院学报》2019年第2期。

曹慧、郭永田：《现代农业产业体系建设路径研究》，《华中农业大学学报》（社会科学版）2017年第2期。

曹茸、李丽颖、吴佩：《农业科技创新的"体系模式"：农业部现代农业产业技术体系发展纪实》，《农民日报》2016年5月8日第1版。

曹智：《人类主体和动物客体之法哲学探究》，《前沿》2011年第19期。

常钦、毕京津、高云才：《农业现代化迈上新台阶》，《人民日报》2021年7月19日第1版。

车海刚：《中央一号文件11年锁定"三农"》，《学习时报》2014年1月27日第1版。

陈步林：《坚持系统观念是"十四五"时期经济社会发展必须遵循的重要原则》，《当代江西》2020年第12期。

陈凡、董传升、贾岩：《技术图景中人的主体性的获得、缺失与重构》，《哲学研究》2007年第6期。

陈光：《自然辩证法概论》，四川大学出版社2004年版。

陈欢：《"使用与满足"理论视野下的农村互联网传播体系》，《长沙大学学报》2015年第1期。

陈辉、赵晓峰：《农业技术推广的"低水平均衡"现象研究》，《农业经济》2016年第9期。

陈劲、尹西明、赵闯：《乡村创新系统促进乡村振兴战略》，《经济参考》2018年4月25日第6版。

陈劲、朱子钦：《探索以企业为主导的创新发展模式》，《创新科技》2021年第5期。

陈鹏：《气象服务助力我国脱贫攻坚工作的一些思考》，《环境与可持续发展》2019年第1期。

陈其荣：《技术创新的哲学视野》，《复旦学报》（社会科学版）2000年第1期。

陈锡文：《农业农村经济形势与中央一号文件》，《乡镇论坛》2004年第9期。

陈锡文：《详解2008年中央一号文件：强化农业基础走中国特色现代化农业之路》，《国土资源》2008年第2期。

陈锡文：《中国农业发展的焦点问题》，《农机科技推广》2015年第7期。

陈霞：《国外发展生态农业的经验与启示》，《天津农业科学》2015年第4期。

陈志列：《精准施策扶持创新主体》，《中国中小企业》2021年第4期。

程厚思：《中国农业发展：困境与出路》，《发展研究》1999 年第 10 期。

程怀儒：《传统农业向现代农业转变是中国农业的根本出路》，《农村经济》2003 年第 9 期。

程漱兰、任爱荣：《新农业政策与 2005 年的期待》，《农业经济问题》2005 年第 3 期。

程旭荣：《一个好项目改变穷山乡——彤康裂变效应探秘》，《太行日报》2011 年 6 月 17 日第 1 版。

崔振海：《彤康模式扶贫新路》，《山西经济日报》2010 年 4 月 1 日第 1 版。

邓大才：《"三农"政策：要从战术调整转向战略创新——学习 2004 年中央一号文件》，《学习月刊》2004 年第 3 期。

邓瑾：《社会主义新农村建设：中国农村第二次变革拉开序幕》，《南方周末》2006 年 3 月 9 日第 C18 版。

邓艳丽：《农业信息网站受众分析》，《内蒙古科技与经济》2016 年第 17 期。

丁丽、杨韶艳：《科技创新促进农业供给侧结构性改革研究综述》，《现代营销》2020 年第 6 期。

董成双：《农业科技传播》，中国传媒大学出版社 2006 年版。

董建盛、田奇卓：《传播学的"受众本位"理论与现代农业推广理念》，《农业科技管理》2005 年第 4 期。

杜朝晖：《法国农业现代化的经验与启示》，《宏观经济管理》2006 年第 5 期。

杜金沛：《农业科技创新主体的国际比较及其发展的主流趋势》，《科技进步与对策》2011 年第 11 期。

杜悦：《走向科学传播的双向互动——吴国盛教授谈科普新理念》，《中国教育报》2001 年 7 月 12 日第 7 版。

段敏：《加快构建现代农业产业体系》，《西藏日报》2019 年 10 月 3 日第 7 版。

范楚玉、董恺忱：《中国科学技术史》，科学出版社 2000 年版。

冯嘉：《大学科技园在国家科技创新战略中的角色扮演和价值分析》，《中国房地产》2021年第14期。

傅佳庆、张晓艳：《乡村振兴战略视域下农民主体性培育》，《吉林农业科技学院学报》2020年第4期。

傅晋华：《科技创新在农业供给侧改革中的作用》，《中国国情国力》2016年第8期。

甘妮：《农业科技成果转化现状、问题和对策建议》，《农家科技》2019年第6期。

高云才、常钦、郁静娴：《农业农村现代化迈上新台阶》，《人民日报》2021年1月7日第1版。

高云才：《农业现代化仍需奋起直追》，《人民日报》2016年10月24日第5版。

高芸、赵芝俊：《大力提高农业全要素生产率》，《农民日报》2016年2月20日第3版。

顾焕章：《农业现代化问题》，江苏人民出版社1980年版。

顾益康：《中国特色农业现代化的科学内涵、目标模式与支撑体系》，《中共浙江省委党校学报》2012年第6期。

顾仲阳：《基础设施抓水利科技创新强种业》，《人民日报》2010年2月5日第2版。

郭铖、何安华：《农业供给侧结构性改革：目标体系、重点领域和关键环节》，《中国浦东干部学院学报》2017年第3期。

郭济、石舟：《千方百计增加农民收入——权威解读2004年中央一号文件》，《今日国土》2004年第2期。

郭玮：《着力构建现代农业产业体系、生产体系、经营体系》，《中国合作经济》2016年第2期。

郭新平、张杰：《乡村振兴背景下农民在农业产业发展中的主体地位研究——基于山西农村的考察》，《中北大学学报》（社会科学版）2020年第6期。

郭艳军：《互联网思维下农业技术扩散体系重构》，《农业经济》2017年第3期。

郭燕枝、王美霞、王创云：《改革开放以来不同时期10个中央一号文件的比较分析》，《江西农业学报》2009年第4期。

郭永田：《加快构建现代农业"三大体系"》，《农村工作通讯》2016年第7期。

郭予光、杨家荣：《对新农村建设时期农业推广工作的思考》，《安徽农学通报》2007年第19期。

郭振宗：《系统推进我国农业供给侧结构性改革》，《山东农业工程学院学报》2016年第5期。

韩俊：《供给侧结构性改革是塑造中国农业未来的关键之举》，《人民日报》2017年2月6日第10版。

韩长赋：《构建三大体系推进农业现代化——学习习近平总书记安徽小岗村重要讲话体会》，《人民日报》2016年5月18日第15版。

郝远：《科技创新需突出企业主体地位》，《学习时报》2013年6月24日第7版。

何磊：《国外传统农业向现代农业转变的模式及启示》，《经济纵横》2008年第11期。

何琼：《基于国外循环农业理念对发展中国特色生态农业经济的启示》，《世界农业》2017年第2期。

洪观平：《加快探索中国特色农业现代化》，《经济日报》2017年2月13日第5版。

侯波：《基于创新扩散理论的科技精准扶贫研究》，《自然辩证法研究》2017年第10期。

侯锦超：《以现代农业产业体系引领山西省乡村振兴战略》，《经济师》2019年第9期。

侯向阳、郝志强：《生态农业与现代农业若干问题的讨论》，《中国生态农业学报》2004年第1期。

胡火金：《天地人整体思维与传统农业》，《自然辩证法通讯》1999年第4期。

胡祎、陈芳易、易建勇：《中国农业科技创新现状及其存在的问题与对策》，《食品与机械》2017年第1期。

胡永洲：《培养新型职业农民打造现代农业生产主体》，《上海农村经济》2013年第7期。

胡长栓：《科技创新战略意义的理性审视》，《光明日报》2016年10月9日第6版。

怀进鹏：《为全面建设社会主义现代化国家贡献科技力量》，《人民日报》2021年2月2日第9版。

黄家猛、周行：《试析"一号文件"对解决我国"三农"问题的深远影响》，《华北电力大学学报》（社会科学版）2006年第1期。

黄建荣、周军：《现代农业发展中农业科技传播的新途径——以广西平果县甘蔗种植为例》，《广西大学学报》（哲学社会科学版）2007年第5期。

黄新华：《深化供给侧结构性改革：改什么、怎么改》，《人民论坛》（学术前沿）2019年第20期。

黄祖辉：《以新发展理念引领农业高质量发展》，《农村工作通讯》2021年第5期。

冀宏、赵黎明：《浅论对传统农业的"理性"回归与技术范式创新》，《西北农林科技大学学报》（社会科学版）2008年第4期。

贾德昌：《中国农业进入科技创新驱动新时代——专家学者阐释2012年中央一号文件》，《中国工程咨询》2012年第3期。

贾微晓：《以生产力为标准的我国供给侧结构性改革再思考》，《经济学家》2017年第2期。

江夏：《"一号文件"给农民送厚礼》，《人民日报》2005年1月31日第6版。

江夏、张毅、赵永平：《希望田野上的斑斓画卷——探寻中国特色农业现代化道路》，《人民日报》2010年11月18日第1版。

江昀：《科技传播系统的结构和传播模式分析》，《求实》2006年第24期。

姜广举：《"一带一路"战略思维的系统哲学分析——从结构功能律视角阐释系列二》，《系统科学学报》2018年第3期。

蒋和平、郭超然、蒋黎：《乡村振兴背景下我国农业产业的发展思路与政策建议》,《农业经济与管理》2020 年第 1 期。

蒋永穆、刘涛:《中国现代农业产业体系构建:原则、目标、基本要求和模式》,《理论月刊》2011 年第 9 期。

蒋永穆、张晓磊:《中国特色农业现代化道路的演进动力探析》,《农村经济》2017 年第 4 期。

金辉:《高质量发展要求提高供给体系质量》,《经济参考报》2017 年 12 月 25 日第 8 版。

李宝海、李顺凯:《美国现代农业发展的经验与借鉴》,《西藏科技》2007 年第 2 期。

李彬:《中央一号文件:新型城镇化背景下的现代农业发展路径》,《人民政协报》2013 年 2 月 19 日第 B01 版。

李婵、史珍珍、张恬瑜:《福建省农业科技信息传播效果影响因素分析》,《农业科学研究》2020 年第 3 期。

李陈、屈艳:《供给侧结构性改革引领转变经济发展方式新举措》,《改革与战略》2017 年第 12 期。

李成贵:《坚持农业农村优先发展》,《人民政协报》2019 年 1 月 10 日第 3 版。

李谷成:《提升农业全要素生产率》,《中国社会科学报》2019 年 3 月 6 日第 4 版。

李贵刚:《浅析新媒体时代涉农新闻报道的变革》,《农村·农业·农民》2020 年第 7 期。

李国祥:《农业供给侧结构性改革要主攻农业供给质量》,《中国合作经济》2017 年第 3 期。

李含琳:《加快构建现代农业三大体系》,《经济日报》2017 年 12 月 22 日第 13 版。

李红、衣保中:《日本明治时期农业科技近代化及其启示》,《现代日本经济》2011 年第 3 期。

李慧:《城乡统筹破解三农难题——权威人士解读 2010 年中央一号文件》,《光明日报》2010 年 2 月 2 日第 5 版。

李岚春、张春强、赵可:《乡村振兴视域下农业高新技术产业创新主体培育政策体系的构建》，《贵州农业科学》2020 年第 3 期。

李磊：《习近平新时代科技创新战略思想研究》，《科学管理研究》2018 年第 1 期。

李力：《依靠科技进步促进现代农业发展——农业部总经济师、新闻发言人陈萌山解读中央一号文件》，《经济日报》2012 年 2 月 2 日第 9 版。

李丽颖：《加快实现农业科技自立自强为农业农村现代化提供硬核支撑》，《农民日报》2021 年 1 月 11 日第 1 版。

李淑梅：《马克思对李斯特生产力理论的批判及其意义》，《社会科学》2010 年第 12 期。

李维森：《马克思著作中生产力概念的两种含义》，《求是学刊》1985 年第 6 期。

李伟峰：《资源型农村实现乡村振兴的现实困境与突破路径》，《学习与探索》2021 年第 2 期。

李炜：《基层农民教育存在的问题和设想》，《农业知识》2020 年第 21 期。

李新水、杨明杏：《切实加强农业综合生产能力建设——学习今年中央一号文件的认识与思考》，《政策》2005 年第 3 期。

李秀川：《构建山西省现代农业生产体系的思考与建议》，《山西农经》2019 年第 10 期。

李志军：《彤康的三大效益——一个煤炭企业绿色发展精准扶贫的成功实践》，《山西日报》2016 年 8 月 23 日第 8 版。

梁敏：《中央为何两年两定农业现代化》，《上海证券报》2014 年 12 月 24 日第 F01 版。

廖西元：《强化科技支撑助力全面小康》，《中国农技推广》2020 年第 3 期。

林坚：《科技传播的结构和模式探析》，《科学技术与辩证法》2001 年第 4 期。

刘北桦：《提高农业资源利用效率促进现代农业发展》，《中国农业资源与区划》2012 年第 6 期。

刘东：《我国新型农村科技服务体系发展路径分析》，《中国科技论坛》2007年第8期。

刘福、王跃新：《改革开放政策的系统哲学阐释——从自组织涌现律的视角》，《系统科学学报》2020年第1期。

刘刚、赵承、董峻：《建设新农村：中国现代化建设的新动力》，《新华每日电讯》2006年3月2日第5版。

刘国平、余林媛：《中国传统农业中的系统思想及其实践》，《中国农史》2008年第1期。

刘国柱、史博伟：《大国竞争时代美国科技创新战略及其对中国的挑战》，《社会科学》2021年第5期。

刘李：《马克思的生产力概念及其当代意义研究》，硕士学位论文，西南大学，2013年。

刘立成、刘颖：《基于气候变化的现代农业科技传播体系构建》，《中国农学通报》2019年第27期。

刘培生、杨正巧：《基于制度变迁的农村"三变"改革理论解析》，《贵州师范大学学报》2019年第2期。

刘婷、薛喜梅：《培育我国农业技术创新主体的必要性分析》，《农业科技管理》2003年第4期。

刘养洁、王志刚：《法国农业现代化对我国农业发展的启示》，《调研世界》2006年第7期。

刘友红、李凤丹、赵凯荣：《对马克思生产力概念定义问题的再思考》，《求知导刊》2017年第8期。

刘战伟：《中国农业全要素生产率的动态演进及其影响因素分析》，《中国农业资源与区划》2018年第12期。

刘自强：《1865—1914年农业现代化对美国城市化进程的历史影响》，《宁夏社会科学》2007年第6期。

芦千文：《涉农平台经济：典型案例、作用机理与发展策略》，《西北农林科技大学学报》（社会科学版）2018年第5期。

鲁柏祥：《系统建构之要素》，《农经》2019年第10期。

罗兆麟：《硬核和保护带：中国特色社会主义理论体系的发展逻

辑》，《湖北经济学院学报》2012 年第 5 期。

马建堂：《贯彻新发展理念深化供给侧结构性改革》，《学习时报》2017 年 5 月 8 日第 1 版。

马志刚、崔计顺、丁瑞强：《运用五种思维加快推动农业走出去》，《农业展望》2020 年第 10 期。

毛世平：《涉农企业要成为农业科技创新主体》，《中国农村科技》2014 年第 12 期。

孟子琳、申鹏：《我国农业结构失衡的内在原因及供给侧结构性改革对策》，《改革与战略》2017 年第 6 期。

苗东升：《论系统思维（一）：把对象作为系统来识物想事》，《统辩证学学报》2004 年第 3 期。

苗立强：《农业科技信息传播对农业发展的促进作用探讨》，《科技致富向导》2012 年第 151 期。

木佳：《新农村建设突出发展现代农业》，《中华工商时报》2007 年 1 月 31 日第 2 版。

聂海：《大学农业科技推广模式研究》，博士学位论文，西北农林科技大学，2007 年。

牛震：《为农业供给侧结构性改革提供人才支撑——全国新型职业农民培育工作推进会侧记》，《农村工作通讯》2017 年第 12 期。

潘峰：《生产力要素、结构、功能统一论》，《晋阳学刊》1990 年第 4 期。

潘洪刚、王礼力：《改造中国传统农业的困境与出路》，《西北工业大学学报》（社会科学版）2008 年第 3 期。

漆彦忠：《生产要素是农业供给侧结构性改革的基点——内涵、变迁与构成》，《江苏农业科学》2017 年第 19 期。

祁春节：《农业供给侧结构性改革：理论逻辑和决策思路》，《华中农业大学学报》（社会科学版）2018 年第 4 期。

钱福良：《中国现代农业科技创新体系问题与重构》，《农业经济》2017 年第 1 期。

曲军、胡胜德：《美国现代农业发展的经验和启示》，《现代农业科技》2009 年第 2 期。

任俊华：《中国古代的生态伦理思想》，《学习时报》2018 年 10 月 5 日第 7 版。

尚启君：《发达国家传统农业向现代农业转变的三个阶段》，《世界农业》1999 年第 11 期。

邵存林：《乡村振兴视角下涉农高校新农村服务基地社会服务功能探析》，《现代农业研究》2022 年第 2 期。

邵海鹏：《中央一号文件聚焦新型农业现代化》，《第一财经日报》2015 年 2 月 2 日第 3 版。

邵建成：《论农业技术创新的含义、特征、行为主体及其相互关系》，《中国农学通报》2002 年第 2 期。

邵培仁：《传播学》，高等教育出版社 2007 年版。

邵文杰：《解决"三农"问题的重大战略举措》，《光明日报》2006 年 2 月 27 日第 6 版。

申晓艳、丁疆辉：《省域涉农网站发展现状与区域特征研究——以河北省为例》，《河北师范大学学报》（自然科学版）2015 年第 2 期。

沈费伟、叶温馨：《数字乡村建设：实现高质量乡村振兴的策略选择》，《南京农业大学学报》（社会科学版）2021 年第 5 期。

沈剑波、王应宽：《中国农业信息化水平评价指标体系研究》，《农业工程学报》2019 年第 24 期。

沈骊天：《系统哲学：21 世纪的先进世界观》，《系统科学学报》2018 年第 1 期。

施维、董文龙：《新阶段"三农"工作新主线——中央农村工作领导小组副组长、中央农办主任唐仁健解读 2017 年中央一号文件》，《农民日报》2017 年 2 月 6 日第 1 版。

石密、时勘、刘建准：《信息发送者与目标受众的信息传播意向研究——基于社会存在的视角》，《情报科学》2017 年第 6 期。

史纪锁、刘明：《淮安市劳动力要素供给侧结构性改革现状与前景展望》，《改革与开发》2016 年第 23 期。

史力、夏海军：《"三大体系"引领现代农业》，《安徽日报》2016年2月21日第5版。

史新珍、武文卿、韩睿敏：《山西农业科技创新服务现状研究》，《山西科技》2017年第2期。

宋桥生、娄光新、姚传武：《对农业科技创新本质特征的分析与认识》，《农村经济与科技》2011年第6期。

宋新建：《加快构建新型农业经营体系是农村改革发展的重要任务》，《河北农业》2017年第5期。

宋亚平：《以战略思维和系统方法推进农业供给侧结构性改革》，《政策》2017年第10期。

苏振锋：《构建现代农业经营体系须处理好八大关系》，《经济纵横》2017年第7期。

孙菲：《基于"互联网+"的农产品网络营销体系构建与优化》，《热带农业科学》2020年第2期。

孙福胜：《马克思恩格斯人的能力理论探析》，《南昌大学学报》（人文社会科学版）2019年第2期。

孙海燕、杨梦颖：《新时代以新发展理念深化农业供给侧结构性改革的路径探析》，《经济视角》2018年第2期。

孙康泰：《我国国家农业科技创新基地平台现状分析研究》，《中国农村科技》2021年第4期。

孙世芳：《加快构建新型农业生产体系》，《经济日报》2008年4月8日第15版。

孙一阳：《浅谈技术生态化》，《陕西社会科学论丛》2011年第2期。

谭璐、姜璐：《系统科学导论》，北京师范大学出版社2009年版。

涂圣伟、周振：《农业供给侧改革关键在扭转"三大失衡"》，《上海证券报》2016年4月6日第9版。

万宝瑞：《发展高效生态农业是现代农业建设的必由之路》，《中国食物与营养》2009年第7期。

万钢：《优化科技资源配置实施创新驱动发展战略——深入学习

贯彻习近平同志关于实施创新驱动发展战略的重要论述》，《人民日报》2014年8月13日第7版。

汪洋：《用发展新理念大力推进农业现代化》，《人民日报》2015年11月16日第6版。

王法坤：《关注农业科技扩散，加速农业科技发展》，《科技信息》2008年第24期。

王佳方：《中国农业供给侧结构性改革路径研究》，硕士学位论文，辽宁大学，2020年。

王骞：《我国农业科技成果转化研究》，博士学位论文，中国海洋大学，2012年。

王满林：《唯物史观和政治经济学视域下的生产力——马克思"生产力"思想的历史考察》，《江汉论坛》2021年第3期。

王妹、乔玉洋：《论资本投入推进农业现代化进程的作用机制》，《江苏商论》2007年第3期。

王乃明：《中国特色农业现代化道路的特征》，《农业现代化研究》2008年第5期。

王平：《从马克思主义城市理论看中国乡村振兴的走向》，《重庆理工大学学报》（社会科学）2020年第12期。

王树勤：《改革开放以来推进中国农业现代化的政策轨迹——对十五个涉农中央一号文件的回顾与思考》，《农村财政与财务》2013年第3期。

王思博：《农业供给侧结构性改革背景下提高中国农业生产效率的战略路径选择》，《世界农业》2017年第7期。

王思明：《传统农业向现代农业转变的动力与条件——中美农业发展比较研究》，《中国农史》1996年第1期。

王思明、刘启振：《论传统农业伦理与中华农业文明的关系》，《中国农史》2016年第6期。

王太文：《中国传统农业与有机农业关系之哲学辨析》，硕士学位论文，南京农业大学，2015年。

王晓鹏：《科技创新驱动农村一二三产业融合发展研究——以山

西省为例》，硕士学位论文，山西财经大学，2020年。

王璇：《解释新闻学视阈下的热点新闻与内在隐喻——以藏族小伙丁真走红为例》，《声屏世界》2021年第10期。

王学荣：《马克思主义时代化探微：作用机制及发展进路——基于拉卡托斯的"硬核"与"辅助保护带"学说》，《福建党史月刊》2014年第2期。

王奕：《高校主导型协同创新山西农业科技服务体系研究》，《价值工程》2016年第8期。

王宇：《"十三五"时期第一份中央一号文件再次聚焦"三农"——厚植知识产权优势夯实现代农业基础》，《中国知识产权报》2016年2月5日第2版。

王宇：《新闻传播过程中的传播者与受众》，《戏文》2005年第4期。

王占纲、侯全福：《着力提高农业综合生产能力——2005年中央一号文件解读》，《实践（党的教育版）》2005年第4版。

王哲：《论马克思主义关于生产力发展的人本要求》，硕士学位论文，天津师范大学，2007年。

危旭芳：《培育新型职业农民助推农业供给侧改革》，《学习时报》2016年4月4日第4版。

魏宏森：《现代系统论的产生与发展》，《哲学研究》1982年第5期。

文海：《中央一号文件为何还锁定"三农"》，《中国改革报》2009年2月4日第8版。

乌杰：《关于自组（织）涌现哲学》，《系统科学学报》2012年第3期。

乌杰：《系统哲学》，人民出版社2013年版。

吴德进：《构筑现代农业科技传播体系——以福建省为例的分析》，《福建论坛》（人文社会科学版）2008年第10期。

吴伟：《企业技术创新主体协同的系统动力学分析》，《科技进步与对策》2012年第1期。

吴晓燕、吴记峰：《参与和共享：以治理创新助推现代生态农业发展——基于广东佛冈华琪生态村项目的分析》，《党政研究》2020年第1期。

武甲斐：《山西省转变农业发展方式问题研究》，硕士学位论文，石河子大学，2017年。

夏珺：《"三农"工作面临什么样的机遇和挑战》，《人民日报》2008年2月14日第2版。

肖兰兰：《论农业企业的科技创新主体地位》，《江西农业大学学报》（社会科学版）2013年第3期。

熊春林、张亚岚、田语：《农村农业信息化综合服务平台评价与改进对策研究》，《图书馆学研究》2018年第16期。

熊建生：《思想政治教育内容结构研究导论》，《思想理论教育》2007年第Z1期。

徐崇温：《中国道路与科技创新战略》，《求索》2016年第10期。

徐峰：《国外支持农业科技创新的制度保障与启示》，《世界科技研究与发展》2009年第3期。

徐淑云：《生产要素与供给侧结构性改革》，《复旦学报》（社会科学版）2017年第2期。

徐勇、邓大才：《社会化小农：解释当前农户的一种视角》，《学术月刊》2006年第7期。

许经勇：《农业供给侧结构性改革的深层思考》，《学习论坛》2016年第6期。

薛喜梅、白献晓、刘婷：《我国农业技术创新主体的培育与发展》，《河南农业科学》2004年第8期。

亚当·斯密：《国民财富的性质和原因的研究》，郭大力、王亚南译，商务印书馆1972年版。

杨常伟：《产地农业的理论创新与系统建构研究》，《系统科学学报》2014年第2期。

杨常伟、秦倩倩：《发展乡村科技产业》，《山西日报》2021年3月2日第11版。

杨常伟、王奕：《建设高校复合型协同创新农业科技服务体系研究》，《科技管理研究》2016年第22期。

杨常伟、王奕：《山西农地流转区域规划研究》，《山西农业大学学报》（社会科学版）2016年第5期。

杨常伟、张斌：《农业文化遗产山西稷山板枣栽培技术的系统考察》，《山西农经》2020年第1期。

杨传喜、吴昊天、王修梅：《技术创新水平、农业科技资源错配与农业科技生产率》，《科技管理研究》2021年第11期。

杨海燕、自晓丽：《新媒体环境中传播者和受众关系的解析》，《科技传播》2016年第10期。

杨海钰、李星光、张聪颖：《信息化、社会网络与农户农资购买渠道选择——基于公司直销与农资零售店的比较》，《农业现代化研究》2020年第3期。

杨晋：《现代生态农业综合效益评价体系实证研究——以江苏常州地区为例》，《农村经济与科技》2016年第1期。

杨久栋：《绿色发展是现代农业建设的重大使命》，《光明日报》2018年7月11日第6版。

杨扬、嘉波：《中国涉农网站建设研究》，《农村经济与科技》2007年第6期。

姚润丰、董峻、刘黎：《又有几多实惠，9亿农民可以期待》，《新华每日电讯》2006年2月23日第7版。

游修龄：《传统农业向现代农业转化的历史启发——中国与日本的比较》，《古今农业》1993年第1期。

喻国明：《技术革命主导下新闻学与传播学的学科重构与未来方向》，《新闻与写作》2020年第7期。

喻毅帆、张文洲：《乡村振兴战略下资源型农村产业转型升级研究》，《现代商贸工业》2018年第11期。

袁学国、郑纪业、李敬锁：《中国农业科技投入分析》，《中国农业科技导报》2014年第3期。

昝廷全、昝小娜：《系统思维》，《中国传媒大学学报》（自然科学版）2016 年第 6 期。

曾博、李江：《农业供给侧结构性改革中的生产要素配置研究》，《内蒙古社会科学》（汉文版）2017 年第 6 期。

曾建民、张永红：《农业供给侧结构性改革研究述评》，《社会科学动态》2017 年第 8 期。

翟杰全：《让科技跨越时空：科技传播与科技传播学》，北京理工大学出版社 2002 年版。

张蓓：《农产品供给侧结构性改革的国际借鉴》，《改革》2016 年第 5 期。

张斌、陈瑛、张毅：《媒体内容生产的信息视角》，《新闻爱好者》2009 年第 18 期。

张朝辉、王太祥：《新疆生产建设兵团农业供给侧结构性改革的要素结构与实践路径》，《江苏农业科学》2017 年第 19 期。

张娣：《人口老龄化对农业科技传播与运用的影响》，《广西农业机械化》2019 年第 4 期。

张海花：《晋城农业经济可持续发展对策研究》，《农业技术与装备》2019 年第 6 期。

张晋江：《山西省农业产业空间布局及差异评价》，《中国农业资源与区划》2019 年第 8 期。

张晋晋：《晋城市特色农业竞逐中原经济区研究》，《现代经济信息》2015 年第 18 期。

张军扩：《贯彻新发展理念推动高质量发展》，《理论导报》2020 年第 2 期。

张兰英：《现代农业特征与新型农业经营体系构建》，《农业与技术》2017 年第 4 期。

张亮：《宏观政策"不急转弯"意在中国经济行稳致远》，《证券日报》2021 年 3 月 8 日第 A01 版。

张尚武、李柏槐：《加快迈向农业现代化——聚焦 2015 年中央一号文件（三）》，《湖南日报》2015 年 2 月 7 日第 2 版。

张桃林：《稳住农业"基本盘"》，《人民日报》2016 年 12 月 25

日第 10 版。

张文凤:《近代士绅与农业近代化的实践——以近代苏北农事试验场和农垦公司为例》,《农业考古》2014 年第 6 期。

张霞:《供给侧结构改革背景下的西南地区农业全要素生产率分析》,《中国农业资源与区划》2019 年第 10 期。

张晓、张春锋、宋健:《农业供给侧结构性改革背景下对加强科技创新的思考》,《农业科技管理》2017 年第 3 期。

张元洁、田云刚:《马克思的产业理论对乡村产业振兴的指导意义》,《中国农村经济》2020 年第 10 期。

张哲:《基于马克思主义生产力理论的农业供给侧结构性改革研究》,硕士学位论文,太原科技大学,2019 年。

张振华:《从制度变迁视角审视新中国工业化进程中的农业发展历程》,《广东行政学院学报》2005 年第 4 期。

章红宝、江光华:《试论钱学森的农业发展思想》,《中国农业大学学报》2005 年第 1 期。

赵建军:《拔贫困之根铺振兴之路——我省攻坚深度贫困推进乡村振兴进行时》,《山西日报》2019 年 7 月 15 日第 1 版。

赵军洁、张建胜:《加快农业科技创新的机理和路径研究:基于 TRIZ 理论》,《经济问题》2016 年第 12 期。

赵敏娟:《中国现代生态农业的理论与实践》,《学术前沿》2019 年第 19 期。

赵双乐:《增强农村经济发展内生动力研究——以山西省晋城市为例》,《晋城职业技术学院学报》2020 年第 1 期。

赵永平:《今年中央一号文件为何锁定水利》,《人民日报》2011 年 2 月 9 日第 2 版。

郑风田:《今年中央一号文件为何定位农田水利》,《中国牧业通讯》2011 年第 3 期。

郑涵茜:《共享经济助推农业供给侧结构性改革——以共享农场为例》,《沿海企业与科技》2018 年第 4 期。

郑敬斌、王立仁:《论思想政治教育内容体系的系统构建》,《东北师大学报》（哲学社会科学版）2012年第2期。

钟甫宁、谢正勤：《生产资料市场化改革对农业结构调整的作用》，《华中农业大学学报》（社会科学版）2002年第1期。

钟欣：《强农惠农政策的延续与创新——农业部农村经济研究中心主任宋洪远解读中央一号文件》，《农民日报》2009年2月7日第2版。

仲吾：《新农村建设的重要行动纲领——2006年中央"一号文件"解读》，《人民日报海外版》2006年2月22日第4版。

周丹：《现代农业经营体系将逐步完善》，《中国城乡金融报》2016年5月23日第A03版。

周怀宗：《详解中国农业发展现状——城乡食物消费结构进一步趋同，膳食不平衡、浪费问题日益突出》，《中国食品》2021年第12期。

周建锋：《论我国农业技术创新主体的错位及其矫正设想》，《科学管理研究》2005年第4期。

周静、胡芹远、章力干：《从供给侧改革思考我国肥料和土壤调理剂产业现状、问题与发展对策》，《中国科学院院刊》2017年第10期。

周立、王彩虹、方平：《供给侧改革中农业多功能性、农业4.0与生态农业发展创新》，《新疆师范大学学报》2018年第1期。

周明月、黄俊：《以科教单位为主体的农业科技创新模式研究》，《农业科技管理》2015年第5期。

周文宗、李旭东、李劲：《自组织农业是我国农业发展的历史选择》，《农业科学》2020年第12期。

朱俊峰：《坚持市场化取向推进农业供给侧结构性改革》，《中国发展观察》2016年第6期。

朱守银、段晋苑、薛建良：《深入推进农业供给侧结构性改革加快培育农业现代化建设新动能——2017年中央一号文件学习体会》，《农业部管理干部学院学报》2017年第6期。

后　　记

　　现代化是人类社会进步的必由之路，农业现代化是全面建设社会主义现代化国家的重大任务。而农业现代化的实现，则必然离不开科学技术这个主导因素。发展现代农业的关键是推进科技进步，加快农业科技创新推进现代农业发展是一项重要的理论和实践命题。

　　生于农村长在农村，从小就随父母一起参加农业劳动，对农村生活和农业生产的艰辛有切身体会，深知农业现代化的重要意义。求学之路，从本科到硕士再到博士，一直没有脱离农业。在农大取得农学学士学位，而后是农业科技与社会研究方向的哲学硕士，再后来仍是农业科技史方向的理学博士。进入高校前，在省农科院开展农业科研和现代农业开发工作，了解现代农业科技发展趋势。进入高校后，有目的、有计划、有组织地探索地方区域性现代农业科技创新与科技传播的理论与实践研究。指导硕士生时，一直坚持把中国特色农业现代化建设作为研究方向，开展农业科技政策与管理、农业科学技术与社会、农业科技史研究，为开展新时代中国农业现代化建设的课题研究奉献一份力量。开展中国特色社会主义农业现代化建设研究，完成承担农村党建、乡村振兴、现代农业科技传播、现代农业产业发展与科技创新等相关课题。开展中国特色农业现代化的理论创新及实践探索研究，发表有关农业生态思想、现代农业产业发展思想、现代农业科技管理与政策的论文。所有这些与农业现代化相关的农业生产实践、农业科研工作经历，为本书的定稿做好了充分的前期准备，也为本书的完成奠定了坚实的理论基础和深厚的实践基础。

　　本书的出版得到山西省"1331工程"重点马克思主义学院建设项目的资助，很荣幸能参与山西省"1331工程"重点马克思主义学院建设项目，顺利完成农业现代化科技创新理论与实践的研究，本书理所当然是山西省"1331工程"重点马克思主义学院建设中一个微不足道的科研成果。

杨常伟

2022年8月于太原科技大学